人力资源管理实操手册 员工培训

刘青青 编著

中国纺织出版社有限公司

内 容 提 要

员工培训是企业直接提高管理者能力水平和员工技能，为企业提供新的工作思路、知识、信息、技能，增长员工才干和敬业、创新精神的根本途径和极好方式，是比物质资本投资更重要的人力资本投资。本书从企业培训角度出发，围绕当前企业的培训难题，总结了企业培训管理中各个环节的关键技能、方法、操作步骤和流程说明，并结合相关案例，详细讲解了企业培训中的实用知识。内容通俗易懂、实操性强，特别适合人力资源实务入门者、企业管理人员和相关专业学生学习。

图书在版编目（CIP）数据

人力资源管理实操手册：员工培训 / 刘青青编著. --北京：中国纺织出版社有限公司，2024.1
ISBN 978-7-5229-0681-2

Ⅰ.①人… Ⅱ.①刘… Ⅲ.①企业管理—人力资源管理—手册 Ⅳ.① F272.921-62

中国国家版本馆CIP数据核字（2023）第112559号

责任编辑：段子君　曹炳镝　李立静　　责任校对：高　涵
责任印制：储志伟

中国纺织出版社有限公司出版发行
地址：北京市朝阳区百子湾东里 A407 号楼　邮政编码：100124
销售电话：010—67004422　传真：010—87155801
http://www.c-textilep.com
中国纺织出版社天猫旗舰店
官方微博 http://weibo.com/2119887771
三河市延风印装有限公司印刷　各地新华书店经销
2024 年 1 月第 1 版第 1 次印刷
开本：710×1000　1/16　印张：13.75
字数：200 千字　定价：68.00 元

凡购本书，如有缺页、倒页、脱页，由本社图书营销中心调换

前言

人力资源管理是根据企业发展的要求,有计划地对人力资源进行合理配置,并通过招聘、培训、考核、激励、调整等一系列手段,调动员工工作积极性,激发员工潜能,促使员工为企业创造价值的过程。如果企业能够快速、有效地培养员工的能力,那么企业拥有的有较强技能的员工会越来越多,员工创造的价值会越来越大,企业获得的价值也必将越来越大。

企业引进人才后,如何将培训管理理论与管理实践进行有效结合?如何使企业的培训发挥作用,通过人才能力的持续提高不断为企业创造价值?

要解决以上问题,就需要企业拥有适合自己的培训管理体系以及能力达标的培训管理者。人才的职业化程度和技能水平要随着经济环境、技术环境的快速发展而提高,企业对人才技能的要求也要不断提高,而企业很难从人才市场上找到能够完全适应岗位的员工。对企业来说,最好的方案是招聘具有潜力的员工,然后持续提供必要的培训,让他们能够胜任岗位的工作。然而,现阶段,部分企业的培训管理水平与这种需要还不相适应。

针对当前企业存在的培训认识不足、培训管理体系建设不完善、培训需求分析不准确、培训方案制定效果不佳、培训形式单一、培训成果转化效率低、培训评估操作不专业、各类岗位培训实施不具体、员工职业发展与培训联系不紧密等难题,本书总结了企业培训管理中各个环节的关键技能、方法、操作步骤和流程说明,并结合案例讲解,以正确认识人力资源培训与开发、如何构建培训体系、有需求才有培训、如何制订培训计划、如何实施培训、培训效果评估与成果转化、不同类别人员的培训管理、职业开发与职业生涯管理为题详细讲解员工培训中的实用知识。

本书的编写主要有以下特色：

（1）书中采用大量图表进行展示，方便读者在短时间内厘清知识脉络、掌握理论知识。

（2）书中设置【案例讲解】，以典型企业作为实例，提供实操典范。

（3）书中设置【温馨提示】，对一些不容易理解或者需要着重说明的地方给出具体解释。

（4）书中设置【答疑解惑】，侧重解答从业人员在实际工作中遇到的难题以及企业经常遇到的热点问题。

（5）书中附有人力资源常用表格、文件等相关资料，为读者顺利工作保驾护航。

本书内容通俗易懂、实操性强，特别适合人力资源管理实务入门者、企业管理者及各高校人力资源管理专业学生学习、使用。

刘青青

2023 年 3 月

目录

第一章 正确认识人力资源培训与开发
- 第一节 什么是人力资源培训 ... 2
- 第二节 什么是人力资源开发 ... 10
- 第三节 战略性培训与开发 ... 17

第二章 如何构建培训体系
- 第一节 认识培训体系 ... 24
- 第二节 培训目标的制定 ... 29
- 第三节 培训组织结构 ... 31
- 第四节 培训管理职责 ... 33
- 第五节 培训制度与实施方案 ... 39
- 第六节 培训文化的营造 ... 43

第三章 有需求才有培训
- 第一节 什么是培训需求分析 ... 48
- 第二节 培训需求分析的内容 ... 52
- 第三节 培训需求信息收集方法 ... 59
- 第四节 培训需求分析报告 ... 68

第四章 如何制订培训计划
- 第一节 什么是培训计划 ... 74
- 第二节 培训计划的制订 ... 78
- 第三节 培训课程体系的开发 ... 81
- 第四节 培训师资的选拔 ... 89
- 第五节 培训经费的预算 ... 94
- 第六节 培训机构与培训外包 ... 99

第五章　如何实施培训

第一节　培训方法的选择 ········ 106
第二节　培训场地的布置 ········ 116
第三节　培训实施流程 ········ 119
第四节　培训注意事项 ········ 124

第六章　培训效果评估与成果转化

第一节　什么是培训效果评估 ········ 128
第二节　培训评估方案设计、实施与反馈 ········ 132
第三节　培训评估标准与指标设计 ········ 139
第四节　培训评估方法与应用 ········ 143
第五节　培训成果转化 ········ 146

第七章　不同类别人员的培训管理

第一节　新员工入职培训 ········ 158
第二节　生产人员培训 ········ 162
第三节　技术人员培训 ········ 166
第四节　销售人员培训 ········ 173
第五节　管理人员培训 ········ 178
第六节　脱岗外派人员培训 ········ 181

第八章　职业开发与职业生涯管理

第一节　什么是职业开发 ········ 186
第二节　职业生涯规划 ········ 190
第三节　员工职业生涯管理 ········ 198
第四节　组织职业生涯管理 ········ 204

参考文献

第一章
正确认识人力资源培训与开发

第一节　什么是人力资源培训

一、人力资源培训的发展历程

培训理论是由"科学管理之父"弗雷德里克·温斯洛·泰勒（Frederick Winslow Taylor）在 1911 年首先提出的。后来为了改进管理，泰勒进行实验并在此基础上形成了科学管理理论，为推动组织的培训观念奠定了基础。之后，雨果·芒斯特伯格（Hugo Munsterberg）和维特尔斯（Wittels）将心理学和培训相结合，于 20 世纪 60 年代开始对培训进行系统的研究。

1961 年，迈克格希（W.McGehee）与赛耶（P.W.Thayer）合作出版了《企业与工业中的培训》一书，并在书中提出组织分析、工作分析、人员分析三种分析方法，以应用于企业选拔合格人员、编制培训计划和设计培训方法等。

无论是在西方发达国家还是在我国，人力资源培训都经历了从无到有，再到不断完善和丰富的过程。关于人力资源培训的具体发展历程，西方国家的培训系统形成较早，而中国因为历史发展的原因，人力资源培训形成阶段较晚且与西方国家有所区别。

1.西方国家人力资源培训发展历程

西方国家的人力资源培训发展历程主要包括三个阶段，这三个阶段是由技能培训向管理能力培训转移、管理能力培训向全面学习发展阶段转移的过程，如表 1-1 所示。

表 1-1　西方国家人力资源培训发展历程

阶段	时期	特征
技能培训阶段	20 世纪 20~70 年代	人力资源培训只是针对一线生产工人与生产岗位相关的工作技能而进行的，并通过开发工人的生产技能来提高劳动生产率

续表

阶段	时期	特征
管理能力培训阶段	第二次世界大战后	科技的进步使企业的技术水平提高,大量人工的、重复性的工作逐渐被机械化和自动化机器所代替,单纯依靠生产率的提高并不会带来整体企业效益的大幅提高,因此,非生产性因素逐渐受到关注
		劳动力市场亦发生变化。可供使用的人力资源质量和数量均有所提升,进行技能开发的必要性逐渐降低,企业更倾向于直接从劳动力市场寻找高质量的劳动力
		组织理论的发展促进企业意识到人性化管理将是推动企业进步与成功的重要因素
全面学习发展阶段	21世纪	科学技术高速发展,更多的培训方法和技术也得以衍生出来,人力资源培训进入了全面学习发展阶段。在此阶段,人力资源培训在传统的培训方法上,出现或发展了即时化学习、移动学习、E-Learning培训和认证培训等

2.中国人力资源培训发展历程

总体来讲,中国人力资源培训的发展具有不同于西方国家的轨迹和特色,主要经历了五个阶段,如表1-2所示。

表1-2　中国人力资源培训发展历程

阶段	时期	特征
第一阶段	20世纪80年代初期	以"补课"为特征的社会继续教育培训体系初步发展与完善
第二阶段	20世纪80年代中后期	培训职能开始细化,典型特征是厂长经理培训逐渐制度化、规范化,中青年后备人才逐步发展
		国家大力支持国有企业的岗位培训,满足了该阶段企业经营的要求
第三阶段	20世纪90年代初期	随着现代企业制度的建立,相关产权制度、法律法规的培训全面开展
		国有企业改革逐渐深化,向国外学习先进经验、导入先进的管理理论与思想逐渐被重视。此阶段,中国的工商管理培训开始起步
第四阶段	20世纪90年代中后期	1996年,企业自主培训全面展开,工商管理培训继续深入,并形成了以工商管理为核心、各种短期培训为辅助、成人继续教育为配套的培训格局
		大量专业培训机构成立

续表

阶段	时期	特征
第五阶段	21世纪初期	多元化的培训体系竞争逐渐加剧
		各类培训机构异军突起，培训市场竞争日益激烈
		一些企业逐渐在内部建立培训体系和制度，甚至成立企业商学院，在组织内部组织大规模的培训活动

二、人力资源培训的定义

关于人力资源培训的定义，可以从广义和狭义两个角度进行区分和理解，如图1-1所示。

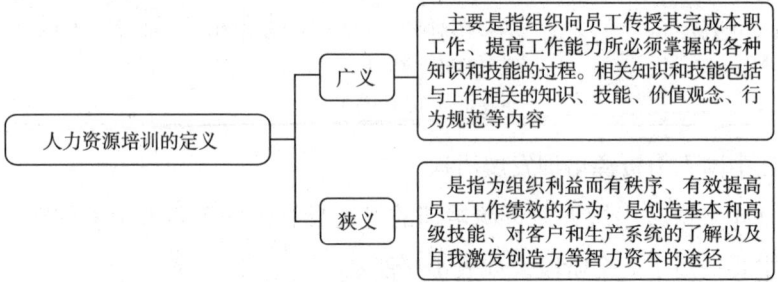

图1-1　人力资源培训的定义

综合对以上两种人力资源培训概念界定所进行的分析，人力资源培训，主要是指根据组织战略目标和岗位要求，为使员工适应工作环境，提升知识、技能、态度与素质，改善员工工作绩效的系统化的训练活动。

三、人力资源培训的目的

人力资源培训的出发点和落脚点是"组织的生存与发展"，其最终目的是使员工能够更好地胜任工作，提高企业的生产力和竞争力，从而实现组织发展与个人发展的统一。人力资源培训目的具体内容如图1-2所示。

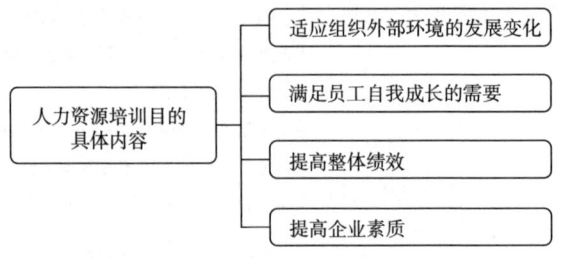

图1-2　人力资源培训目的具体内容

1. 适应组织外部环境的发展变化

组织的发展是内外因共同作用的结果，一方面，组织要充分利用外部环境所给予的各种机会和条件，抓住时机；另一方面，企业要通过自身的变革去适应外部环境的变化。其生存和发展总会归结到"人"的作用上。

具体来讲，组织为快速适应外部变化可以将培训活动落实到如何提高员工素质、调动员工的积极性和发挥员工的创造力上。组织作为一种权变系统，作为组织主体的人也应当是权变的，即组织必须不断培训员工，才能使员工适应技术及经济发展的需要，最终满足个人和组织发展的要求。

2. 满足员工自我成长的需要

通常情况下，员工希望学习新的知识、技能，并接受具有挑战性的任务，这些都离不开人力资源的培训活动。因此，通过培训可增强员工的满足感。员工的这些期望在某种情况下可转化为自我实现预言，即期望越高，员工的表现就越好。反之，期望越低，员工的表现就越差。这种自我实现预言现象被称为"皮格马利翁效应"。

3. 提高整体绩效

员工通过培训，可在工作中减少失误，在生产中减少工伤事故和降低因失误造成的损失。同时，随着技能的提高，员工在培训后可以减少工作资源的消耗和浪费，提高工作质量和工作效率，从而提高员工和组织的整体效益。

4. 提高企业素质

通过人力资源培训，可以按照时代及组织运营要求对具有不同价值观、信念、工作作风及习惯的员工进行文化养成教育，以形成统一、和谐的工作集体，使劳动生产率得到提高，工作及生活质量得到改善。换言之，要提升和发展竞争力，组织一定要重视教育培训和文化建设，充分发挥人力资源培训铸就企业精神的重要作用。

温馨提示

员工培训工作的重要性

（1）使员工的态度、理念、行为与公司的要求保持一致。每个人都因其过去的经历而建立或形成一套自己的信念。但是进入公司后每个人所面临的环境有所不同，并非其原有的信念或行为都与公司的相吻合。这时通过培训，可以使员工的态度、理念、行为与公司的要求保持一致。

（2）提高员工对公司文化和行为的认知度与认可度。通过培训，员工可以更清楚地了解公司的文化，提高对公司的认可度。员工只有对公司表示认可，才能坚持与公司目标保持一致。

（3）使员工尽快熟悉岗位工作。通过培训，新员工会尽快熟悉本岗位工作内容，缩短适应公司环境的进程，迅速为公司创造效益。不重视对新员工入职前培训的公司，往往会出现新员工周而复始地犯同样错误的情况。

（4）加强公司的凝聚力和竞争力。通过培训，员工的理念与公司的理念保持一致，从而增强凝聚力，团结一致，迅速解决公司在营运过程中遇到的问题，使公司保持较强的竞争力。

四、人力资源培训的种类

人力资源培训的分类是多因素、多层次、多标准的，主要根据培训对象、培训内容、培训与工作关系、培训方式等划分。

1. 按培训对象划分

按照培训对象的不同，人力资源培训可以从职务级别、职务类别和人员资历三个方面分类，如表1-3所示。

表1-3　人力资源培训按培训对象分类的内容

项目	内容
按职务级别划分	包括领导层培训、高层管理者培训、中层管理者培训、基层管理者培训等
按职务类别划分	包括营销部门培训、生产部门培训、经营管理部门培训、总务部门培训等
按人员资历划分	包括资深员工培训、新进员工培训等

2. 按培训内容划分

按照培训内容，人力资源培训可以划分为知识培训、技能培训、态度培训、潜能培训、道德修养培训以及法律法规、制度规范培训等类型。

3. 按培训与工作的关系划分

按照培训与受训者的工作关系，人力资源培训可以划分为岗前培训、在岗培训和脱岗培训三种类型，如表1-4所示。

表1-4　人力资源培训按培训与工作的关系划分的三种类型

类型		具体内容
岗前培训	概念	岗前培训，是指向受训者介绍组织规章制度、组织文化、组织业务等内容的培训
	对象	主要包括组织从外部新招聘的人员，组织内部轮岗、轮换及晋升人员，以及由于新技术、新标准、新产品引进而需要接受培训的人员等
	内容	主要包括组织历史、组织使命和远景规划，组织业务、岗位工作介绍和业务知识，组织的自然环境、组织机构、经营方式、员工组成和工作流程，组织管理规则、经营哲学等
	作用	（1）对员工而言。岗前培训能帮助员工了解组织的价值观和发展目标，使员工更快、更融洽地融入组织。同时，岗前培训有利于帮助员工尽快掌握干好本职工作所需的方法和程序，减少犯错的概率 （2）对组织而言。组织可以通过岗前培训更好地识别人才，将适当的人才放在合适的岗位上，利于加深员工对工作和组织的好感，降低员工流失率
在岗培训	概念	在岗培训，是指员工不脱离岗位，利用业余时间和部分工作时间参加的培训活动
	培训形式	主要有工作辅导、企业内训、内部会议等
	主要内容	在岗培训主要结合工作现场业务，通过上级或优秀员工的培训、指导及员工的自我学习，不断提升员工工作胜任力
	特点	在岗培训具有不耽误受训者的工作时间、节约培训费用、有效建立上级与员工之间的沟通渠道、培训对象和内容更有针对性等优势
	培训效果	在岗培训效果的好坏主要取决于培训项目是否具有切实可行的培训计划和培训方法、经验丰富的培训师、合适的培训材料以及准确的培训记录和跟踪等
脱岗培训	概念	脱岗培训，是指受训者不在工作现场接受训练的一种人力资源培训方式
	特点	（1）培训人数。脱岗培训的受训人数较多，覆盖面较广 （2）产生方式。脱岗培训由组织或组织相关部门统一决策和安排 （3）培训时间。脱岗培训一般耗时较长，会占用较多的工作时间 （4）培训内容。脱岗培训主要是针对知识、技能、业务、态度等方面的培训 （5）培训费用。一般情况下，脱岗培训会花费较多的费用

4. 按培训方式划分

按照培训所采用的方式，人力资源培训主要包括课堂授课、角色扮演、案例分析、管理游戏、模拟训练、视频教学、头脑风暴法、课题研究、集体讨论等类型。培训方式应该根据培训项目的内容以及培训师的教学特点进行选择与运用。

温馨提示

员工培训认识上的五大误区

（1）新进员工自然而然会胜任工作。企业认为新员工只要随着时间的推迟，就会逐渐适应环境而工作，因此忽视对员工的培训。

（2）员工欠缺什么补什么。有的企业培训没有规划性，在意识到员工欠缺某些能力时，及时加强培训。这种思路没有错，但不能运用到所有情况中。企业要将培训与企业的发展计划、阶段工作目标结合起来，有预见性地规划培训方案，开展培训活动，将培训融入工作中，才能更好地推进工作，保障工作的顺利开展。

（3）高层管理人员不需要培训。培训只是针对基层管理人员和员工的，而高层管理人员不需要培训。一个企业的管理人员素质高低对企业的发展影响很大，越是高层管理者，越应该多参加培训。

（4）培训是一项花钱的工作。一些企业为了降低培训成本能省则省。培训是一项回报率极高的投资，人的潜能是无限的。因此，通过培训，改善人力资源以促进企业效益成倍增长是可望可及的事情。

（5）培训效果立竿见影。很多企业追求立竿见影的效果。培训一结束，就期望培训内容能立即用来解决工作中的问题，但实际上，知识与技能从学习到应用是需要一个过程的。如果急于求成，反而会影响企业对培训真实效果的判断。

案例 1-1　高额培训新员工又怕留不住人，怎么办？

2018 年 8 月，张某刚入职深圳某科技公司，该公司便想让张某参加某项培训，但费用较高，且该培训涉及公司的一些商业秘密，公司担心张某培训完就离职，这种情况如何约束更合理？

【解析】《中华人民共和国劳动合同法》（以下简称《劳动合同法》）第二十二条第一款规定，用人单位为劳动者提供专项培训费用，对其进行专业技术培训的，可以与该劳动者订立协议，约定服务期。因此，为避免出现试用期新员工参加企业培训后离职的情况发生，企业可以为通过试用期的员工提供相关培训，避免损失。

【答疑解惑】

问1：新员工培训容易出现哪些问题？

【解答】

（1）不熟悉公司经营和服务项目。由于未经培训，新员工不了解公司的基本业务，其工作效率肯定不高。

（2）岗位技能操作不熟练、工作效率低。例如文员未经培训，可能会导致计算机操作不熟练，工作效率低下等。

（3）工作态度不好。新员工意识不到自己的工作对公司业绩造成的影响，因而不能以良好的服务态度对待工作。

问2：老员工培训容易出现哪些问题？

【解答】

（1）盲目自信。自以为什么都会，不重视学习。

（2）不遵守作业程序。公司的各项工作都是有严格的标准作业程序的，有的老员工却不遵守作业程序。

（3）抱怨发展空间。在平时的工作中经常抱怨没有发展空间，在同事中造成不良影响。

（4）工作态度散漫，自律性差。

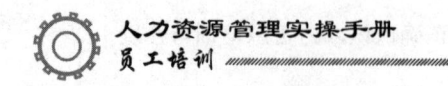

第二节 什么是人力资源开发

一、人力资源开发的定义

人力资源开发（Human Resource Development，HRD）是20世纪80年代兴起的，旨在提升组织人力资源质量的管理战略和活动。创造"人力资源开发"这一概念的是美国学者纳德勒（Nadler），他认为人力资源开发是"雇主所提供的有组织的学习经验，在某一特定时间内，产生组织绩效与个人成长的可能性"。

美国培训与发展协会（American Society for Training and Development，ASTD）认为人力资源开发是"整合训练与发展、职业发展与组织发展，以增进个人和组织效率的作为"。

学者吉利（Gilley）和埃格兰德（Eggland）认为人力资源开发是"组织中安排的有计划的学习活动，经由提升绩效与个人成长，以改善工作内容、个人与组织"。

学者史密斯认为人力资源开发是"决定发展和改善组织中人力资源最佳方法的一种程序，以及经由训练、教育、发展与领导等行为，有计划地改进绩效和人员生产力，以同时达成组织与个人目标的做法"。

综合来说，人力资源开发是指一个组织在其现有人力资源的基础上，依据组织战略目标、结构变革或者内外部环境的综合分析，对人力资源进行调查、分析、规划、调整，以提高组织或者团队成员的人力资源管理水平和素质潜能，为组织创造更大的效益和价值。具体来讲，人力资源开发的含义包括五个方面，如图1-3所示。

第一章 正确认识人力资源培训与开发

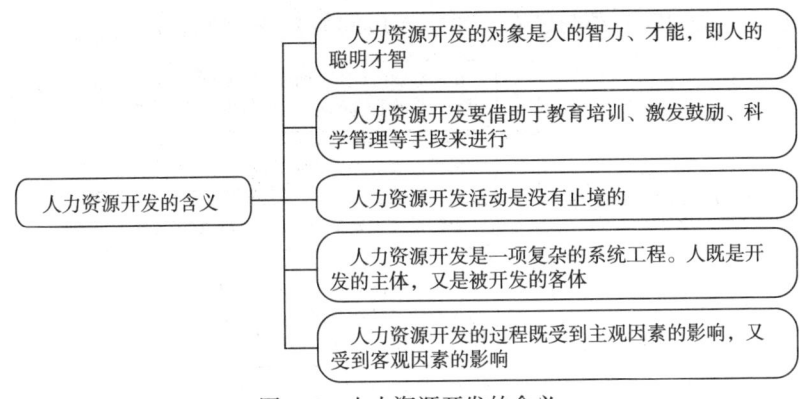

图 1-3 人力资源开发的含义

二、人力资源开发的内容

现代人力资源开发不仅包括传统意义的培训与开发领域，还包括组织发展与职业开发，人力资源开发职能已经由培训与开发向包括组织发展和职业开发在内的职能转变。

1. 培训与开发

培训与开发是指组织为使员工获得或改进与工作有关的知识、技能、动机、态度和行为等，所做的计划性、系统性的各种工作。通过培训与开发的各种工作，可以有效提高员工的工作绩效，并帮助员工对组织的战略目标做出一定的贡献。

培训与开发的重点是通过有计划的学习、分析，确保并帮助员工个人提高关键技术和能力，以使其胜任现在的岗位和将来的工作。培训与开发是直接针对"员工个人"而言的，而"学习"则是进行改进的主要手段。

2. 组织发展

组织发展是指为改进组织效率，解决组织中存在的问题并达成组织的发展目标，根据组织内外环境的变化，有计划地改善和更新组织发展的过程。具体来讲，组织发展是在组织理论的指导下，着重改善和更新人的行为、人际关系、组织文化、组织结构及组织管理方式，最终达成提高组织生命力和效能的目标。

（1）组织发展的显著特点。组织发展主要是倡导在团队内部和各团队之间进行一系列的变革与创新,组织发展的显著特点如图1-4所示。

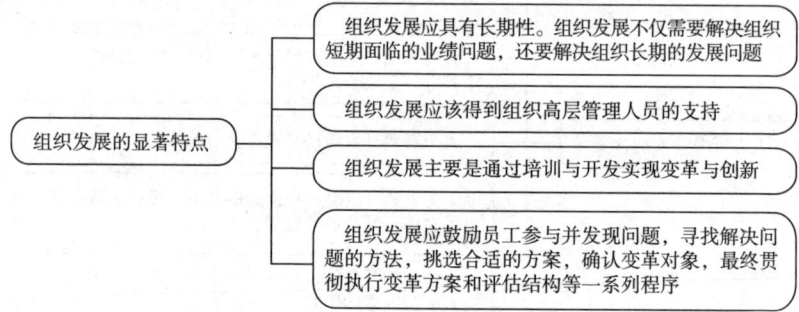

图1-4 组织发展的显著特点

(2)组织发展成功的条件。一般情况下,组织要获得发展的成功,必须具备六个条件,如图1-5所示。

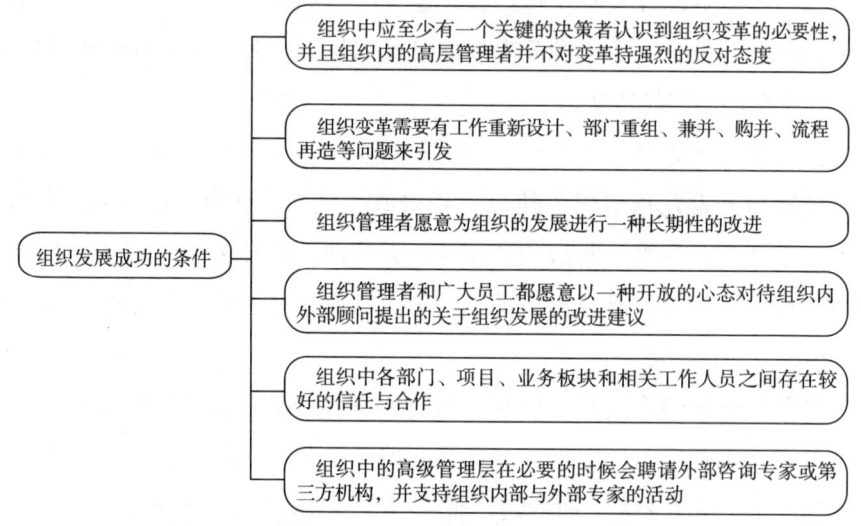

图1-5 组织发展成功的条件

3.职业开发

职业开发是指在确保个人职业目标与组织目标一致的基础上,以期实现个人与组织需求之间的最佳匹配。职业开发的重点是在工作中扮演不同角色的个人,并使个人的职业发展与组织发展相互促进。

(1)职业开发的过程。职业开发主要包括两个过程,即职业规划和职业管理。

①职业规划强调个人在职业生涯发展中的主观能动性,个人通过评价自己的技术、能力,并了解自己的兴趣、价值观和机会等因素,从而选择合适的职业生涯发展目标,建立并实现职业规划方案。

②职业管理关注组织在员工的职业发展过程中的主导作用,即强调组织要督导员工实施其职业生涯规划。

(2)职业开发的作用。职业规划和职业管理,是整个人力资源开发的重要组成部分,为人力资源开发活动提供未来工作方向,为组织应对环境变化、实现目标等提供科学的依据与思路。职业开发的作用如图1-6所示。

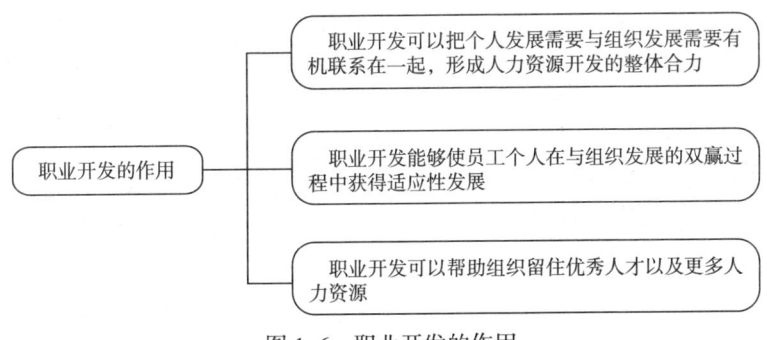

图1-6　职业开发的作用

三、培训与开发的区别

培训与开发在组织的实践中经常不做严格的区分,但培训与开发的侧重点有所相同。培训主要是组织针对员工的工作现状与组织要求之间的差距,有计划地帮助员工获得知识、技能、能力,以使其更好地胜任工作;而开发主要是指组织为帮助员工为未来工作做好准备,更好地适应工作场所、新技术、产品市场的新变化,促进员工职业生涯发展而开展的正规教育、在职体验、人际互动等各种活动。二者之间的区别如表1-5所示。

表1-5　培训与开发工作的区别

不同	培训	开发
着眼点	着眼于当前工作	着眼于未来
目标	获得与工作能力相关的知识和技能	有益于未来职业发展
效用	提高员工和组织绩效	提供工作满意度,获得成就感,实现组织战略目标

续表

不同	培训	开发
时间性	时间较短	时间较长
阶段性	较清晰	较模糊
内涵	较窄	较宽

四、培训与开发流程

在实践中,培训与开发的内容可以分为需求确认、培训计划、培训设计、培训实施、培训评估及反馈五部分。培训与开发流程如图1-7所示。

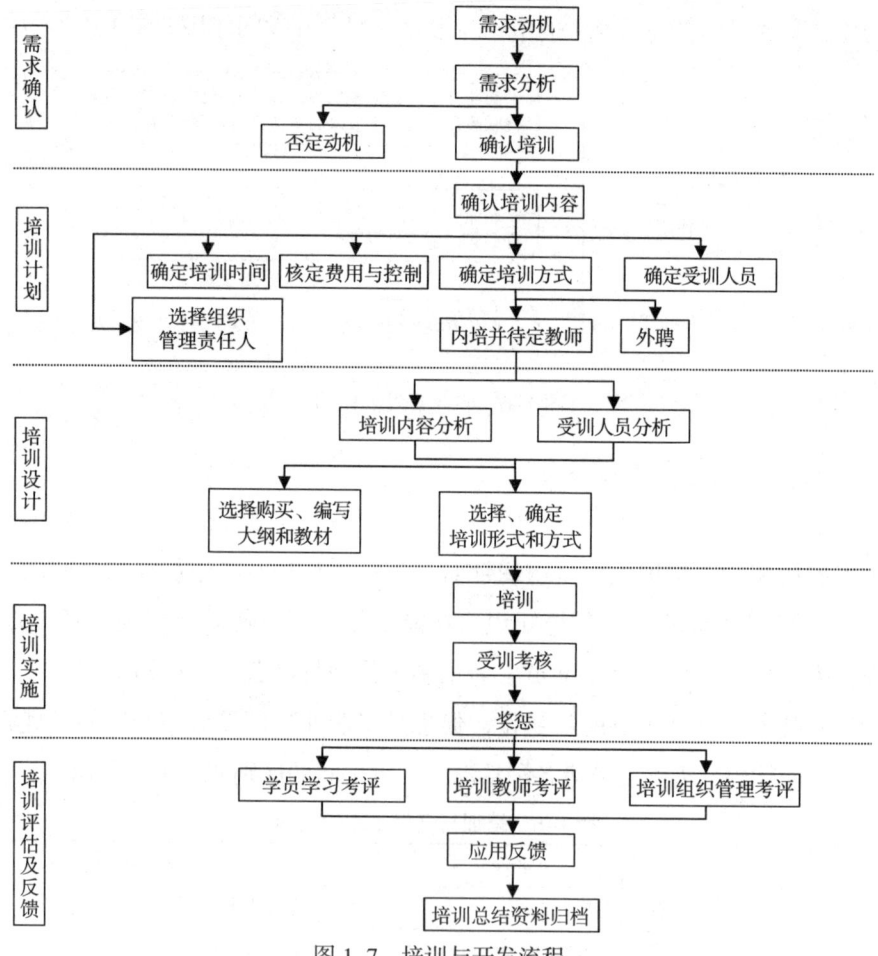

图1-7 培训与开发流程

1.需求确认

(1)明确需求动机。企业管理人员根据企业理想需求与现实需求、预测需求与现实需求的差距，提出培训的需求动机，并报告给企业的培训组织管理部门。这是需求确认的第一步，也是整个培训过程的前提。

（2）需求识别分析。培训需求分析是指在开展培训活动之前，由培训组织管理部门对组织的任务及成员的知识、技能等进行识别分析，以确定是否需要进行培训的过程。培训需求分析包括组织分析、任务分析和个人分析等内容，其目的是确定是否真的需要培训、哪方面需要培训。培训需求分析要从组织、任务和个人三方面进行。需求分析方法包括问卷调查法、观察分析法、访谈法、关键事件法等。

2. 培训计划

通过上述分析，企业可以确定培训需求，下一步便是确定培训计划。企业可以自己设计、制订培训计划，也可以通过外面的专门机构设计培训计划。一般来说，企业在制订培训计划时，会考虑外部资源和内部资源因素。制订培训计划的内容包括：确认培训内容、确定培训时间、确定培训方式、确定受训人员、选择培训教师、选择组织管理负责人、费用核算与控制等。

3. 培训设计

培训设计是进入实质性培训工作的第一步。该阶段工作的好坏将直接影响受训人员对培训内容的接受程度。培训设计的主要内容包括培训内容分析、受训人员分析。

4. 培训实施

培训实施是指在企业培训组织管理部门或相关人员的组织下，由培训教师实施培训，并由该培训项目的管理责任人进行考核。培训实施的内容包括培训、受训考核、奖惩等。

5. 培训评估及反馈

培训效果评估是指系统地搜集培训有关的信息，运用测量工具评价培训目标的达成度，以判断培训的有效性及成本收益的过程。培训组织者在完成评估报告后及时将报告反馈给相关人员，有利于对培训进行修正和完善。

（1）员工学习考评。培训教师对员工进行考评，主要考评受训员工对培训内容的理解和掌握程度，便于对本次培训效果进行直接评估，优化下一次的培训内容。

（2）培训教师考评。培训管理责任人及组织受训人员对培训教师进行考评，便于为下一次选择相同内容的培训教师做准备。这种考评一般采用不记名问卷调查形式。

（3）培训组织管理考评。培训组织管理考评是由培训的组织管理人员实施，由受训人员对培训内容、培训时间、培训形式、培训的后勤保障等进行评价，目的是改进企业的培训组织管理工作。

【答疑解惑】

问1：为什么许多员工参加培训后效果不佳？

【解答】许多员工参加培训后效果不佳的原因主要体现在三个方面，如表1-6所示。

表1-6　许多员工参加培训后效果不佳的原因

项目	内容
没有教材	编写教材需要时间，培训部要求各部门在规定时间内完成编写工作，但有的部门却以没有时间为由不断推迟编写进度或故意推卸责任
不愿意给员工培训	有相当部分部门经理认识不到培训的重要性，他们认为培训属于无形服务，其效果很难在短期内体现出来
应付了事	有些公司的部门经理表面上讲得头头是道，但做起来却应付了事。他们在开展培训时，每次都照本宣科。明知这种培训方式没有效果，却不愿多花时间与员工沟通

问2：如果公司不执行员工培训，会存在哪些问题？

【解答】如果公司不执行员工培训，可能会经常出现以下四种问题。

（1）管理人员出现断层现象。很多公司存在这样的情况，部门经理或主管离职后，公司想在内部提拔，却发现没有人可以胜任。这是因为部门经理或主管平时很少和下属沟通，也很少开展提升员工素质的培训，从而出现管理人员断层现象。

第一章 正确认识人力资源培训与开发

（2）部门经理或主管的工作量大。因员工没有接受过充分的培训，本应员工作的决策不得不交给部门经理或主管。当然也有例外，那就是有些部门经理或主管不愿意授权。

（3）客户不满意。员工缺乏培训会导致工作水平低下，尤其对销售人员来说，业务能力不足很容易让客户产生不满情绪。

（4）工作效率低。在公司特别是基层员工工资待遇不高的情况下，如果公司没有提供相应培训，员工可能因为业务不熟练而工作效率低下。

第三节　战略性培训与开发

一、战略性培训与开发的内涵

战略性培训与开发，是指与组织经营战略目标相关联，对保持市场竞争力和长期发展具有决定性影响的一种培训与开发体系。该体系要求员工树立"整体一盘棋"的意识，明确组织战略及目标，通过培训与开发的实践活动，获得持续学习的能力，并能够不断运用新知识、新技术，积极主动地进行创造性工作，与组织其他成员分享知识、共通信息、互相合作，以提升个人绩效及组织绩效，并最终实现组织战略及发展目标。

组织战略、人力资源管理战略与培训和开发的关系如图1-8所示。

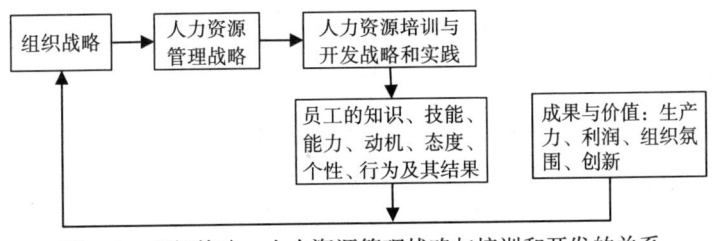

图1-8　组织战略、人力资源管理战略与培训和开发的关系

二、战略性培训与开发系统模型

目前学者们的普遍共识是，培训与开发是人力资源管理系统的一个组

成部分，组织战略决定人力资源管理战略，人力资源管理战略决定并影响培训与开发战略，而培训与开发战略会通过提升员工和组织的胜任素质而影响组织竞争优势，进而影响组织绩效和组织战略目标的实现，如图1-9所示。

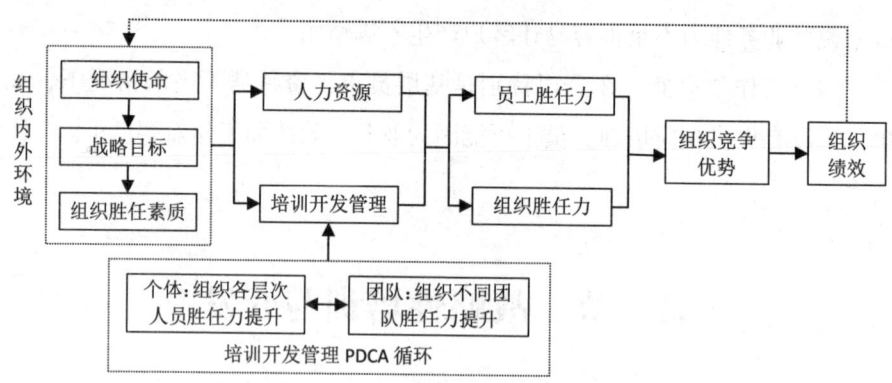

图1-9　基于胜任力的战略性培训开发系统模型

组织的培训与开发活动，要将组织战略培训目标分解，这种分解可以从两个视角展开。其一，从团队的视角，将组织胜任力提升或跃迁目标分解为组织内部不同团队的胜任力的提升或跃迁目标，然后制订团队培训计划加以实施；其二，从个体的视角，将组织胜任力提升或跃迁目标分解为高层、中层及普通员工的胜任力提升或跃迁目标，然后制订各层次人员的培训计划并加以实施。

三、战略性培训与开发体系的流程

战略性培训与开发系统，是组织人力资源管理的重要支持系统，主要在数量和质量上保持组织人力资源供求平衡，最大限度地开发、利用组织现有人力资源的潜力，增强组织人力资源核心竞争力，为组织获得竞争优势。战略性培训与开发体系的流程如图1-10所示。

战略性培训与开发，首先要根据组织战略需求和现有人员的差距识别培训需求；其次要确定组织的培训重点，设计相应的培训课程，从而形成相应的培训计划；再次要实施培训计划，投入相应的人、财、物，以确保培训计划的有效实施；最后要评估培训的效果，反思培训与组织战略之间的联系。

第一章 正确认识人力资源培训与开发

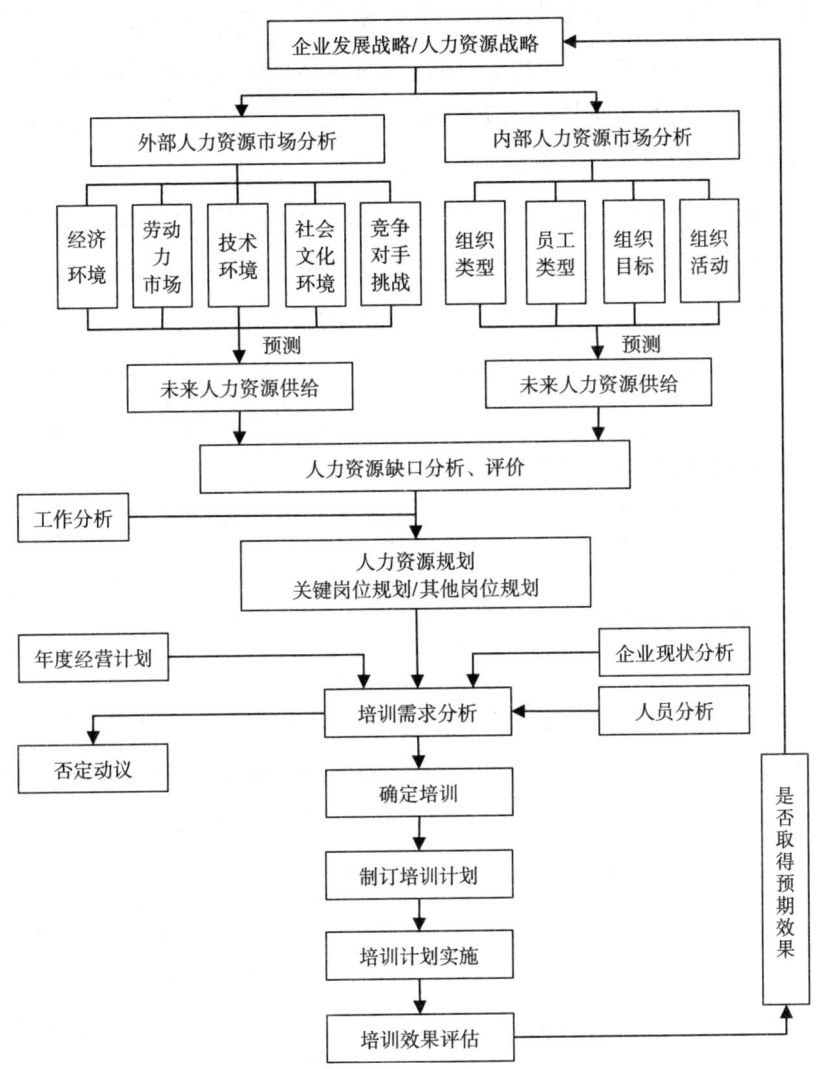

图 1-10 战略性培训与开发体系的流程

四、战略性培训与开发的特点

1. 以总体战略目标为出发点，满足组织发展需求

经营战略是组织的行动指南，组织的一切管理活动都要围绕经营战略展开。战略性培训与开发管理体系从组织战略的高度出发，是通过与组织长期的战略目标、短期的年度经营目标有机结合构建形成的，以此确保培

训与开发同组织的总体目标紧密结合；通过科学化、具体化、操作化的需求分析，保证培训内容、方式、课程与组织总目标紧密联系，始终以组织发展战略为导向，避免培训流于形式。

2. 以人力资源规划为指导，应对组织面临的变化的环境

培训与开发的目的是满足组织目前和未来的经营管理对员工的要求，只有清楚地认识到组织内部和外部环境的变化，才能解决面临的问题。人力资源规划就是对这些环境变化进行科学的预测和分析，以此制定正确、可靠、清晰、有效的人力资源策略，保证组织对人力资源的需求如期实现。同时，培训与开发也是为了使员工满足组织战略目标的需要，调整与组织目标所要达到的要求之间的差距。

人力资源规划作为对组织战略目标的人力资源保障和配置，即在人力资源供需方面进行详细的分解，是战略与详细计划的中间环节，也是应对组织内外部环境变化的有力举措。因此，培训与开发管理体系将人力资源规划作为指导性纲领来确定需要培训的岗位、岗位所需要的人力资源，然后通过工作分析、任务分析明确岗位职责，将现有人员的素质与组织规定的标准进行对比，找出差距所在，据此明确培训的需要。这也是以战略为导向的组织培训与开发体系不同于传统培训体系的关键所在。

3. 注重关键岗位人员、稀缺人才的培训与开发

关键岗位人员、稀缺人才是组织可持续发展的主要原动力。根据组织的人力资源规划，组织要以培养自己的优势人才和提高自身的竞争力为目标，确保培训系统的有效运行。在建构全员培训体系的基础上，建立以关键岗位人员、稀缺人才为核心的培训体系，避免在组织发展过程中遇到人力资源"瓶颈"问题。

4. 满足多样化、层次化的培训需求

通过人力资源规划对组织发展战略的直接支撑，对年度经营计划、短期目标和组织现阶段存在的问题进行分析，制订满足组织发展需求的各个阶段的培训计划和满足组织、岗位、人员各方面需求的培训体系，从而满足组织多样化、层次化的培训需求。

5.培训开发长远化

人力资源的长期规划通常是三年及以上的规划，组织在制定规划的初期阶段，应该对其长期发展方向有前瞻性和预见性，要根据欲达到的中长期目标提前进行培训，在其需要用人的时候能够顺利补充人力资源，保障组织的整体发展，从而避免"头痛医头，脚痛医脚"的短视行为。

6.重视培训效果的评估及反馈

培训效果的评估及反馈是培训工作承上启下的关键环节，也是不可或缺的一个环节。当评估结果显示培训取得预期效果时，培训效果会为下一年度的培训计划提供有价值的信息。如果培训没有取得预期效果，就可以与组织的经营目标相比对，找出存在差距的原因。在这个环节，需要构建一个兼顾软硬双重指标的评估体系，作为培训体系是否达到了预期目标的检测方式。

【答疑解惑】

问1：企业效益差，所以没钱组织培训，这种做法对吗？

【解答】有的企业认为，自己经济效益不好，没有钱对员工培训，这种想法很危险。不重视培训是那些经营不好的企业失败的根本原因。培训是企业转亏为盈的重要手段之一。如果不培训，员工的态度、技能、知识就不可能提高，企业转亏为盈也就成为空话。

问2：高层管理人员无须培训，这种做法对吗？

【解答】一些企业管理者认为，培训只是针对基层的管理人员和普通员工的，而高层管理人员都很忙，他们本来就是人才，经验丰富，因而无须培训。但实际上，一个企业高层管理人员的素质高低在很大程度上决定着企业的发展，因而他们更需要更新知识、改变观念。国外很多知名企业甚至把培训作为一项福利按职级进行分配，越是高层管理者，参加的培训越多。

问3：如何理解有效培训？

【解答】有效培训的主要表现如表1-7所示。

表1-7 有效培训的主要表现

项目	内容
重视培训需求分析	这个过程既是确定培训目标、设计培训规划的前提，又是进行培训评估的标准和基础
严格考核，注重效果	通过培训效果的评价，我们可以得到的信息有：培训及时性信息、培训目的设定合理与否的信息、培训内容与形式方面的信息、教材与讲师选定方面的信息等
树立新的培训理念	首先，树立"培训是人力资本增值源泉"的理念，进一步提高企业领导对培训工作重要性的认识，真正意识到员工培训是现代企业生存、竞争、发展的基础；其次，对员工的培训应该是个终身过程，使员工在任何职业生涯阶段都可以发挥作用；最后，变单一的工作能力培训为综合型培训，在对工作能力和技能进行培训的同时，还必须注重对学习态度、创新能力等进行协同性开发
建立科学系统的员工培训体系	完整系统的员工培训模型应该符合PDCA循环，包括准备阶段、培训阶段、评价阶段和反馈阶段

第二章
如何构建培训体系

第一节　认识培训体系

一、培训体系的界定

培训体系（Training System）是指组织为实现一定的培训目标，在组织内部建立起与组织发展及人力资源管理相配套的培训组织管理体系、培训需求分析体系、培训课程开发体系、培训预算控制体系、培训师资管理体系、培训效果评估体系和培训制度规范保障体系等。

培训体系是一个动态平衡的体系，包含培训课程体系和培训讲师调整，以及如何激励受训者、如何开发和管理培训供应商、如何将培训内容转化为工作流程和规范化操作文件。这些都是培训体系必要的内容，需要通过相关制度加以保障实施。

培训体系是在企业内部建立一个系统的、与企业的发展以及人力资源管理相配套的培训管理体系、培训课程体系以及培训实施体系，具体界定内容如表2-1所示。

表2-1　培训体系的界定

项目	具体内容
培训管理体系	包括培训制度、培训政策、管理人员培训职责管理、培训信息搜集反馈与管理、培训评估体系、培训预算及费用管理、培训与绩效考核管理等一系列与培训相关的制度
培训课程体系	指建立并完善包括企业文化培训、入职培训、岗位培训、专业知识和专业技术培训、营销培训、管理和领导技能培训等一系列具有本企业特色的培训课程
培训实施体系	包含确保企业培训制度实施，并通过培训活动的有效组织和落实、跟踪和评估、改善和提高，体现培训价值的一整套控制流程

二、培训体系的内容

一个完整的培训体系涉及需求分析、课程开发、预算控制、组织管理、师资管理、效果评估和制度体系等多方面，主要由培训课程体系、培训讲师队伍建设、培训效果评估和培训管理体系四大部分构成。

1. 培训课程体系

培训课程体系建立在培训需求分析基础上，根据员工不同的能力素质可以分为入职培训课程、固定培训课程和动态培训课程，如图2-1所示。

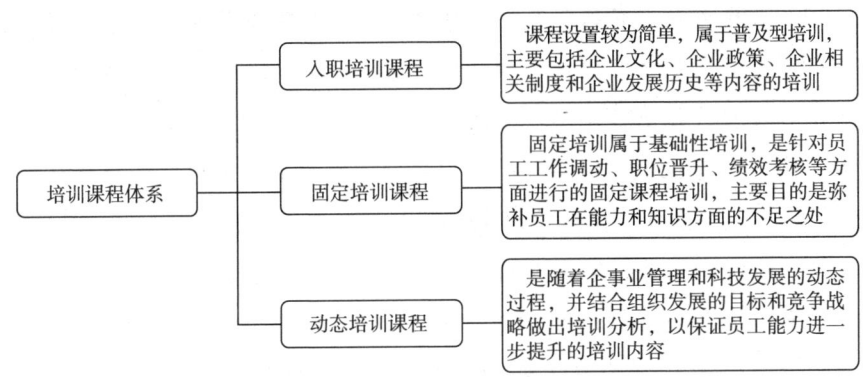

图2-1　培训课程体系及课程分类

2. 培训讲师队伍建设

培训讲师队伍建设是培训过程的核心，培训讲师水平的高低决定了培训质量的好坏，通常情况下，培训讲师可以通过外部聘用和内部培养两种途径获得，同时组织内部还需要制定培训讲师规范制度来加以管理。

3. 培训效果评估

实施培训效果评估，是按照一定标准对培训结果好坏进行的测评。通过对培训对象和培训主体进行调查、分析，考察培训者在培训实施后，工作是否得到了有效的改善。

4. 培训管理体系

培训管理体系的设计必须遵循公司发展的客观要求，立足于企业自身的能力，兼顾培训活动近期的时效性和远期的前瞻性。

温馨提示

培训管理体系搭建的常见问题

培训管理体系搭建中最容易出现以下四方面的问题。

（1）忽视战略。很多企业将培训体系完善的重点仅局限在培训的需求判断、计划方针、执行实施和评估落地上，而这些只属于培训运作层面的内容。培训体系搭建的第一步应该是以企业的战略目标为出发点，从企业战略发展的角度制定人才培训发展策略，保证培养出符合企业战略的人才，而不是机械地传授知识和技能。

（2）放错重点。有的企业把培训管理的工作重心放在了追求课堂效果上，却忽视了培训之后的应用和绩效改善；有的企业把培训管理的工作重心放在了课程选择上，却忽视了课程体系建设；有的企业看重培训管理的短期目标，却忽视了培训管理的长期目标；有的企业重视员工个体技能的提升，却忽视了企业整体绩效的提升。

（3）看不清差异。不同类别、不同性质的企业培训管理体系的侧重点是不同的。完善有效的培训管理体系，是从企业自身的特点和需求出发，最大限度地令员工能力与工作相匹配，最终有效达成企业业绩的系统化过程。

（4）观念错误。有的企业做培训不会订计划，不会做评估，不会做改进；有的企业认为效益好，不需要做培训；有的企业认为效益差，没资金做培训；有的企业认为高管人员薪酬高，不需要培训；有的企业认为培训是成本，培训了员工总会离职，不如不做培训。

三、不同组织的培训体系

企业组织根据自身规模和结构的不同，具有不同的培训体系。

1. 中小型企业员工培训体系

中小型企业由于员工数量较少，无须设立专门的培训机构，培训工作通常交由某个岗位实施。这样既能提高培训管理效率，又能降低成本，促进中小型企业的发展。比如，在企业内部设立行政人事部，人员培训和人力资源规划工作可由人事主管和行政人事部主任共同把控实施。

2. 大型企业员工培训体系

大型企业人员数量众多，个别实施的培训任务并不能满足员工的培训需求，通常需要设置专门的培训机构对员工进行培训。主要有两种设置方式,即培训机构设置在人力资源部之下,或培训机构与人力资源部并列,独立成为公司的一个部门。

四、不同阶段的培训体系

企业的培训体系不存在固定不变的模式,在同一个企业内部,当企业处于不同的发展阶段时,也应该对本企业的培训体系进行适当调整。企业不同阶段的培训体系如表2-2所示。

表2-2 企业不同阶段的培训体系

发展阶段	类型	内容
企业创立阶段	初级型	主要是基于问卷搜集分析的培训管理形态。要充分发挥领导及创始人的人格魅力和创造能力,不断学习,并发现和选拔工作中的高层次人才,为以后企业的规范化和制度化打下基础
企业成长阶段	简易型	是基于课程需求建立的培训体系。企业培训体系需要对组织结构进行完善,加强组织人才培养工作,提高员工的综合能力素质,广泛吸收高级人才,建立员工的信任,实现其自我发展和管理
企业成熟阶段	精致型	是基于胜任力模型构建的培训体系。企业应积极建立"学习型组织",为企业员工提供企业发展远景规划,并建立人力资源储备库。加强针对性培训,解决员工岗位适应问题,提高激励效果
企业衰退阶段	动态型	需要基于任务模型建立培训体系。在员工培训中应做到人才转型,对其后期发展出路给予指导,同时在新的领域进行人才招聘和培训,实现企业的二次创业

案例2-1 如何有效推动企业培训?

某公司是一家新成立的生产高新技术材料企业。公司有员工约50人,组织架构可谓精简、高效。但是,除骨干队伍有一定的行业工作经验外,其他大部分员工来自外部行业,技术水平参差不齐。人力资源部门想通过培训来提高员工整体素质,使公司尽快高效生产,因此通过与各部门反复沟通,初步确定了有针对性的、定期组织系统培训的方案,待方案执行时,部分计划因其他业务部门以忙不过来、抽不出空等理由而搁浅。而现实问题是生产任务重时,无法组织培训,生产任务轻或无生产任务时,又担心有些培训需要耗时、耗材、耗力,导致出现人力资源部门想推推不动的局面。

请问：如何有效推动新建企业的内部培训呢？

【解析】很多公司都存在这个问题，忙的时候没时间做培训，有时间的时候又觉得培训"得不偿失"，要解决这个问题，可以从以下几方面考虑：

（1）抓住关键培训需求。培训需求不要求多，但要精。培训的根本目的在于帮助企业解决问题。抓住最核心、最急迫的某一个问题，通过培训需求分析、项目策划及有效实施，当真正解决这个问题的时候，就能够树立培训工作在业务部门员工心目中的形象，让他们认识到价值。

（2）获得公司高层或核心关键人物的支持。可以与对培训有重大影响的关键人物主动交流好的培训思路及培训理念，并重点提出培训是如何帮助他们解决业务痛点、怎样产生价值的，使这些关键人物支持培训，并帮助培训部门大力推进培训。

（3）选择恰当的培训时机。培训时机的选择是培训能否顺利进行的决定因素，一般而言，业务相对轻松的时候组织培训更能保证出勤率及后续培训效果。

（4）善用互联网时代的学习工具。利用移动学习、在线学习等多种方式和手段，采用碎片化的学习形式，不过多占用集中的时间。

（5）选好培训方式。新颖且容易互动的培训方式，能够调动学员的积极性，加深对培训内容的理解，更容易达到效果。

【答疑解惑】

问1：培训管理初级阶段的工作重点有哪些？

【解答】培训管理初级阶段是企业培训管理从无到有的阶段，因为企业之前没有系统地对培训进行过管理。

此阶段，培训管理工作的重点应该放在员工知识的扩充、素质的提升、士气的激发和心态的调节方面，主要起作用的是员工的福利和企业留人的策略。这个阶段的培训管理是以培训管理的思维导入为主。

企业培训管理初级阶段，要考核培训管理的质量一般会用一些比较初级的指标，比如培训课时、培训人数、培训费用、课程开发的数量、培训的满意度等。

问2：为什么说企业在不同的发展阶段应该采用不同的培训课程？

【解答】培训的课程不仅要考虑员工的需求等微观层面，还应该与企业不同发展阶段的宏观层面相符。因为，在不同阶段，企业的发展策略不同，对员工的要求也就有所差异。因此，在培训课程的设计与管理中，考虑在不同的企业发展阶段展开有针对性的培训，才能更好地为企业战略服务。企业的培训课程也不能一成不变，这种变化不仅由于外部环境引起，还应该考虑到企业内部的因素。因此，在企业不同的发展阶段应该采用不同的培训课程，如表2-3所示。

表2-3 企业在不同发展阶段应采用不同的培训课程

发展阶段	内容
创业初期	企业人数有限，将主要精力放在市场营销上，主要业务活动由创业者独自支撑，企业应集中力量提高创业者的营销公关能力、客户沟通能力
发展期	企业有了稳定的销售量，随着业务的增长，组织开始快速扩张，企业需要培养一部分中层管理人员，组建管理团队、分担业务量。此时，企业应集中力量提高中层管理人员的管理能力
成熟期	企业需要提升自己的核心竞争力，推动企业中每名员工把自己的工作同企业的目标紧密结合起来，从根本上提高企业的素质。因此，企业应集中力量建设企业文化，提升员工对企业目标的认同、对企业的归属感

第二节 培训目标的制定

一、培训目标的特点

培训目标的设置是为了解决企业员工培训应达到什么程度的标准的问题。为了达成培训预先设定的目标，就需要把培训目标描述清晰，并转化成在培训中易于操作的指导方针。目标可以针对每一个培训阶段设置，也可以面向整个培训计划设定。

培训目标的确定可以指导培训者和受训者掌握衡量培训效果的尺度和

标准，找到解决培训过程中复杂问题的答案。培训目标除了要求具体化、数量化、指标化和标准化，还具有三个特点，如图2-2所示。

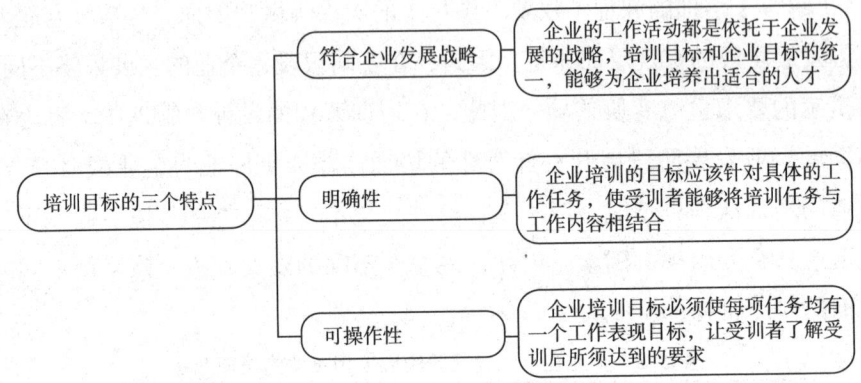

图2-2 培训目标的三个特点

二、培训目标的类型

培训目标是根据企业发展战略，建立符合企业发展需求的培训体系，制订企业培训计划，并以此为指导开展各项培训活动，以提高内部员工的整体素质，使其符合企业发展的要求。培训目标可以根据企业的培训内容进行详细分类，具体如图2-3所示。

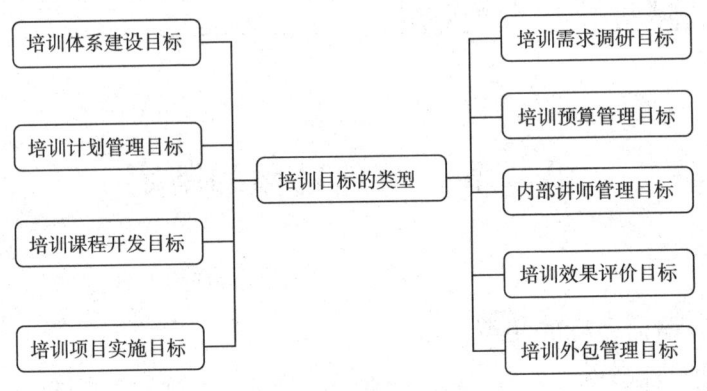

图2-3 培训目标的类型

三、培训目标制定流程

制定培训目标，需要对企业培训需求进行分析，并在此基础上制定培训目标，细化培训计划并实施。

1. 培训需求分析

为了使培训目标具有针对性，增强培训效果，实施培训前必须了解各岗位受训者的培训需求，具体分析如图2-4所示。

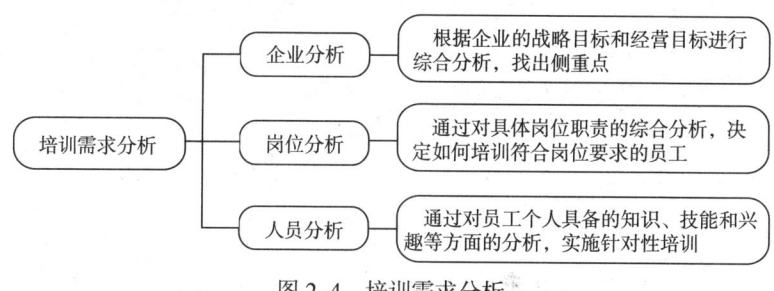

```
                    ┌─ 企业分析 ── 根据企业的战略目标和经营目标进行
                    │              综合分析，找出侧重点
                    │
培训需求分析 ───────┼─ 岗位分析 ── 通过对具体岗位职责的综合分析，决
                    │              定如何培训符合岗位要求的员工
                    │
                    └─ 人员分析 ── 通过对员工个人具备的知识、技能和兴
                                   趣等方面的分析，实施针对性培训
```

图2-4 培训需求分析

2. 拟定培训目标

企业各部门在培训需求调查的基础上，填写相应的培训需求计划表，指定本部门员工年度培训计划，并上报人力资源部。人力资源部需要根据公司的培训规划和培训需求调查，结合各部门的培训计划，制订企业年度培训计划目标。

3. 培训计划实施

组织培训时，人力资源部须向各部门经理发出培训通知，部门经理根据培训目标安排相关人员参加，并在培训后进行课堂评估和课后评估，便于有效地控制培训效果，考察培训是否达成培训目标。

第三节　培训组织结构

一、人力资源部培训岗位模式

人力资源部按照不同的培训岗位事务进行分工，主要包括在培训总监领导下的培训课程研发经理和培训项目运营经理模式。具体结构如图2-5所示。

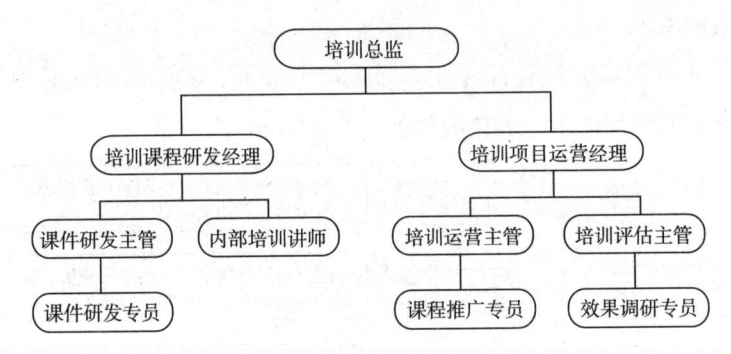

图 2-5　人力资源部培训岗位模式

二、人力资源中心培训部模式

人力资源中心培训部主要是在企业培训总监的领导下，根据企业发展对人才的需求所进行的一系列工作，包括做好丰富员工专业知识、增强员工业务技能并改善员工的工作态度，最终使员工的综合能力素质实现与企业要求符合的目标。

人力资源中心培训部受其职能事项、企业所在行业的特性、企业规模以及人力资源开发需求等因素影响，在组织结构设计上，应结合企业实际情况，构建与企业实际需要相符合的组织结构模式。按照培训事务专业分工设计的人力资源中心培训部结构模式如图 2-6 所示。

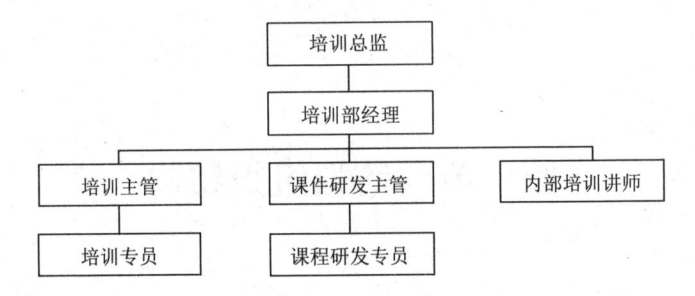

图 2-6　按照培训事务专业分工设计的人力资源中心培训部结构模式

三、企业培训管理中心模式

企业的培训管理中心是建立在培训部经理领导下的，以培训项目为主要内容的培训部模式，如图 2-7 所示。

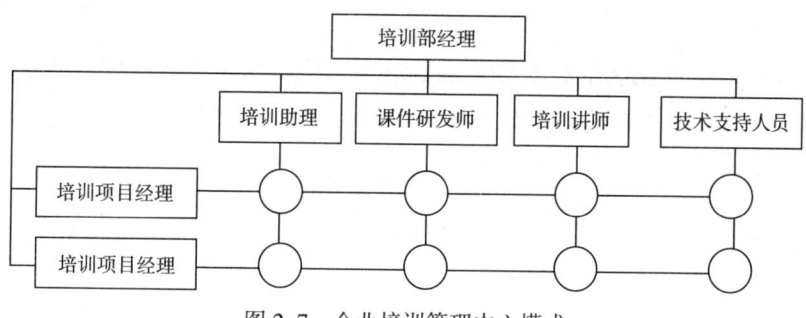

图 2-7　企业培训管理中心模式

四、企业商学院与企业大学

企业商学院和企业大学是指由企业出资，以企业高级管理人员或聘请商学院教授及专业培训师作为讲师，通过实战模拟、案例研讨以及互动教学等手段，将培养企业内部中高级管理人才和企业供销合作者作为目的，以满足员工实现终身学习的一种教育和培训结构。企业大学组织结构模式如图 2-8 所示。

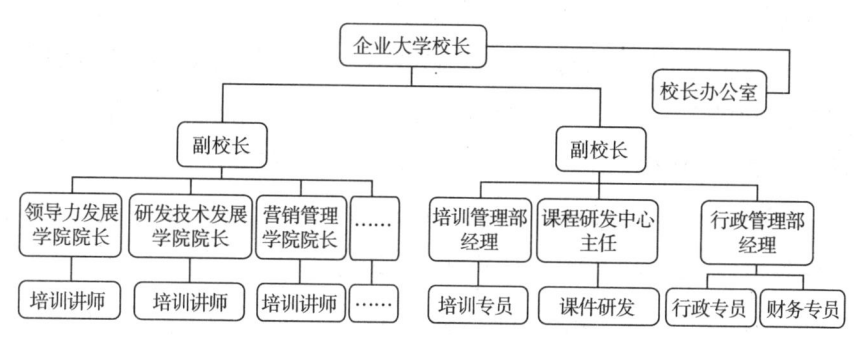

图 2-8　企业大学组织结构模式

第四节　培训管理职责

一、培训部门管理职责

培训部门统一管理和统筹企业人员培训工作，其主要职能包括以下十二项内容。

（1）根据企业规章制度与要求，培训部须确保培训管理体系要求的过程得到识别、建立和保持，并予以文件化。

（2）负责培训工作及认证工作中对外接口工作；配合企业经营目标，依据人力分析及人力预测结果，执行公司人力发展的短期、中期、长期规划，并予以落实。

（3）向最高管理层报告培训管理体系的业绩和任何改进的需求；制定和贯彻公司的人力学习与培训政策方针。

（4）调查、研究、汇总、评估和修正公司的人力培训需求状况；规划公司的年度学习与培训计划；负责实施公司的培训计划及行政安排；负责追踪和考核培训的效果。

（5）负责建立公司内外培训师档案和受训者档案；负责外聘培训师的挑选、聘请、行程食宿安排及考核；负责公司内部培训师的挑选、培训、认证及考核；负责与公司外培训机构的联络和洽谈工作。

（6）负责审定和编印学习与培训教材；负责定期组织和主持公司内部读书会；编制公司年度学习与培训纪要；负责学习与培训的政策、计划及其他有关事项的咨询工作；推动其他有关学习与培训事项。

（7）制定培训战略目标，分析培训需求，制订培训计划，设计开发课程，实施培训，评估、跟踪培训效果，组织管理。

（8）根据人力发展计划，筹划各项教育及训练，高度重视员工的培训和开发。

（9）组织制定公司教育与培训的工作目标、规划与管理制度，培育与推进培训文化，组织建立与发展公司教育及培训的组织体系和业务流程。

（10）督导、检查培训计划的实际执行与预期达成；制定本部门每一职位的工作标准及职务资格；合理分派本部门的工作并监督其进度。

（11）负责本部门的资产管理，节能控管，并负责请购及领用的审批，负责本部门的员工培训工作。

（12）完善公司的各项制度，做好制度落实的监督管理。管理者应协调好本部门与其他部门的关系，并尽力解决各部门难题，同时注意协调与其他事业体之间相关事务的联络工作。

二、主管领导决策职责

培训部主管领导决策职责主要是在培训部经理的领导下，对培训过程中一系列培训内容选择进行决策，如图 2-9 所示。

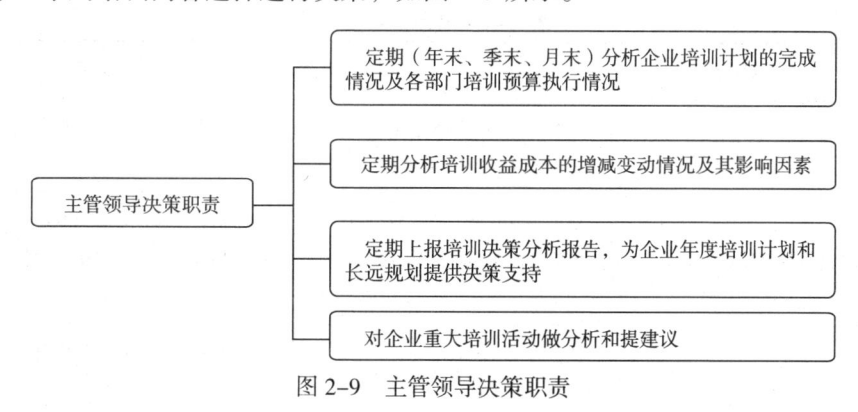

主管领导决策职责：
- 定期（年末、季末、月末）分析企业培训计划的完成情况及各部门培训预算执行情况
- 定期分析培训收益成本的增减变动情况及其影响因素
- 定期上报培训决策分析报告，为企业年度培训计划和长远规划提供决策支持
- 对企业重大培训活动做分析和提建议

图 2-9　主管领导决策职责

三、培训总监职责

培训总监的职责是根据企业的战略发展目标，组织编制和实施人力资源培训规划，协调企业各部门人员的培训工作，为企业的战略管理和人力资源管理提供保障支持。其具体职责如图 2-10 所示。

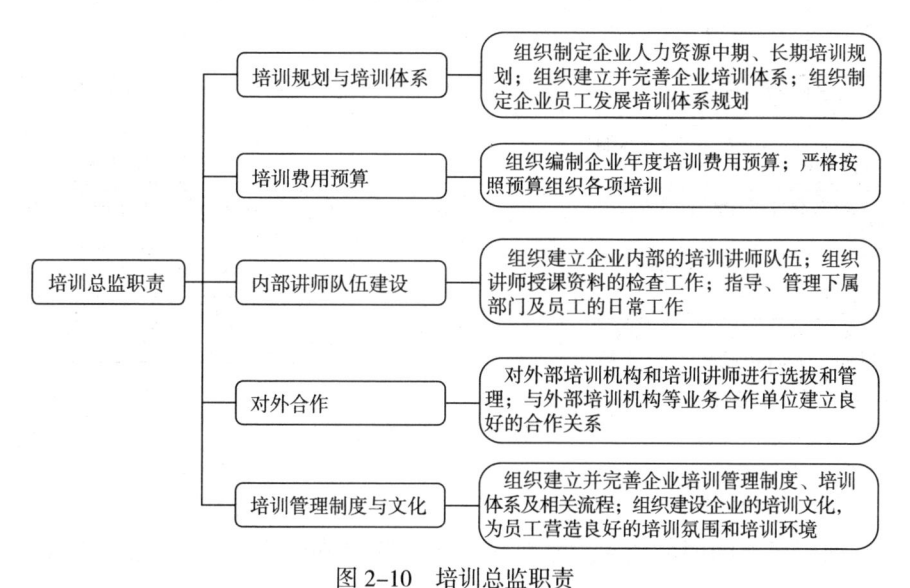

培训总监职责：
- 培训规划与培训体系：组织制定企业人力资源中期、长期培训规划；组织建立并完善企业培训体系；组织制定企业员工发展培训体系规划
- 培训费用预算：组织编制企业年度培训费用预算；严格按照预算组织各项培训
- 内部讲师队伍建设：组织建立企业内部的培训讲师队伍；组织讲师授课资料的检查工作；指导、管理下属部门及员工的日常工作
- 对外合作：对外部培训机构和培训讲师进行选拔和管理；与外部培训机构等业务合作单位建立良好的合作关系
- 培训管理制度与文化：组织建立并完善企业培训管理制度、培训体系及相关流程；组织建设企业的培训文化，为员工营造良好的培训氛围和培训环境

图 2-10　培训总监职责

四、培训主管职责

培训主管的职责是根据培训计划，协助培训部经理做好培训需求的调查和培训计划的制订，协调培训项目进行过程中的各项事宜，如表2-4所示。

表2-4　培训主管职责

工作职责	具体内容
培训需求分析	组织人员调查了解企业各部门和员工的培训需求；汇总培训需求并提出相关建议，报领导审批
培训计划制订与实施	根据企业发展需要，参与制订培训计划与培训预算；根据企业年度培训预算，制定培训标准；根据领导审批的培训计划，具体安排企业各项培训工作
培训效果评估	负责督导、检查培训计划完成情况；组织相关人员对培训实施情况进行评估
联系外部培训机构	与外部相关培训机构建立良好的合作关系，评估与本企业有合作关系的外部培训机构的培训能力和培训效果

五、培训助理职责

培训助理在培训部经理的领导下对培训工作进行协助管理，其具体职责如图2-11所示。

培训助理的职责：

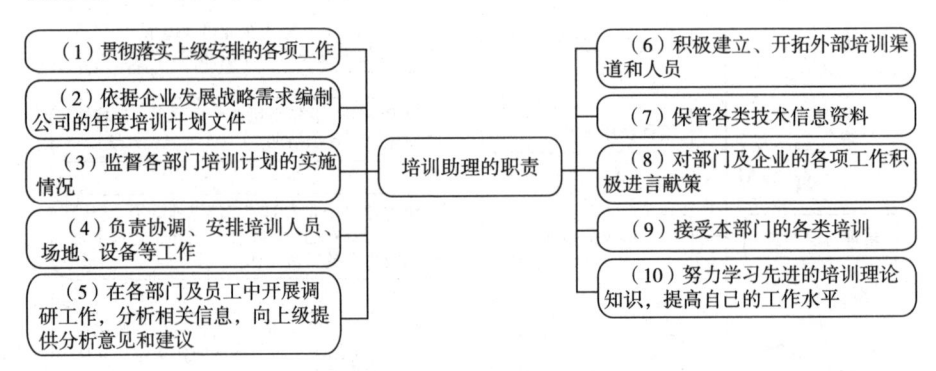

(1) 贯彻落实上级安排的各项工作
(2) 依据企业发展战略需求编制公司的年度培训计划文件
(3) 监督各部门培训计划的实施情况
(4) 负责协调、安排培训人员、场地、设备等工作
(5) 在各部门及员工中开展调研工作，分析相关信息，向上级提供分析意见和建议
(6) 积极建立、开拓外部培训渠道和人员
(7) 保管各类技术信息资料
(8) 对部门及企业的各项工作积极进言献策
(9) 接受本部门的各类培训
(10) 努力学习先进的培训理论知识，提高自己的工作水平

图2-11　培训助理的职责

六、课程研发师职责

课程研发师的岗位职责是在培训部经理的领导下，负责本企业培训课

程的规划、制作与管理等工作。具体职责如图 2-12 所示。

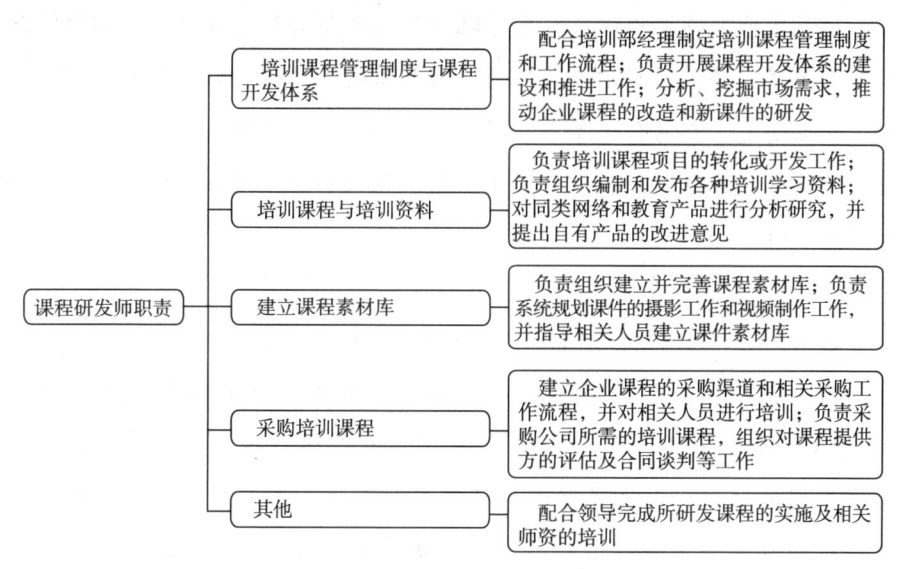

课程研发师职责	培训课程管理制度与课程开发体系	配合培训部经理制定培训课程管理制度和工作流程；负责开展课程开发体系的建设和推进工作；分析、挖掘市场需求，推动企业课程的改造和新课件的研发
	培训课程与培训资料	负责培训课程项目的转化或开发工作；负责组织编制和发布各种培训学习资料；对同类网络和教育产品进行分析研究，并提出自有产品的改进意见
	建立课程素材库	负责组织建立并完善课程素材库；负责系统规划课件的摄影工作和视频制作工作，并指导相关人员建立课件素材库
	采购培训课程	建立企业课程的采购渠道和相关采购工作流程，并对相关人员进行培训；负责采购公司所需的培训课程，组织对课程提供方的评估及合同谈判等工作
	其他	配合领导完成所研发课程的实施及相关师资的培训

图 2-12　课程研发师职责

温馨提示

企业培训与开发运行模式的特点

（1）在培训制度应用上，注重激发员工的学习动机，变被动培训为主动学习。培训在企业中占据越来越重要的地位，并且正在从以教师和课程为中心的被动式形式转变为以学习者为中心的主动式形式。员工越来越认识到学习的价值，认识到创造和应用知识比积累知识更为重要。

（2）在培训实施过程中，强调以人为本。培训过程更关注人的生理和心理特点，培训已经被视为一种身心愉悦的活动和享受，一种公司对员工贡献的回报和激励措施，而不是组织下的命令。此外，培训在组织设计上也尽量突破组织界限，使其更加人性化。

（3）在培训内容和资源体系建立上，突破了工业时代岗位技能培训的范围，更加重视提高人的胜任能力。知识经济时代的培训包括更广泛的培训内容，如专业技能、创造技能、管理技能、团队精神、企业文化等。培训资源体系建设得更加丰富是为了满足企业和员工的需求。

（4）在培训效果测评上，更着眼于培训实施的经济效益。知识资源是在为数不多的特定过程中产生、共享和利用的，这些过程一般包括市场调研、产品研发、交易合作等与公司业务密切相关的过程，因此，现代培训更加注重知识在这些过程中的应用，培训效果和产生的收益成为培训测评的主要方面。

案例2-2　如何规范培训管理，减少受训人员的流失？

2018年年底，某公司经董事会高层内部沟通，要求人力资源部提交2019年度人力资源规划，特别强调公司将加大核心骨干人员、中层管理干部的培训。人力资源部张经理在做人力资源规划时，重点把2018年公司的培训情况进行了总结，并收集了相关数据，发现培训存在以下问题：

（1）公司组织新员工培训，去年试用期期间离职人员共50人次，占全员的30%。

（2）核心骨干员工培训费用占整体费用的30%，其中研发类、管理类、销售类课程费用很高。

（3）员工被外派培训时，公司承担住宿、交通、培训费用。

（4）由于公司在业内知名度高，重视培训，员工培训后直接到竞争对手公司上班。

针对以上问题，企业应如何规范培训管理，减少培训人员的流失？

【解析】培训管理，是指培训的需求调查、制订培训计划、培训课程开发、培训讲师管理、培训实施、培训效果评估的整个过程管理。培训风险管理，主要是在培训实施过程中，通过培训风险的防范和规避来实现，常用手段包括培训需求确定、培训对象选择、培训方式选择（内训、外训）、培训协议签订、再培训等。

结合本案例，规范培训管理，减少受训人员流失的主要方式包括：

（1）单次培训费用不要太大。培训实施与培训需求、培训对象挂钩。

（2）减少试用期内员工外派培训。由于试用期员工的不确定性，比如离职、不胜任、辞退等，试用期应减少新员工外派培训。

（3）签订培训协议，约定服务期，约定违约的赔偿方式。比如，企业与员工约定的服务期一般为2~3年，约定培训费以每年总额20%递减方式核算。

（4）培训与员工的发展相挂钩，员工明确个人的发展通道，提高员工的忠诚度。

（5）对于核心骨干员工，公司要与他们签订竞业禁止协议，降低其培训后流失的风险。

第五节　培训制度与实施方案

一、培训制度的框架

培训制度指的是能够直接影响和作用于组织培训体系及其系统活动的各种法律、规章、规范及政策的总和。培训制度是组织培训系统高效发挥作用的根本保障，是组织在培训与开发活动过程中，所涉及人员共同遵循并按照一定的程序、步骤实施的规定、规则和要求。

培训制度的根本作用在于为培训与开发活动提供一种制度性框架和依据，促进培训沿着制度化、规范化、标准化的轨道运行。

一般而言，企业的培训制度体系由岗位培训制度、培训服务制度、入职培训制度、培训激励制度、培训考核评估制度、培训奖惩制度和培训风险管理制度等构成。

培训制度的结构和内容应该具有完整性和一致性，一个具备良好的实用性、可行性和可操作性的培训制度框架主要由五个部分组成，如图2-13

所示。

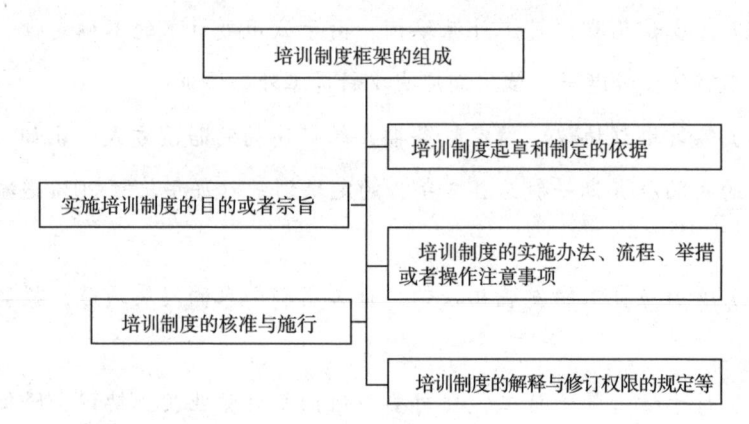

```
培训制度框架的组成
├── 培训制度起草和制定的依据
├── 实施培训制度的目的或者宗旨
├── 培训制度的实施办法、流程、举措或者操作注意事项
├── 培训制度的核准与施行
└── 培训制度的解释与修订权限的规定等
```

图 2-13　培训制度框架的组成

二、培训制度的设计

企业培训制度的设计，主要包括设计原则和设计方法两个方面，如表 2-5 所示。

表 2-5　培训制度的设计

项目	具体内容	
设计原则	培训工作必须与公司的战略需求和经营目标相结合	
	员工个人价值的实现与公司价值的实现相结合	
	培训工作必须体现经济效率和效益的结合	
	业余培训为主，脱产培训为辅	
设计方法	做好需求分析	在设计培训制度之前，要对培训制度的设计做好各方案的需求分析，避免培训结果与培训初衷大相径庭，以便达到良好的培训效果
	明确培训目标	在做好培训的需求分析后，就可以在培训制度中明确本次培训的目标要求，尽量做到简明扼要、突出重点
	明确培训内容	围绕培训目标，对培训内容进行梳理，明确培训内容的大致要点并列出提纲

三、培训体系的制度管理规范

培训体系的有效和高效实施需要有规范化的管理体系和制度作为保障，具体包括以下三方面内容。

1. 培训制度的管理职责分配

企业人力资源部是培训管理制度的管理部门,按照制度层级,负责培训管理的通用业务制度,并负责培训体系内制度的落实和检查。

2. 培训体系的生命周期管理

通过培训制度的立项、制度起草、制度预审、制度会签和制度审核等步骤,进行企业培训生命周期管理,能够进一步有效规范培训体系的管理制度。

3. 培训制度信息化规范管理

加强企业培训体系规范化管理,进一步优化培训制度管理过程,采用信息化手段创新培训制度管理,能够提高培训体系的标准化,提升培训制度管理水平。

四、培训实施方案的设计

企业培训方案的设计步骤如图 2-14 所示。

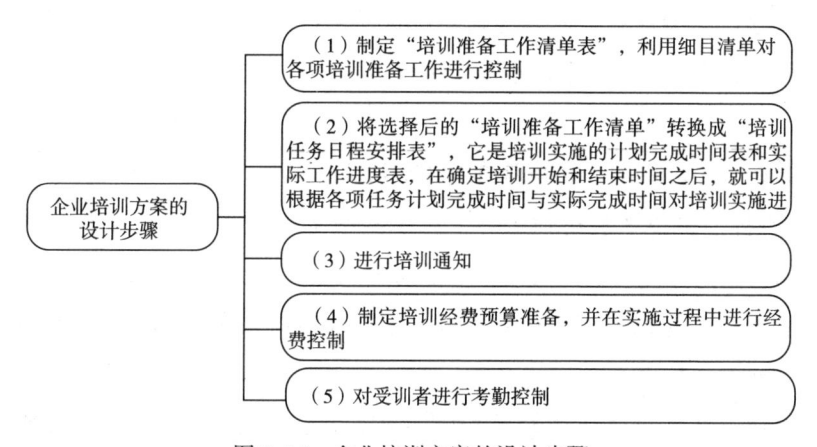

```
                    ┌─(1)制定"培训准备工作清单表",利用细目清单对
                    │   各项培训准备工作进行控制
                    │
                    ├─(2)将选择后的"培训准备工作清单"转换成"培训
                    │   任务日程安排表",它是培训实施的计划完成时间表和实
企业培训方案的 ─────┤   际工作进度表,在确定培训开始和结束时间之后,就可以
   设计步骤         │   根据各项任务计划完成时间与实际完成时间对培训实施进
                    │
                    ├─(3)进行培训通知
                    │
                    ├─(4)制定培训经费预算准备,并在实施过程中进行经
                    │   费控制
                    │
                    └─(5)对受训者进行考勤控制
```

图 2-14 企业培训方案的设计步骤

案例 2-3 培训工作如何开展才能赢得业务部门的支持?

2019 年年底,某公司在盘点业务后,发现销售部门业务差,整体销售能力薄弱。培训部门认为该领域存在培训需求,所以针对销售部门准备开展一个销售精英训练营。但在与业务部门负责人沟通训练营方案时,对方并不认可培训部门的方案。业务部门负责人认为训练营并非关键,当务之急是要构建一整套销售人才培养体系,实现优胜劣汰,使优秀的销售人才脱颖而出。

培训部门与业务部门在培训需求上产生了差异，如果不能及时沟通解决，势必影响后面培训工作的开展。因此，培训部门与销售部门的负责人进行了一次开诚布公的讨论。其实，培训部门之所以认为存在销售力培训需求，是因为他们经过了详细的调研，发现公司销售队伍中的大部分员工是从非销售岗位转岗而来，他们多数仅拥有工程技术领域的知识背景，但在销售岗位上并未得到过系统训练，更多的是靠自己的不断摸索，积累经验。销售人员对系统性销售知识的把握和基本功不够，就会影响其业务表现。如果不先解决这个问题，即便构建了完善的销售人才培养体系，选出了优秀的人才，销售业务所面对的难题依然会存在。在销售部门指出以上问题后，业务部门负责人也有所触动。因为他在实际工作过程中也发现，销售队伍里很多人是"野蛮生长"的，对销售的许多概念理解不够，而且他认为这是公司销售薄弱的一个重要原因。最终，对方同意开展训练营的建议。在后续培训方案的讨论中，也为培训部门提供了很多意见和建议。当然，培训部门也开始着手销售人才培养体系的构建工作，最后的方案也获得了对方的认可。

那么，如何才能让业务部门支持培训工作呢？

【解析】企业开展培训工作，根本目的是提高员工的素质和技能，从而影响他们的业绩输出。理论上，业务部门对培训工作应该是大力支持的。但现实并不是这样。由于种种原因，培训后的效果并不十分明显，而且在培训期间员工基本处于脱岗状态，对业务部门的工作安排和计划造成了困扰，因此，业务部门的领导对各种培训总是多有抱怨，这种态度必然会影响整个企业培训工作的开展。

从本案例中可以看出，如果需要业务部门对培训工作予以支持，最重要的就是深入业务去调研，从人力资源的角度，帮助业务部门找到容易忽视的问题，然后提出有价值的建议。实际上，这一点可以联想到人力资源业务合作伙伴（HRBP）。人力资源和业务部门的这种伙伴关系，就是要明白 HR 在业务中的价值是什么，能帮助业务发现什么、解决什么。业务部门的思维习惯是单纯从业务的视角去看业务，不太想"人"的问题。在这一点上，HR 与业务部门互为补充，对于业务问题的解决将更加行之有效。

【答疑解惑】

问 1：HR 如何充分利用合理的时间开展培训工作？

【解答】培训时间安排要结合公司文化和员工对这个培训时间的接受程度来进行。对于不同的内容应考虑不同的时间。比如员工技能培训，可以安排在生产停工等料期间，也可以以导师带徒的形式进行，这样员工可在岗学习；如果公司统一安排培训，规定了学员对象，若是休息时间可安排适当调休。

HR 要多了解员工的真实想法，听取员工的意见，时间安排合理、高效，使培训达到预期目的，产生实效。

问 2：年度培训计划如何确定？

【解答】年度培训计划的初稿完成后，企业还应召开培训计划会议，对培训计划的初稿进行论证和评价，并形成最终的培训计划。

（1）会议组织者。企业的培训部门负责组织召开培训计划确定会议。

（2）会议参加者。除了培训部门的相关人员，一般还需要邀请制订培训计划的部门经理、培训课程开发人员以及部分培训对象等参加。

（3）会议决策方式。参加培训计划确定会议的所有人员，应对培训计划中的培训项目逐一展开讨论，然后由培训部门汇总修改意见，并根据实际情况进行调整。

第六节　培训文化的营造

一、培训文化的含义及功能

培训文化是企业文化的重要组成部分，是衡量培训工作完整性的工具，是知识经济时代企业文化的重要特征，更是考察组织中培训发展现状的重要标志。

培训文化的功能如图 2-15 所示。

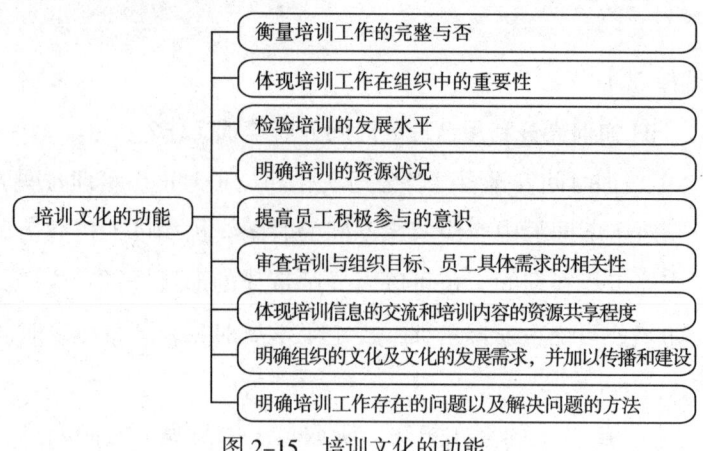

```
培训文化的功能 ─┬─ 衡量培训工作的完整与否
              ├─ 体现培训工作在组织中的重要性
              ├─ 检验培训的发展水平
              ├─ 明确培训的资源状况
              ├─ 提高员工积极参与的意识
              ├─ 审查培训与组织目标、员工具体需求的相关性
              ├─ 体现培训信息的交流和培训内容的资源共享程度
              ├─ 明确组织的文化及文化的发展需求，并加以传播和建设
              └─ 明确培训工作存在的问题以及解决问题的方法
```

图 2-15　培训文化的功能

二、培训文化的发展过程

培训文化的建立是多层次的，需要一个渐进的过程，可大致分为三个发展阶段，如图 2-16 所示。

```
         培训文化的三个发展阶段
        ┌────────┼────────┐
      萌芽阶段   发展阶段   成熟阶段
```

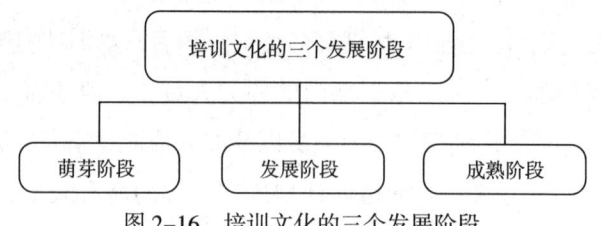

图 2-16　培训文化的三个发展阶段

1. 萌芽阶段

培训管理部门属于人力资源部门的一个组成部分，它与各单位的沟通要通过人力资源主管人员来完成。此时以"组织需求为先导"为原则，培训管理者达不到"引导培训"或"创造需求"的境界，他们只是扮演实施者的角色，主要负责培训工作的组织与实施。

2. 发展阶段

培训管理者既是组织战略的促进者，又是培训的实施者。此时可考虑单独设立培训部门，使其不受相关部门的层级限制，更好地发挥组织战略促进者的作用，强有力地推动组织中培训文化的发展，还能更多地争取到各部门经理人员和决策层的支持。

3. 成熟阶段

培训管理者是培训战略的促进者,实施者的职能则由各部门独立有效地执行。此时培训部门不仅独立于人力资源部门以外,还对人力资源部门具有一定的影响力。培训部除具有培训硬件设备、大量的信息资源和兼职教师、顾问的掌控权外,还专门配有课程开发人员,为各部门开发备选课程,从而确保达到"超前培训、供应领先"的目的。培训管理者对各部门的培训具有统筹、控制和引导的作用,在召开培训工作会议时,除各部门经理外,公司决策层也会出席,这样才能使培训工作与整个公司及所属各单位在目标、战略和计划上达成共识和行动上的一致。

要区分上述三个阶段,可考察以下几个指标:培训的计划性、培训的参与性、培训的内容和形式、培训资源的利用程度、培训基础管理平台的完善、培训与企业战略之间的关系。

一般而言,判断企业从萌芽阶段进入发展阶段的三个重要标志是:

(1)企业是否真正拥有了对于现代培训的理解与认识。

(2)企业是否真正拥有了自己行之有效的培训规划与实施计划。

(3)企业是否真正拥有了阶梯化的、与需求很好匹配的培训课程体系。

案例2-4 如何安排员工培训比较适合且有趣呢?

某公司主营业务属于服务业,员工少,加之工作安排紧凑,大家都很忙。但是,公司规定每名员工都要有一定的培训时间数,所以员工总是以工作忙来推托,部门主管也不配合培训,而员工下班后都很累,来参加培训的可能性也不大。

那么,如何安排员工培训比较适合且有趣呢?

【解析】根据本案例,给出以下建议:

(1)开拓培训方式,可以开展服务比赛、微笑摄影比赛等,也可计算学习积分;季度及年度公布培训时间数(或学习积分),给予一定的季度奖励与年度奖励,先激发员工的参与热情。

（2）如果有条件，可以发放一些与服务培训相关的小手册给员工，或推荐与服务相关的电影，让他们阅读或观赏后提出意见与想法。

（3）开拓合理化建议渠道，经公司采纳，同样计学习积分。

（4）在合适的时间，统一安排一个小时的培训，培训内容与员工联系更密切，激发员工的兴趣，时间不宜过长，培训过程中尽量加入一些互动环节。

具体方式还是要根据公司情况及企业文化来决定。如果培训看不到效果，而且形式呆板，不管是领导还是员工，都会有所怀疑。当然，培训是需要持续的事情，先让大家产生学习意愿，再逐步改善。

第三章
有需求才有培训

第一节 什么是培训需求分析

培训需求分析是指分析特定工作的实际需求与任职者现有知识、能力之间的距离，即分析理想的工作绩效与实际的工作绩效的差距。

一、培训需求产生的原因

对培训需求形成原因的客观分析直接关系到培训的针对性和实效性。培训需求产生的原因如表3-1所示。

表3-1 培训需求产生的原因

原因	内容
工作内容改变	企业处在不断变化发展的环境中，不同岗位的工作内容也会相应地发生变化，而为了适应这种变化，培训需求产生
工作领域改变	只要员工进入一家新的企业，踏入新的工作领域，为了尽快进入工作状态，参加培训是他们的首要选择
追求绩效目标	实现既定的或更优异的绩效目标是企业所希望的，但有些员工因能力等原因，达成既定的业绩目标会有困难，由此产生了相关的培训需求

二、培训需求分析的任务

概括来讲，培训需求分析主要是为了解决"谁最需要培训、为什么要培训、培训什么、如何培训"的问题。具体来讲，培训需求分析的任务如图3-1所示。

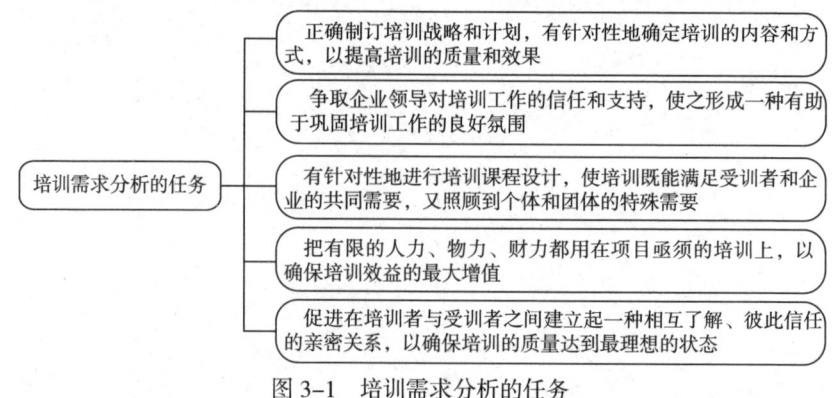

培训需求分析的任务：
- 正确制订培训战略和计划，有针对性地确定培训的内容和方式，以提高培训的质量和效果
- 争取企业领导对培训工作的信任和支持，使之形成一种有助于巩固培训工作的良好氛围
- 有针对性地进行培训课程设计，使培训既能满足受训者和企业的共同需要，又照顾到个体和团体的特殊需要
- 把有限的人力、物力、财力都用在项目亟须的培训上，以确保培训效益的最大增值
- 促进在培训者与受训者之间建立起一种相互了解、彼此信任的亲密关系，以确保培训的质量达到最理想的状态

图3-1 培训需求分析的任务

> **温馨提示**
>
> **培训需求分析的注意事项**
>
> 为了精确地进行培训需求分析,培训管理者在实施培训需求分析时,需要注意三个方面的问题。
>
> (1)查找问题。培训需求分析要求培训管理者要找出企业、部门或员工待解决的核心问题究竟是什么,要找到他们期待达成的目标是什么,他们期望的效果是什么。在找问题的层面,培训管理者要找到病根,对症下药。
>
> (2)确定内容。确定内容是培训管理者通过对问题的查找,确定和分析出哪些事项是可以通过培训解决的,哪些事项是培训无法解决的。培训管理者可以从态度、知识和技能三个层面分析。这里需要注意,培训并不是什么问题都能解决,比如不是所有的态度问题都能通过培训解决,不是所有的技能问题必须通过培训解决,同样的问题对不同员工来说,有的通过培训后能够解决,有的则不能解决。
>
> (3)确定对象。在培训管理者确定解决这些问题需要哪些人、接受什么样的培训和学习之后,接下来要弄清楚这类参训人员有哪些共同特征,包括个性、共性、能力、风格、态度等基本信息。另外,还有一些其他培训辅助信息,比如培训的时间、培训的地点、培训的方式等都需要在培训需求分析的时候一并考虑清楚。

三、培训需求分析的特点

从不同角度来看,培训需求分析具有不同的特点,如表 3-2 所示。

表 3-2 不同角度下培训需求分析的特点

角度	特点
主体	培训需求分析的主体具有多样性,既包括培训部门的分析,也包括各类人员的分析
客体	培训需求分析的客体具有多层次性,即通过对组织及成员的目标、素质、技能、知识的分析,来确定组织的现有状况与应有状况的差距、员工个体的现有状况与应有状况的差距及组织与个体的未来状况
核心	培训需求分析的核心是通过对组织及其成员的现有状况与应有状况之间差距的分析,来确定培训的必要性以及培训的内容

续表

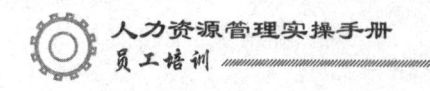

角度	特点
方法	培训需求分析方法具有多样性,它包括问卷调查法和现场观察法,也包括工作任务分析法与重点团队面谈法
结果	培训需求分析具有很强的指导性,培训需求分析的结果就是培训计划制订的依据

四、员工培训需求分类

员工培训需求,按培训对象的范围不同可分为普遍培训需求和个别培训需求;按培训时间的长短不同可分为短期培训需求和长期培训需求;按培训表现方式的不同可分为显性培训需求和隐性培训需求。

1. 普遍培训需求

普遍培训需求是指全体人员的共同培训需求,包括职业素养、通用管理技能、个人发展等培训需求,但不包括专业知识、专业技能等培训需求。

普遍培训需求的具体内容如表3-3所示。

表3-3 普遍培训需求的具体内容

分类	具体内容
增强企业认同的培训需求	企业文化、企业发展历程、企业关键事件、企业基本规章制度等培训需求
提升员工素质的培训需求	员工工作态度、工作方法、人际关系、职业生涯管理等培训需求
提升员工技能的培训需求	计算机操作基本技能、外语应用基本技能等培训需求

2. 个别培训需求

个别培训需求是由于部门不同、层级不同、岗位不同、资历不同而产生的,是部分人员或个别人员的培训需求,如各类专业技能培训就属于个别培训需求。

个别培训需求的具体内容如表3-4所示。

表3-4 个别培训需求的具体内容

分类	具体内容
不同类别人员的培训需求	新入职员工、新任管理人员等的培训需求
不同工作部门的培训需求	人力资源部门、行政部门、生产部门、质量管理部门、采购部门、营销部门等的培训需求
不同工作团队的培训需求	临时项目组、部门内不同团队等的培训需求

3. 短期培训需求

短期培训需求,一般是指企业在未来一年内的培训需求,包括年度培训需求、季度培训需求、月度培训需求等。

短期培训需求包括突发情况的解决、引进技术的普及、政策法规的学习，侧重于对具体问题的解决和具体事项的处理，适用于由"不满意到满意""由不合格到合格""由不胜任到胜任"这一范畴的培训。

4. 长期培训需求

长期培训需求是指企业在未来一年以上（不含一年）这个时间段内的培训需求，这类培训需求的产生并不是基于现状，而是基于企业未来发展的要求。长期培训需求制定的依据是企业未来的发展战略目标和经营管理目标。

长期培训需求包括理念变革、战略转换、人才培养等方面的培训内容。

5. 显性培训需求

显性培训需求是指当前状态下培训对象在专业知识、技能水平和工作能力等方面进行提高的需求，它是基于现时的企业需要、组织要求和个人期望的培训需求。

6. 隐性培训需求

隐性培训需求是指在当前状态下尚未被组织普遍认同、未直接显示出来的，同时也是企业因客观形势发展而存在的培训需求。

【答疑解惑】

问1：培训管理者如何准确找到培训需求？

【解答】培训管理者只有挖掘出真正的培训需求，才能对症下药，才能达到最佳的培训效果。培训管理者要准确找到培训需求，可以参考如下公式：

$$需求=期望-现状$$

这是培训需求分析的核心公式。从这个公式中，培训管理者能够清楚培训需求到底要分析什么。培训需求分析，是找出企业、部门、员工或者说企业的最高管理层、各部门管理层以及员工个人的期望与现状之间的差距。

问2：容易产生临时培训需求的情况有哪些？

【解答】

（1）战略层面：组织变革、市场扩张、业务增加。

（2）任务层面：技术革新、绩效改善、生产需要。

（3）个人层面：解决问题、能力提升、岗位变动。

第二节 培训需求分析的内容

一、培训需求分析的三个层次

员工培训的成功与否在很大程度上取决于需求分析的准确性和有效性，企业可以从个人层面、职务层面和企业层面分析培训需求。

1. 个人层面

培训是针对具体的员工和具体的岗位进行的，所以，在公司整体员工素质结构分析的基础上对拟接受培训的个人展开分析，是整个培训需求分析的核心，对培训效果起着决定性作用。个人层面的培训需求分析可采用培训对象区域划分法和不同类别人员培训需求定位法两种方法。

（1）培训对象区域划分法。该方法先按照工作技能和工作态度两项指标，将员工归入四种不同的区域，再针对不同区域人员挖掘不同的培训需求，如图3-2所示。

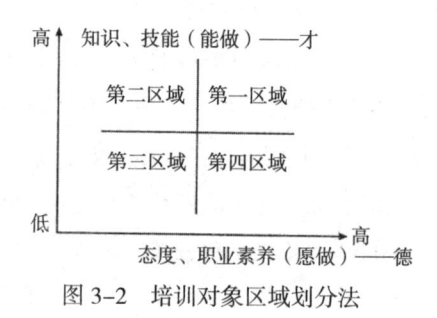

```
高 ↑ 知识、技能（能做）——才
   |  第二区域 | 第一区域
   |----------|----------
   |  第三区域 | 第四区域
低 └──────────────────→ 高
       态度、职业素养（愿做）——德
```

图3-2　培训对象区域划分法

不同区域人员的培训需求如表3-5所示。

表3-5　不同区域人员的培训需求

员工区域	表现	培训需求
第一区域	德才兼备，各方面素质都过硬，已是或将是企业的核心员工或业务骨干，这类员工是企业的重点培养对象	培训部的职责就是督促这类员工做好职业发展规划，为其安排一些提升培训，不断引导其从操作层向执行层、管理层发展

续表

员工区域	表现	培训需求
第二区域	知识和技能过硬，但工作态度不太好，职业素养不太高	针对这类员工的培训要解决的是其工作态度和职业素养的问题，培训部可以安排其参加企业文化培训、团队协作精神训练、职业素养提升培训等，并加大对其的绩效考核力度
第三区域	知识和技能不符合岗位要求，工作态度也不好	对于这一区域内的员工，人力资源部门可以与其进行个别谈话，了解其想法；向其直属领导了解实情，要求这类员工在规定的时间内适应岗位要求，否则予以转岗或辞退。企业可以安排这类员工接受各项培训。当然，这会花费大量的人力、物力和财力
第四区域	知识和技能不符合岗位要求，但工作态度好	培训部需要安排这些员工参加专业知识培训和技术操作训练，使其尽快达到岗位的硬性要求，以便更好地为企业服务

（2）不同类别人员培训需求定位法。不同工作性质的人员，其培训需求不同。按进入组织的时间先后，员工可分为新员工和老员工（即在职员工）；而老员工按岗位级别又可分为基层员工、中层主管人员和高层管理人员。上述几类人员的不同培训需求定位如图3-3所示。

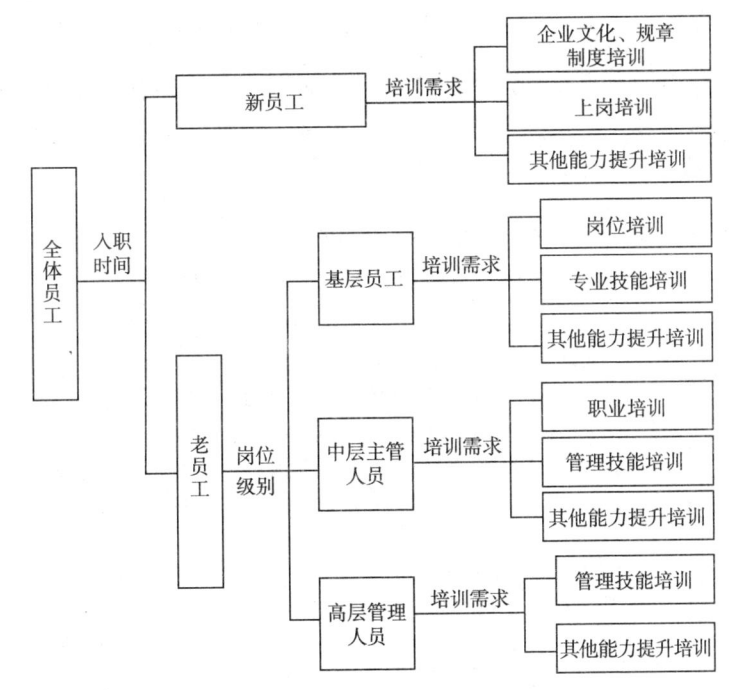

图3-3 不同类别人员培训需求定位法

2. 职务层面

职务层面的培训需求分析是指对某一职务的任职要求和业绩指标进行评价，由此得出该职务现任员工所应掌握的知识和所应拥有的技能与员工实际拥有的知识和实际拥有的技能之间的差距，进而明确培训需求的一种分析方法，具体内容如图3-4所示。

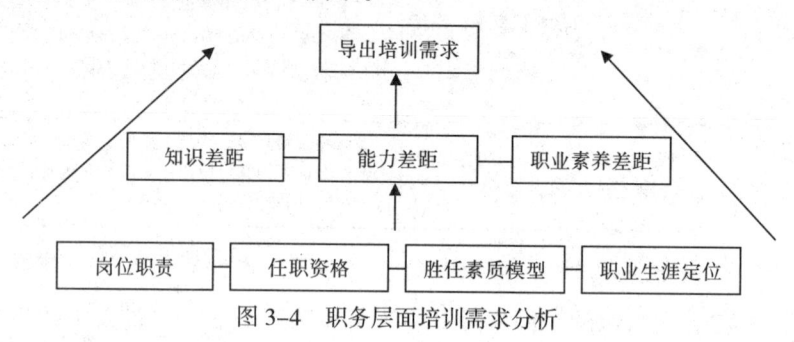

图3-4 职务层面培训需求分析

3. 企业层面

企业层面的培训需求分析是指通过对企业的目标、资源、环境等因素的分析，准确找出企业存在的问题，并确定具体培训需求的一种分析方法。企业层面提出的常见培训需求事项包括：实现晋升和提升、实现转岗和调岗、推出新业务、引进新技术、开拓新市场、招聘新员工、企业变革和创新、企业外部环境的变化、工作业绩的提升。

企业层面培训需求分析的具体内容如表3-6所示。

表3-6 企业层面培训需求分析的内容

内容	说明
企业目标	明确企业目标是确定培训目标的关键，企业目标不清晰，培训目标就无法有效界定，最终会影响培训的实施和对培训效果的分析
企业资源	企业资源分析包括以下三类资源的分析： （1）资金资源，即分析企业为支持培训工作开展所能承担的经费 （2）时间资源，即分析企业业务开展方式和经营管理的特点，以此来确保是否有足够的培训时间 （3）人力资源，既要分析企业目前的人力资源状况，又要分析组织未来的人力资源需求
企业环境	主要从企业内部环境与外部环境两方面进行分析，内部环境包括企业文化、企业的软硬件设施、企业经营运作的方式、各种规章制度等；外部环境包括企业所在地区的经济发展状况、地域文化等

续表

内容	说明
企业员工素质结构	员工素质结构分析主要包括以下内容： （1）员工所受教育，即分析员工所受教育程度对岗位工作的影响 （2）员工专业结构，即分析员工所学的专业知识与岗位技能的匹配度 （3）员工年龄结构，即分析不同岗位的年龄特点以及员工年龄层次的分布情况 （4）员工性格结构，即分析不同岗位的工作特点对岗位任职者性格的不同要求

二、培训需求分析的三个对象

培训需求分析的三个对象为新入职员工、在职非管理层员工及管理层人员。

1. 新入职员工的培训需求分析

新入职员工由于对企业的文化和制度不了解而不能较快地融入企业，并且新入职员工可能由于对工作岗位的不熟悉而不能很好地胜任工作，此时就需要对新员工进行培训。

根据上述内容，新入职员工的培训需求分析内容可以从岗前培训和岗后培训来理解。新员工的岗前培训是指其未正式上岗前，先对其进行关于企业文化、规章制度和行为准则的培训，以增强其归属感，顺利实现角色的过渡和转变。新员工的岗后培训主要是结合其岗位职责，确定需要培训的能力、技能和知识。

2. 在职非管理层员工的培训需求分析

在职非管理层员工可以划分为在职普通员工和在职核心员工。在职非管理层员工的培训需求是由于技术的更新、管理的变革导致在职非管理层员工的技能不能满足工作需要等方面的原因而产生的培训需求。

在职普通员工主要是各操作岗位上的工人和其他一般技术人员，其培训需求内容一般集中于知识、技能、行为准则、岗位责任意识等方面。在职核心员工通常掌握企业的专门技术、核心业务及核心资源，其培训需求内容主要是思想认识，即对自己在企业员工中地位和作用的准确定位。此外，超前的知识和技能也是在职核心员工培训需求分析的关键内容。

3. 管理层人员的培训需求分析

组织中的管理者可以分为基层管理者、中层管理者和高层管理者。根

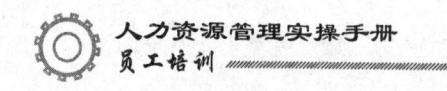

据不同管理者在组织管理中的地位及管理内容，其培训需求分析侧重点不同。

例如，基层管理者的培训需求主要是普通员工管理与培养及人际沟通与交往的艺术；中层管理者的培训需求主要是职业培训、管理技能培训及其他能力的提升培训；高层管理者的培训需求主要是管理技能培训及其他能力的提升培训。

三、培训需求分析的两个阶段

培训需求分析可以划分为目前培训需求分析和未来培训需求分析两个阶段。

目前培训需求是指根据企业目前存在的问题和不足而提出的培训需求。目前培训需求分析的内容主要包括企业现阶段的经营目标、目标的实现情况、未能实现的目标和任务、企业运行中存在的问题等方面。

未来培训需求是为了满足企业在未来一段时间内的发展需要而提出的培训要求。未来培训需求分析的内容主要是企业未来的组织变革、业务流程变化、员工供需情况、新工作岗位对员工的要求以及员工已具备的知识水平和尚欠缺的部分。

四、培训需求分析的环境分析

培训工作的顺利开展必须有一定的环境支持，这种环境支持可以划分为培训实施环境支持和技能应用环境支持。因此，企业必须将环境分析纳入培训需求分析工作中，以确保培训在具体实施时有足够的人员、资金、时间、设备和设施等资源的支持。

1. 培训实施环境分析

培训实施环境分析的目的是确定培训地点或场所满足培训要求的程度。因此，企业培训实施环境的分析应重点关注四项内容，即培训地点或场所适合培训要求的程度，培训地点或场所适合模拟工作环境的程度，培训地点或场所对多种教学方法、策略和培训输入方式的适合程度，可能影响教学设计和教学传输的限制条件。

2. 技能应用环境分析

培训的最终目的是确保员工能将所学的知识、技能应用到工作中。但在现实中，受训者的培训环境与技能应用环境存在差别，这就导致受训者的工作环境对培训可能不支持。为了降低这种差别导致的对培训的不支持，培训需求分析者需要对受训者工作的环境进行分析，指出哪些因素可能会影响新获得技能的应用，然后加以改善，以保证受训者将所学内容应用于工作实践中。

技能应用环境的分析可以从四个方面进行，如表3-7所示。

表3-7 技能应用环境的分析

项目	内容
管理人员的支持	即受训者所在部门的管理人员对培训所学技能在工作中应用的支持程度。为了避免本部门管理人员产生抵制或反对态度，培训需求分析人员应主动与受训者的部门管理人员沟通，让其参与到培训中
物质资源的支持	即应用新知识、新技能所需的设备、辅助设施、工具、时间安排或其他资源。这些信息可以用于培训环境设计
人际关系的支持	即应用新技能的人际环境，主要分析与受训者合作的人员对应用新技能可能造成的失误的容忍程度及支持和帮助程度
技能与工作场所的关联性	即新技能的应用是否存在物质资源、人际关系方面的限制

通过对以上四项内容的分析，最终是要帮助培训设计者开发出与技能应用环境类似的培训环境，促进新知识和新技能向工作场景转移，保证受训者有足够的工作机会将培训内容加以转化。

【答疑解惑】

问1：如何开展企业的员工培训需求分析工作？

【解答】企业的发展是通过人来实现的，员工应该了解企业的发展目标和这一目标与个人发展之间的关系，而培训就是要使个人的发展符合企业发展的要求。培训需求分析包括以下三方面要素。

（1）合纵连横。培训需求包括企业的需求、群体的需求和员工个人的需求三个不同的层面，合纵连横，面面俱到。在进行培训需求分析之前，先在公司内营造一种氛围，做到上至领导、下至普通员工都有心理准备，有时间去思考个人、部门、整个公司的培训需求是什么，以引起每个人的重视，并将培训需求分析视为自己工作中的一项重要内容。

（2）系统分析。培训需求的分析先要从业务需求开始，要将负责培训的成员按照企业的职能区域进行分工，每个人负责一个区域，了解相关业务，再汇总到一起，从而将培训需求分析落到实处，真正做到想业务部门之所想。在了解部门的业务之后，就要引导部门从业务需求开始挖掘培训需求。

（3）以过程保证结果。由于培训需求分析最终要产生培训计划，分析过程中的数据尤为重要。要把了解的培训需求准确地记录下来，并及时进行反馈与汇总。

问2：如何实施培训需要分析计划？

【解答】培训需求分析的实施主要按照事先制订的工作计划依次展开，但也要根据实际工作情况随时对计划进行调整。若计划实施中遇到太大的阻力或偏离计划目标，要及时调整计划。

（1）收集培训需求。培训部经理向各有关部门收集培训需求。

（2）汇总培训需求。培训部经理将收集的各类需求信息进行整理汇总，并填入企业培训需求分析汇总表。

（3）分析培训需求。培训需求分析主要包括以下三方面内容。

①分析受训员工的现状，包括其在组织中的位置、是否受过培训、受过什么培训以及培训的形式等。

②分析受训员工存在的问题，包括是否存在问题及问题产生的原因。

③分析员工的期望和真实想法，包括员工期望接受的培训内容和希望达到的培训效果，然后核实员工真实的想法，以确认培训需求。

（4）确认培训需求。培训部经理参考有关部门的意见，根据重要程度和迫切程度确认培训需求，为制订培训计划奠定基础。

第三节 培训需求信息收集方法

一、面谈法

所谓面谈法，是指访谈者根据与受访人面对面的交谈，从受访人的表述中发现问题，进而判断出培训需求的调查方法。

面谈可分为正式面谈和非正式面谈两种形式。正式面谈是指访谈者以标准的模式向所有受访人提出同样的问题的面谈方式；非正式面谈是指访谈者针对不同的受访人提出不同的开放式问题，以获取所需信息的面谈方式。

1. 面谈法的优缺点

面谈法的优缺点如图 3-5 所示。

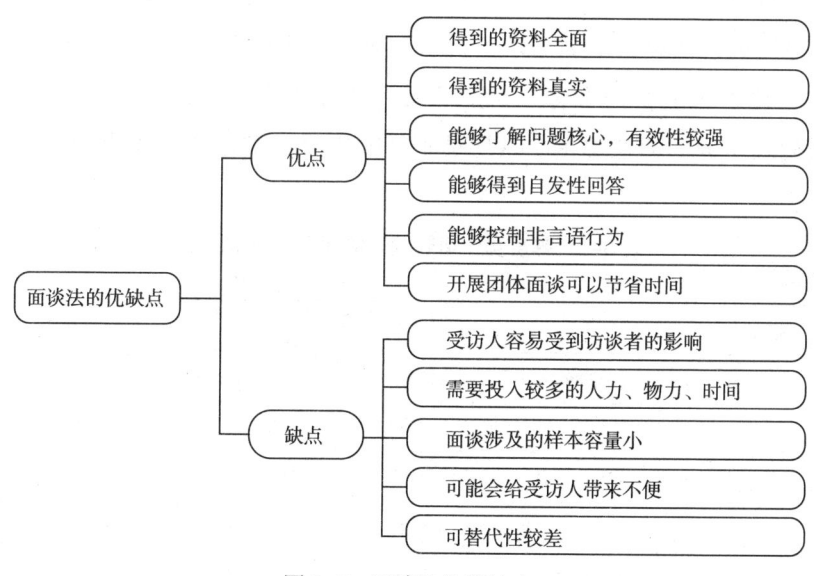

```
                      ┌─ 得到的资料全面
                      ├─ 得到的资料真实
              ┌─ 优点 ─┼─ 能够了解问题核心，有效性较强
              │       ├─ 能够得到自发性回答
              │       ├─ 能够控制非言语行为
              │       └─ 开展团体面谈可以节省时间
面谈法的优缺点 ─┤
              │       ┌─ 受访人容易受到访谈者的影响
              │       ├─ 需要投入较多的人力、物力、时间
              └─ 缺点 ─┼─ 面谈涉及的样本容量小
                      ├─ 可能会给受访人带来不便
                      └─ 可替代性较差
```

图 3-5 面谈法的优缺点

2. 面谈法的流程

面谈法收集培训需求分析信息的流程如图 3-6 所示。

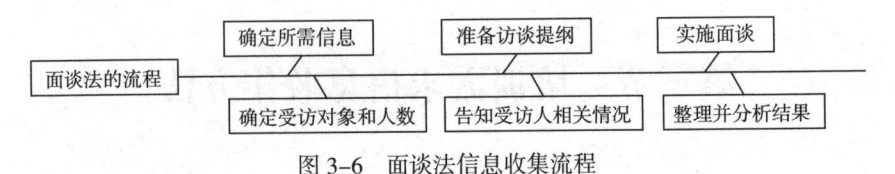

```
                    ┌─ 确定所需信息      ┌─ 准备访谈提纲       ┌─ 实施面谈
面谈法的流程 ──┤                    ┤                     ┤
                    └─ 确定受访对象和人数 └─ 告知受访人相关情况 └─ 整理并分析结果
```

图 3-6 面谈法信息收集流程

3. 面谈法的内容

企业在对新员工、专员、主管、经理等不同级别的员工进行培训需求调查时，要根据具体要求选择面谈内容，如表 3-8 所示。

表 3-8 对不同层级员工实施面谈法的内容

层级	面谈法实施内容
新员工	访谈组织文化、规章制度、职业化心态等内容
专员级员工	访谈岗位技能、专业技能等内容
主管级员工	访谈职业化、管理技能等内容
经理级员工	访谈管理技能、领导力提升等内容

4. 面谈提纲

运用面谈法进行培训需求分析调查时，决定面谈法能否达到面谈目的的关键在于访谈者是否有一份能启发、引导受访人讨论关键信息，防止谈话偏离主题的面谈提纲。基层员工绩效提升培训需求面谈提纲如表 3-9 所示。

表 3-9 基层员工绩效提升培训需求面谈提纲

受访者：　　　　　　　　访谈时间：

调查指标	访谈具体问题	访谈记录
员工目前绩效现状自我认知	个人绩效方面目前存在哪些不足	
	个人是否清楚自己所处职位的目标绩效水平	
	个人目标绩效与现实绩效之间存在的差距	
	个人如何得到关于自己绩效的反馈	
	个人绩效低对企业有什么影响，是否妨碍团队达成目标	

续表

调查指标	访谈具体问题	访谈记录
绩效低的原因（工作环境、知识技能、工作态度）	是什么事情阻碍了个人绩效的发挥	
	工作环境中哪些变化会导致个人绩效低	
	目前所掌握的技能有哪些	
	为达到标准绩效水平，个人当前的技能是否够用	
	如果没有掌握目标要求的技能，会如何解决	
	是否已经掌握了目标要求的技能但没有加以应用？如果是，请说明原因	
学习动机调动	如果个人绩效低却没有被指出，你会怎么做	
	如果个人绩效低的情况被指出，你会得到什么裨益	
	如果是上述因素导致绩效低，你会采取什么措施改变现状	
	自己是否尝试过直接针对问题的解决方案	
	是否有比培训更简单的解决方案	
培训负责人	你期望由谁来负责培训？具体原因是什么	
培训内容	为改变绩效现状，应进行知识技能培训还是改变工作心态的培训	
培训期限、时间	培训期限多长为宜？你更倾向于在工作时间还是休息时间进行培训	
	工作时间接受培训不太现实的话，具体在休息时间内的哪段时间培训合适	
培训地点	是选择内部培训场地还是外部培训场地	
培训方式	希望采取何种培训方式，是讲课类培训、阅读类培训、研讨类培训还是演练类培训	
	对培训讲师和讲授方法有什么要求	
	个人的学习风格是什么	
培训评估	你认为培训结束以后应达到什么效果	

二、观察法

观察法是指通过较长时间的反复观察，或通过多种角度、多个侧面或在具体时间段进行细致观察，进而得出结论的调查方法。

1. 观察法的优缺点

观察法的优缺点如表 3-10 所示。

表3-10 观察法的优缺点

特点	内容
优点	（1）不妨碍被观察对象的正常工作和集体活动 （2）通过观察所获得的资料能够更准确地反映实际培训需求，偏差小
缺点	（1）观察者只有熟悉被观察者所从事的工作程序和工作内容，才能做好观察工作 （2）如果被观察者对观察者的观察行为有所察觉，可能会故意做出假象，致使观察结果产生偏差

2.观察法的改进

为进一步避免现场观察法的缺点，提高现场观察的准确度和效果，可采取以下三项措施。

（1）尽量采用隐蔽的方式进行观察，并进行多次重复观察，以提高观察结果的准确性。

（2）采用摄像或录像技术记录员工的表现，然后再观看录像，从而发现问题。

（3）观察者要设计一份观察记录表，用来核查要了解的细节，以免观察流于形式，进一步提高观察效果。观察记录表如表3-11所示。

表3-11 观察记录表

观察对象： 地点： 日期：

观察项目	很好	好	一般	差
工作效率	□	□	□	□
工作质量	□	□	□	□
工作情绪	□	□	□	□
服务态度	□	□	□	□
工作中的耗损情况	□	□	□	□
工作中的安全意识	□	□	□	□
工作的熟练程度	□	□	□	□
工作方法是否恰当	□	□	□	□
时间安排的合理性	□	□	□	□
创新能力	□	□	□	□
团队协作能力	□	□	□	□
领导组织能力	□	□	□	□

续表

观察项目	很好	好	一般	差
语言表达能力	□	□	□	□
解决问题能力	□	□	□	□
团队中的影响力	□	□	□	□
部门整体情况	□	□	□	□

注 将观察到的结果在最贴切选项下的"□"中打"√"。

三、小组讨论法

小组讨论法是指从培训对象中选出一部分具有代表性且熟悉问题的员工参加讨论，从而获得培训需求信息的一种方法。

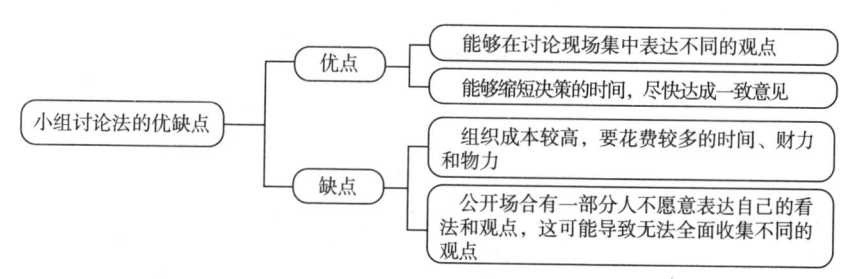

1. 小组讨论法的优缺点

小组讨论法的优缺如图3-7所示。

小组讨论法的优缺点
- 优点
  - 能够在讨论现场集中表达不同的观点
  - 能够缩短决策的时间，尽快达成一致意见
- 缺点
  - 组织成本较高，要花费较多的时间、财力和物力
  - 公开场合有一部分人不愿意表达自己的看法和观点，这可能导致无法全面收集不同的观点

图3-7 小组讨论法的优缺点

2. 小组讨论法的流程

小组讨论法的流程如图3-8所示。在开展小组讨论时，可以采用头脑风暴法、组织对照法、刺激法、塑造法等多种方法，以增强效果。

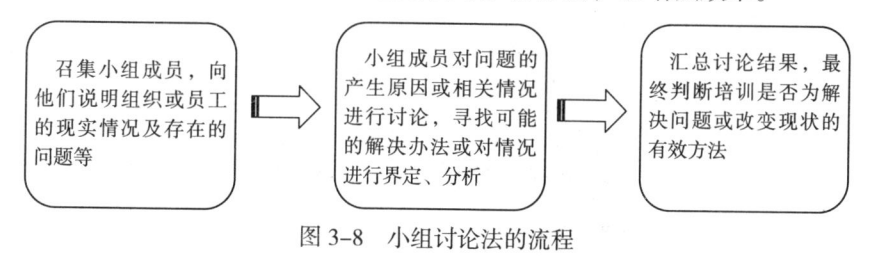

召集小组成员，向他们说明组织或员工的现实情况及存在的问题等 ⇒ 小组成员对问题的产生原因或相关情况进行讨论，寻找可能的解决办法或对情况进行界定、分析 ⇒ 汇总讨论结果，最终判断培训是否为解决问题或改变现状的有效方法

图3-8 小组讨论法的流程

四、问卷调查法

问卷调查法是指通过预先设计的调查问卷收集培训需求信息的调查方法。

1. 问卷调查法的优缺点

问卷调查法的优缺点如表 3-12 所示。

表 3-12　问卷调查法的优缺点

特点	内容
优点	费用低
	可大规模开展
	信息比较齐全
缺点	持续时间长
	问卷回收率不高
	从某些开放性问题中得不到想要的信息

2. 问卷形式分类

调查问卷形式可分为开放式、探究式和封闭式三种，如图 3-9 所示。

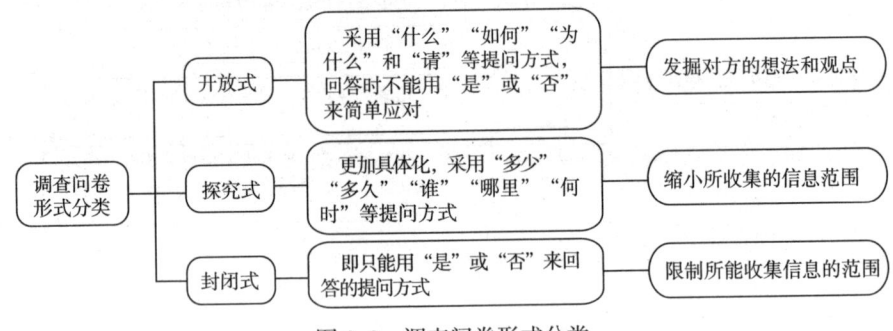

调查问卷形式分类：
- 开放式：采用"什么""如何""为什么"和"请"等提问方式，回答时不能用"是"或"否"来简单应对 → 发掘对方的想法和观点
- 探究式：更加具体化，采用"多少""多久""谁""哪里""何时"等提问方式 → 缩小所收集的信息范围
- 封闭式：即只能用"是"或"否"来回答的提问方式 → 限制所能收集信息的范围

图 3-9　调查问卷形式分类

3. 问卷设计流程

问卷设计流程如图 3-10 所示。

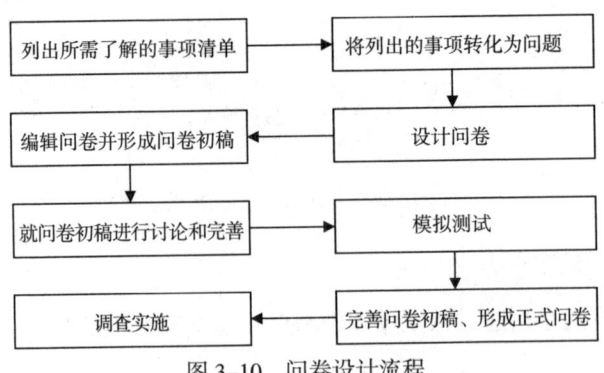

列出所需了解的事项清单 → 将列出的事项转化为问题 → 设计问卷 → 编辑问卷并形成问卷初稿 → 就问卷初稿进行讨论和完善 → 模拟测试 → 完善问卷初稿、形成正式问卷 → 调查实施

图 3-10　问卷设计流程

4.问卷调查法的应用

例如,用于了解在岗员工培训需求的调查问卷如表 3-13 所示。

表 3-13 培训需求调查表(在岗员工)

日期: 年 月 日

姓名		性别		年龄	
专业		学历		所属部门	
职务		任职年限		工作年限	
工作情况					
主要工作内容					
工作问题处理					
在工作中经常遇到的问题					
解决方式					
结果如何					
培训情况					
参训经历(课程名称)		就职公司		参训日期	
对上述培训课程的感受					
希望公司安排何种培训(希望和建议)					

五、工作任务分析法

工作任务分析法是指培训管理者以具体的工作作为分析对象,分析员工所要完成的任务及成功完成这些任务所需要的知识、技能和能力,进而确定培训内容的分析方法。

工作任务分析法的优点是通过岗位资料分析和员工现状对比得出员工素质的差距,结论可信度较高;缺点是需要进行资料的详细分析,花费的时间和费用较多。

运用工作任务分析法收集培训需求分析信息的流程如图 3-11 所示。

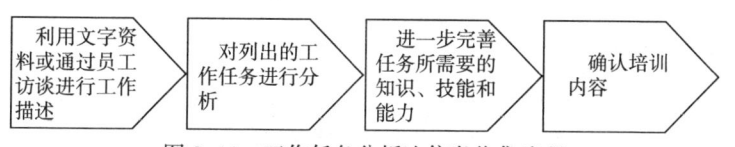

利用文字资料或通过员工访谈进行工作描述 → 对列出的工作任务进行分析 → 进一步完善任务所需要的知识、技能和能力 → 确认培训内容

图 3-11 工作任务分析法信息收集流程

六、关键事件分析法

关键事件分析法是指培训管理者通过分析对员工或者客户产生较大影响的事件及其暴露出来的问题，确定培训需求的一种方法。适用于客户投诉、重大事故等较大影响事件出现的情况，优点是易于分析和总结，缺点是事件具有偶然性，易以偏概全。

关键事件分析法收集培训需求分析信息的流程如图3-12所示。

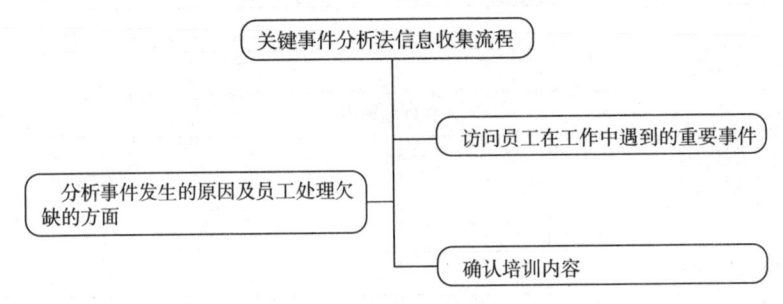

关键事件分析法信息收集流程：
- 访问员工在工作中遇到的重要事件
- 分析事件发生的原因及员工处理欠缺的方面
- 确认培训内容

图3-12　关键事件分析法信息收集流程

七、绩效差距分析法

绩效差距分析法是指培训管理者在分析组织成员及成员现状与理想状况之间差距的基础上，分析和确认造成差距的原因，并最终确定培训需求的方法。该方法适用于员工绩效与理想状况出现差距的情况。

1. 绩效差距分析法的优缺点

绩效差距分析法的优缺点如表3-14所示。

表3-14　绩效差距分析法的优缺点

特点	内容
优点	能及时找到解决问题的方法
	制定的措施具有针对性
	简单明了，易于实施
缺点	易失去方向性
	对于整体轻重缓急不易把握

2. 绩效差距分析法的流程

绩效差距分析法收集培训需求分析信息的流程如图3-13所示。

发现并确认造成绩效差距的原因 → 进行预先分析 → 收集资料 → 寻找绩效差距，进行需求分析 → 确认培训内容

图 3-13 绩效差距分析法信息收集流程

八、档案资料法

档案资料法是指利用企业现有的资料进行培训需求分析。例如，对高层的会议纪要或者战略指导书等文件进行分析，或者对员工的岗位说明书、任职资格、岗位阶段性报告等进行分析，均属于档案资料法。

档案资料法的优点是不需要管理层和员工的参与，减少培训需求分析占用部门和员工的时间成本；缺点是没有沟通交流，只通过文字的资料可能会与实际情况有所偏差。对资料的解读需要具备一定的信息基础、认识基础、能力基础及经验基础。

九、专项测评法

专项测评法是指针对某一个具体问题或领域，利用某一标准，形成一套标准的统计分析量表。通过这套量表对需要调研员工的某种技能、某个观念或某项素质进行定向的测评，然后对得到的结果进行培训需求分析。

专项测评法的优点是专业度较高，如果能有效地运用，测评结果往往具备一定信度和效度；缺点是由于这种方法的专业度高，需要培训管理者具备一定的能力基础，否则无法得出准确的结果。

案例 3-1　如何做好培训需求收集工作？

2019 年 6 月，某高新技术公司组织高层管理人员工作会议，高管人员一致认为：目前，公司的中层因为是老员工，专业技术过硬，但学历偏低，综合素质差，都很难承接公司的工作目标分解，执行力和管理能力普遍较差。但是，作为一家在业内颇具影响力的公司，不可能把中层干部全部换掉。经过讨论，现阶段最好通过培训提高中层管理人员的整体水平。那么，人力资源部如何做培训需求的收集工作？

【解析】培训需求的调查，应该结合需求提出方和培训方，从公司发展、岗位职责、个人需求三个方面进行收集。

以上案例中，公司的中层管理人员主要是老员工，专业技术过硬，但管理能力不足。因为本次培训需求的输出方为公司高管，应与公司高管沟通，了解管理人员的不足，并有针对性地转化为具体的培训需求课题。另外，对培训对象也应该做一下摸底调查，了解问题的成因，明确培训的实际需求。通过双方向的调研，收集培训需求。本案例中，涉及中层经理人角色意识和有效执行的课程是培训课题的重点。另外，公司应考虑中层经理能力的评估，设计专业和管理不同的发展通道。

第四节　培训需求分析报告

一、培训需求分析报告撰写规范

培训需求分析报告撰写的规范性，一方面可以确保培训需求分析报告内容更加全面和有条理，另一方面可以使培训需求分析报告更加美观，增强其可阅读性。为了提高培训需求分析报告撰写的规范性，培训者应当严格遵循培训需求分析报告的撰写步骤，并符合其撰写要求。

1. 培训需求分析报告的撰写步骤

培训需求分析报告的撰写步骤如图3-14所示。

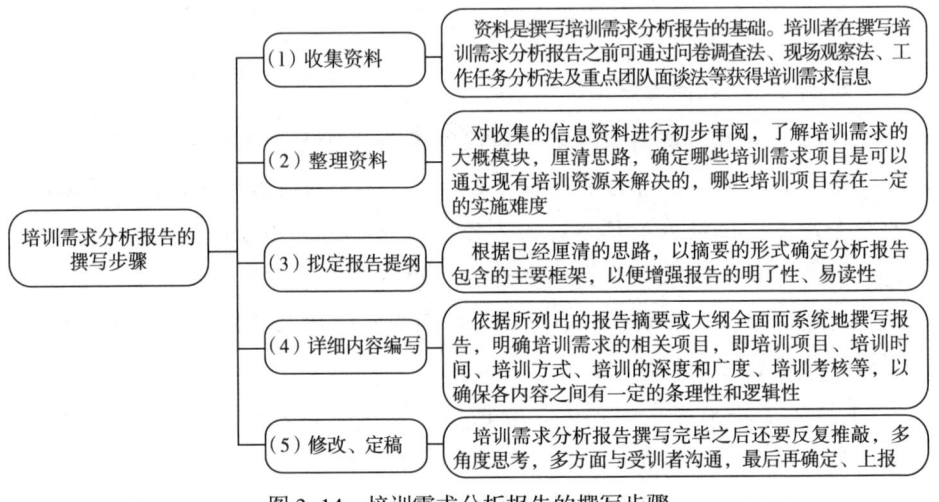

培训需求分析报告的撰写步骤	内容说明
（1）收集资料	资料是撰写培训需求分析报告的基础。培训者在撰写培训需求分析报告之前可通过问卷调查法、现场观察法、工作任务分析法及重点团队面谈法等获得培训需求信息
（2）整理资料	对收集的信息资料进行初步审阅，了解培训需求的大概模块，厘清思路，确定哪些培训需求项目是可以通过现有培训资源来解决的，哪些培训项目存在一定的实施难度
（3）拟定报告提纲	根据已经厘清的思路，以摘要的形式确定分析报告包含的主要框架，以便增强报告的明了性、易读性
（4）详细内容编写	依据所列出的报告摘要或大纲全面而系统地撰写报告，明确培训需求的相关项目，即培训项目、培训时间、培训方式、培训的深度和广度、培训考核等，以确保各内容之间有一定的条理性和逻辑性
（5）修改、定稿	培训需求分析报告撰写完毕之后还要反复推敲，多角度思考，多方面与受训者沟通，最后再确定、上报

图3-14　培训需求分析报告的撰写步骤

2.培训需求分析报告的撰写要求

总体来讲，培训需求分析报告撰写应满足的要求如图3-15所示。

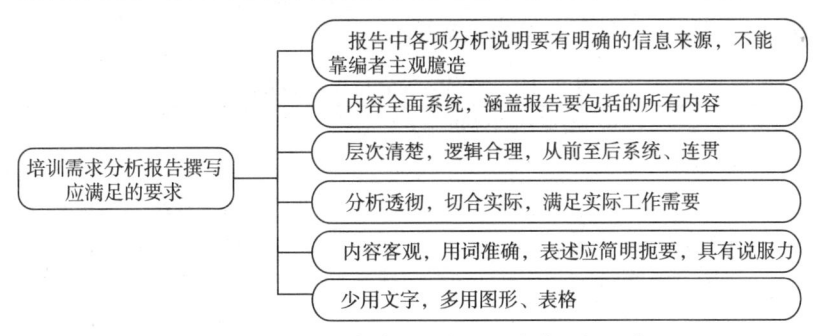

培训需求分析报告撰写应满足的要求：
- 报告中各项分析说明要有明确的信息来源，不能靠编者主观臆造
- 内容全面系统，涵盖报告要包括的所有内容
- 层次清楚，逻辑合理，从前至后系统、连贯
- 分析透彻，切合实际，满足实际工作需要
- 内容客观，用词准确，表述应简明扼要，具有说服力
- 少用文字，多用图形、表格

图3-15 培训需求分析报告撰写应满足的要求

培训需求分析报告中的数字、标点符号、表格及图形，应当符合以下要求。

（1）培训需求分析报告的各项统计数据应使用阿拉伯数字，以使数字更加突出、明了。

（2）培训需求分析报告中的标点符号应正确，避免因标点符号使用不当而造成阅读人员理解困难。

（3）培训需求分析报告中，每个表格都应有标题，标题写在表格上方并居中。表格允许下页续写，续写时表题可省略，但表头应重复书写，并在右上方写明"续表"。

（4）培训需求分析报告中的图形必须精心制作，线条要匀称，图片要整洁美观。图形一律插入正文的对应位置，并注明图题，图题应放在图片下方居中处。

二、培训需求分析报告的主要内容

培训需求分析报告的主要内容一般包括九点，可视具体情况增加或减少相应内容，如图3-16所示。

培训需求分析报告的主要内容：
- （1）报告提要或要点概括
- （2）明确培训需求分析报告的撰写部门及时间
- （3）培训需求分析报告的分析背景
- （4）培训需求分析的目的和性质
- （5）培训需求分析实施的方法和流程
- （6）培训需求分析的结果
- （7）对员工培训提供的参考意见
- （8）附录，主要是收集信息时用的相关图表、原始资料等

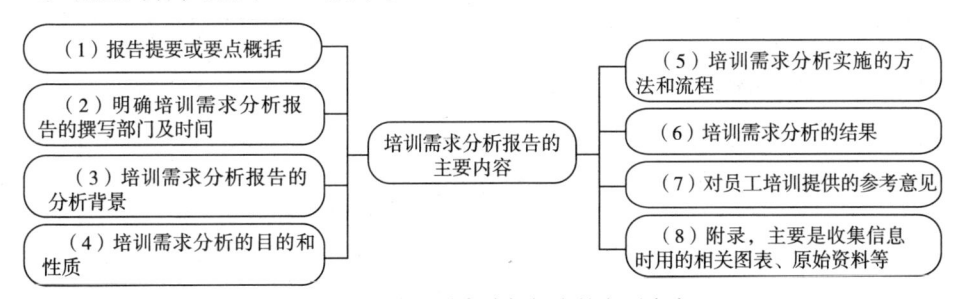

图3-16 培训需求分析报告的主要内容

三、培训需求分析报告的应用

下面以某公司中层管理人员技能培训需求分析报告为例，介绍培训需求分析报告的具体应用，如表3-15所示。

表3-15 培训需求分析报告的应用

文本名称	××公司中层管理人员技能培训需求分析报告	编号	××××××
一、培训需求分析实施背景 ××××年×月，人力资源部对企业中层管理人员进行了年度培训需求调查，了解到企业现任的中层管理人员大部分任职时间较短，并且大多数是从基层管理人员或各部门的业务骨干中提拔上来的。通过需求调查分析，我们将管理技能的提升列为他们需要培训的重点内容之一。 二、调查对象 调查对象：企业各职能部门主要负责人（共计40人）。 三、调查方式及主要内容 1.调查方式 （1）访谈方式。人力资源部经理作为培训需求分析的主要负责人，先同企业各职能部负责人（共计40人）分别进行了面谈，之后又与企业部分高层分别就这40人的工作表现进行了沟通。 （2）问卷调查方式。本次调查共发出40份问卷，收回有效问卷40份。 2.调查主要内容及其分析 （1）岗位任职时间。从岗位任职时间调查表中可以看出，50%的中层管理人员在现任岗位的任职时间不足一年，说明其管理经验有待提高。 岗位任职时间调查表 	任职时间	1～6个月	6个月～1年	1～2年	2年及以上
---	---	---	---	---
中层管理人员数量	4	16	8	12
所占比例	10%	40%	20%	30% | （2）管理幅度。从管理幅度调查表可以看出，20%的中层管理人员直接管理的人员数量在10人及以上，20%的中层管理人员直接管理的人员数量在6～10人，40%的中层管理人员直接管理的人员数量在4～6人，还有20%的中层管理者没有直接管理下属，但这只是暂时的，因为企业对这部分业务正在进行调整或重组。因此，管理者角色认知是这些中层管理人员必备的管理知识之一。 管理幅度调查表 | 管理幅度	无	1～3人	4～6人	6～10人	10人及以上
---	---	---	---	---	---
中层管理人员数量	8	0	16	8	8
所占比例（总人数40人）	20%	0	40%	20%	20%	 （3）如何制订工作计划。从访谈及问卷调查获得的信息看，大多数中层管理人员是以月或者季度作为制订计划的单位，很少有制定长期规划的。在具体制订计划的过程中，有关于"如何围绕总目标制订具体的可行性计划""如何确保计划的实现"等问题处理方面，中层管理人员存在诸多不足之处。			

续表

（4）有效授权与激励。授权和激励是管理者的重要管理技能之一，从培训需求调查的结果来看，35人都表示自己愿意给下属授予一定的权限并激励下属，但在工作中该如何具体操作，40%的中层管理人员都很迷茫，所以他们希望能得到这方面的培训。

（5）高效团队的建设。在带领及组建一支高效的团队方面，60%的中层管理人员表示缺乏相应的技巧。

（6）员工培训。本次调查涉及的所有中层管理人员都有对员工进行培训的任务，但只有10%的人员制订了员工培训计划且认真执行，10%的人员制订了员工培训计划但没有落到实处，70%的人员对待员工培训工作很随意，10%的人员认为没有时间对下属进行培训。由此看出，大部分中层管理人员需要接受培训技巧方面的培训。

四、培训计划建议

（1）时间安排。培训时间：____ ～ ____，共计3天。

（2）培训课程的设置和具体的时间安排详见下表。

中层管理人员培训课程安排一览表

培训课程	培训课时
管理者的角色定位与主要工作职责	3
部门工作计划的制订与执行	3
有效的授权	4
员工激励	4
高效团队的建设	4
培训技巧	2
如何与上级领导进行有效的沟通	2
如何与下属员工进行有效的沟通	2

第四章
如何制订培训计划

第一节　什么是培训计划

一、培训计划的定义

培训计划是从组织的战略出发，在全面、客观的培训需求分析的基础上，针对培训内容、时间、地点、培训师、受训对象、培训方式、培训费用等培训要素作出预先设定的一项管理活动。

二、培训计划的类型

培训计划的类型如表 4-1 所示。

表 4-1　培训计划的类型

分类		内容
按计划的时间跨度	长期培训计划	时间跨度为 3 年及以上，是为实现企业在未来一段时间内的目标而制订的长期培训方案，具有战略意义
	中期培训计划	时间跨度为 1～3 年，企业常提到的年度培训计划就属于这种。中期培训计划起承上启下的作用，与长期培训计划相比，中期培训计划的目标更具体，不确定因素更少
	短期培训计划	时间跨度为 1 年以内。与中长期培训计划不同，短期培训计划侧重针对性和可操作性，对培训的目的和目标、培训时间、培训地点、培训师、受训对象、培训方式、培训内容、培训实施、培训资源落实等内容——明确在案，并且要制订培训效果评估、反馈和应用的计划
按培训师来源		可以分为内部培训计划和外部培训计划两类
按培训范围		可以分为公司级培训计划和部门级培训计划两类

三、培训计划的内容

培训计划涵盖的主要内容应包括 5W1H。如图 4-1 所示。所谓 5W1H 是指 Why、Who、What、When、Where 和 How 六个英文单词的首字母，即培训计划要求明确：组织培训的目的是什么，拟实现何种目标；培训对象、项目负责人及授课讲师分别是谁；培训的内容是什么；什么时候培训，期限为多长；培训的场地、地点选在何处；培训实施步骤，采用什么技术和方式。

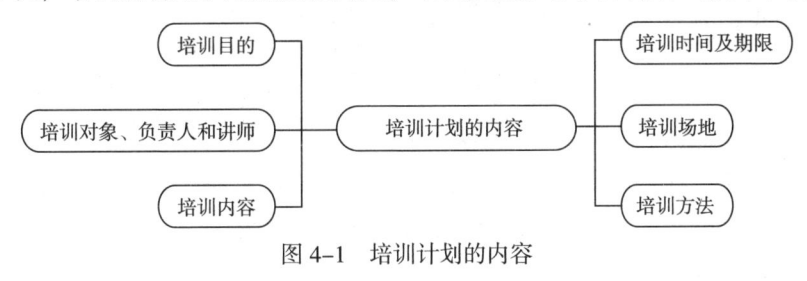

图 4-1　培训计划的内容

1. 培训目的

在制订培训计划时，首先，应该明确培训要达到的目的，并将培训目的用简洁、明了的语言描述出来。培训的纲领和后续所有内容应紧紧围绕这一目标而展开。其次，培训目的要紧密结合组织发展及员工的职业发展，以提高培训的针对性和员工的参与积极性。

2. 培训对象、负责人和讲师

制订培训计划时应该先确定培训对象，然后决定培训内容、授课讲师和时间期限等。培训对象可按照层级或业务类别区分。层级大致可分为普通员工级、主管级与中高层管理级；而业务类别可以分为生产、行政、营销、财务系统等。培训对象可由各部门根据业务需要和人员素质情况选定，或由员工报名后经甄选决定。

为顺利推进培训，在筹划培训项目时，应明确培训负责人，赋予其相应的职责和权限。根据组织所处的行业、规模、结构，尤其是培训内容的不同，培训负责人员归属的部门各有不同。

在遴选培训讲师时，应该考虑讲师是否具有丰富的知识和经验、高超的专业技术、良好的表达能力和课程组织能力以及对教育的热情和耐心等。

3. 培训内容

培训内容一般分为：培养员工的专业知识、技术或技能的专业培训，改变工作态度及企业文化教育，提升管理人员计划、组织、领导、控制和创新能力的管理能力培训等，可依培训目的和培训对象不同而分别确定。

制订培训计划时，应先进行培训需求调查，掌握组织及员工的培训需要,明确员工所在岗位的任职标准,考查员工的工作能力、态度和业绩等。对照岗位任职标准,分析员工尚存在的不足,以确定培训内容。

4. 培训时间及期限

一般而言,培训时间和期限取决于培训的目的、培训对象的能力、培训对象和培训师的时间及培训场地等因素。新入职员工培训,可安排在实际到岗从事工作前,时间为 7～10 天,甚至更长;而在职员工的培训时长则由培训对象的能力来决定,培训时间安排应尽可能减小对工作的影响。

5. 培训场地

培训场地主要分为利用内部场地和外部专业培训机构场地两种。利用内部场地的培训项目主要是工作现场的专业知识、技术或技能等方面的培训,该方式组织方便、成本较低,但培训形式较为单一、受环境影响较大。重要的专题研修,或需借助专业培训工具或设施的项目则应利用外部专业培训机构场地,优点是离开工作岗位更易专心培训、有可利用的特定设施,但费用较高、组织较困难。

6. 培训方法

采用什么技术和方式实施培训,是培训计划要考虑的重要内容之一,也是影响培训成败的关键因素之一。根据培训对象特点和内容的不同,培训方式应有所差异,如讲课类、案例研讨类、头脑风暴类、角色扮演类、视听培训类等。不同方法的培训效果存在较大差异,在制订培训计划时应与授课讲师共同商定合适的方法,以提升培训效果。

以上六方面是培训计划的主要内容。此外,培训计划还应确定培训预算和培训评估方案,以明确培训的直接成本和间接成本。

四、培训计划的作用

在员工培训与开发过程中,培训计划的作用如表 4-2 所示。

表 4-2 培训计划的作用

项目	内容
确保培训质量	培训活动的开展往往涉及公司多个部门、多个岗位,如果没有培训计划作指导,仅凭印象做事,在实施过程中很容易出现疏漏。培训计划有助于培训实施人员核实每一步培训环节,提高培训质量

续表

项目	内容
明确培训职责	无论是培训的组织实施部门，还是后勤支持部门、受训员工，在培训计划中都需要承担相应的培训职责。培训计划可以将具体的责任落实到每一个培训环节、每一个参加培训的人身上，使相应职责一目了然，便于培训管理，确保培训顺利进行
确定评估标准	培训结束后评估和反馈的标准就是培训计划中预期达成的目标。如果培训结果与培训计划预期不符，则说明培训没有完全达到效果，培训有待改进，就需要对培训的各个环节查漏补缺，找出问题产生的原因并提出解决对策，以期在下一阶段的培训中得到改善

案例 4-1　外地分公司的人员培训如何开展？

某食品公司是销售型公司，公司总部在杭州，公司 80% 的人员都在省外，而且大多数比较分散。因此，公司采用在线平台的学习方式进行培训，但远程电子教学方式不能调动大家的学习积极性。另外，公司要求员工培训后参加在线考试，考核不合格者需要再培训，直到考核通过为止，这种培训方式让员工觉得是个很大的负担。

请问：在节约成本的前提下，如何做好外地分公司的培训呢？

【解析】培训管理，主要是为规范企业的培训流程的规范性运作，包括需求调查、培训方式选择、培训组织、培训实施、培训效果评估等环节。培训的主要目的是提升员工的职业技能、职业素养、综合素质等。培训管理的最终目标是实现对人员开发的管理。

该公司虽然开展了分公司的培训，但效果不理想，建议从以下方面着手改进。

（1）大家认为培训成了负担，这说明公司培训针对性不强。因此，在培训实施前，应做好培训需求的调查，并确定针对性的培训课题。

（2）尽管采取了在线平台的培训方式，便于大家学习，但教学方式比较单一，需要考虑其他的培训方式，比如现场教学的方式。

（3）为了节约成本，可以按区域，集中安排公司受训人员的培训课题，由公司派出培训讲师进行培训。

（4）在培训效果方面，除了考试，更应该关注培训对人员开发、员工能力提升、工作绩效提升的评估。

第二节 培训计划的制订

一、培训计划制订的原则

为使培训达到预期效果,组织在制订培训计划时应遵循的原则如图4-2所示。

```
培训计划制订的原则 ─┬─ 符合组织规模和发展阶段
                   ├─ 以培训需求调查结果为依据
                   ├─ 满足员工需要和个体差异
                   └─ 争取组织各方支持
```

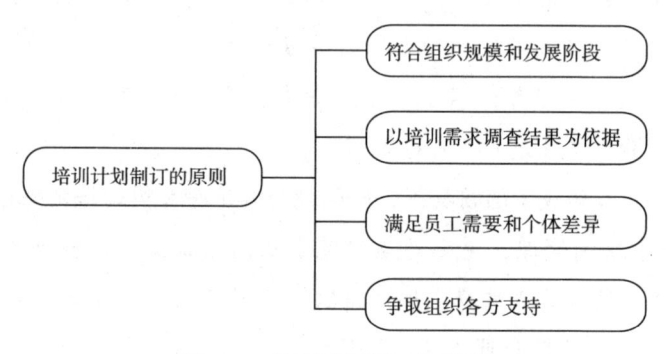

图4-2 培训计划制订的原则

1. 符合组织规模和发展阶段

不同规模组织的培训计划应当有所差别。中小型企业应重点利用社会已有培训资源,进行专项培训。大型企业可设立企业学校,满足对专业性人才的需要,有效传播企业文化,树立企业品牌。例如华为大学,主要是面向华为员工及客户提供各类课程,以将华为塑造成为学习型组织,为华为未来发展起到推动作用。此外,还有些企业引入电子学习平台和建立分级管理培训体系,以满足不同层次员工的学习需求。

众所周知,企业生命周期分为初创、成长、成熟和衰退四个阶段。不同阶段对应的战略不同,培训计划也应有所差异。初创阶段的企业,培训重点应放在与业务密切相关的知识和技能上。成长阶段的企业,培训应重点关注管理层的能力培训。成熟期的企业,培训应当注重战略课程,以形成核心竞争能力和综合实力。衰退阶段的企业，培训应当重点关注创新能力和组织变革。

2. 以培训需求调查结果为依据

培训需求分析具有强烈的指导性，是培训计划明确目标、科学设置培训内容和培训有效实施的前提，是进行培训评估的坚实基础，是培训工作更加准确、更加有效的重要保证。因此，制订培训计划之前，培训需求调查是必不可少的环节。

3. 满足员工需要和个体差异

（1）员工工作岗位不同，培训计划设计应有所差异。管理人员应当重点进行管理能力和组织协调能力培训，技术人员应注重相关专业理论知识的培训，新员工应当着重开展企业文化和规章制度的认知培训。

（2）员工组成情况不同，培训计划设计也应有所差异。当年轻员工占比较大时，培训就应当以热点为导向，利用趣味性较高的项目，融入需要传授的理论，有效吸引培训对象的注意，使其愿意投入培训。

4. 争取组织各方支持

首先，资金是决定培训计划是否得以顺利实施的关键，绝大多数时候，得到了资金支持，即代表得到了管理层的有效支持。其次，通常各部门负责人比培训计划者更加清楚本部门员工的能力及短板，培训需要得到他们的积极参与及大力支持。最后，当工作时间培训会影响组织的运作时，需要员工牺牲个人休息时间参与培训项目，因此，培训也需要得到受训员工的支持。

二、培训计划编制的要求

1. 明确负责部门

很多人认为制订培训计划是培训部门或人力资源部门的工作，这其实是一个错误的认知。制订培训计划是一个系统工程，涉及组织内部多个部门。组织应当明确制订培训计划的负责部门及其具体职责，以便协调其他部门共同制订培训计划。

2. 做好综合协调

培训计划制订时应综合考虑不同因素之间的协调，如组织需求与员工需求之间、各部门之间、师资和员工之间、培训资源投入产出之间都需要做好协调平衡工作。否则，培训计划的可行性将会受到影响。

3. 具有可操作性

培训计划需要具有可操作性。应该充分评估培训计划实施的具体细节，如具体实施过程、师资力量配备、时间跨度约束、具体培训方式方法、资源要求和效果评估方法等。

三、培训计划制订的步骤

培训计划的制订可分为七个步骤，包括确定培训需求、确定培训对象及培训内容、编制培训预算方案、确定培训组织和培训讲师、确定培训方式、确定培训时间和培训地点、确定培训评估方法。

【答疑解惑】

问1：如何确定培训时间？

【解答】企业通常会在新员工入职、企业技术革新、销售业绩下滑、员工升职、引进新技术、开发新项目、推出新产品时对员工进行培训。在具体培训日期的确定方面，企业一般会考虑销售淡季或生产淡季，总之，以不影响正常的业务开展为前提。对于新员工，则选择在上岗前进行集中培训。

在确定好培训时间以后，培训部还要对学员的培训日程做好安排，并形成正式文件发放给学员。

问2：如何做好培训计划的实施与管理控制？

【解答】

（1）明确实施培训计划的基本思路。

（2）确立培训计划的监督检查指标。常见的培训计划监督检查的项目和指标包括：时间安排合理性、培训进度安排合理性、培训内容前后一致性、培训顾问邀请可行性、培训资金投入状况、培训场所距离适合度、人员分工的明确性与合理性、培训评估的合理量化标准、培训所需工具资料准备全面性、培训形式说明具体程度、对培训对象的接待安排妥善程度、培训实施安排与培训计划进度的一致性、对培训实施过程中突发问题的防范措施、培训纪律要求的适当性、培训管理者的支援程度。

（3）计划实施全过程的评估与管控。可以实现对培训计划实施的全过程监管和控制，从而使培训需求分析更加准确、培训计划更加符合实际、培训资源分配更加合理。

第三节 培训课程体系的开发

培训课程体系开发是在组织培训需求分析的基础上，将培训需求转化为课程，并根据组织人才培养目标设计不同层次、不同阶段学习课程的一个过程。课程体系设计一般从需求分析输入，从时间、内容、方法、材料等输出，对培训实施效果起着决定性作用。培训课程的设计与开发是对整个培训课程的计划和管理，它包括确定课程目标、选择和组织课程内容、实施课程和评价课程等阶段。

一、培训课程体系的内容结构

培训课程体系是由一系列相互作用且具有内在关联性的培训课程组成。常见的课程体系内容如图 4-3 所示。

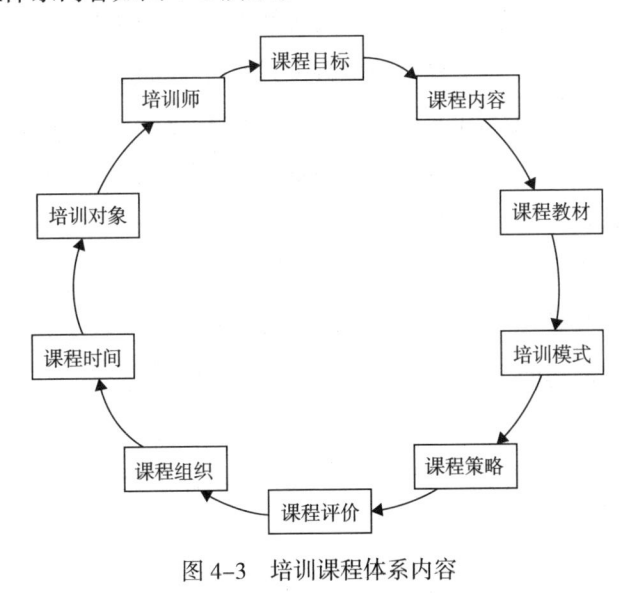

图 4-3 培训课程体系内容

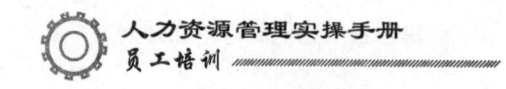

1. 课程目标

课程目标往往根据组织的需求确定每个学习阶段要完成的阶段性目标。基本的认知指标包括"记住""理解""熟悉""掌握"等，较高等级的认知行为目标包括"分析""应用""评价"等，另外还有价值、信念和态度等情感目标。

2. 课程内容

课程内容以实现课程目标为基准，其重点部分在于范围和顺序。为使内容更具综合性及对学习者更有意义，需要在限定的范围和时间内安排与职业领域相关的概念、技能、判断或思想等课程内容。

3. 课程教材

课程教材需以精心选择或组织的有机方式来为学员提供学习内容，为之提供充足有效的信息，同时契合学习者的情况；按照小步原则设计培训教材，将培训教材分成若干个具有逻辑性的小单元，并按螺旋式上升的方式逐渐增加难度，使员工可轻松地掌握新知识、新技能，同时增强员工的成就感和培训动机。

4. 培训模式

培训模式主要包括培训活动的安排及教学方法的选择，其与课程的目标和方向直接相关。切实有效的执行模式及配套的组织与教学方法应能有效体现课程内容，提高学员学习效率。在培训过程中给员工以示范操作、参与讲授、体验式操练、角色扮演、游戏等多种方法对培训内容进行理解和记忆，调动员工的积极性。

5. 课程策略

课程策略也称教学策略，注重教学程序的选择和教学资源的利用。其与学习活动目的相同，属于学习活动的一个内在部分。

6. 课程评价

课程评价用于确定培训对象学习内容的掌握程度及课程目标的实现程度，包括课程目标和实施效果两个维度，重点在于定量评价，衡量可观察到的行为。

7. 课程组织

课程组织指课程教学组织形式应紧密结合培训目标和培训内容，并体现"因材施教"的个性化教学。

8. 课程时间

课程设置时应考虑充分提高课程时间的利用率，巧妙设置课程时间。

9. 培训对象

培训对象是培训课程的接受者，课程设计时应注重员工知识结构、理解能力和学习方式的差异，因材施教。以员工为中心，鼓励员工按照其节奏学习，并通过不断强化获得稳步前进。

10. 培训师

培训师是课程的执行者，需根据培训课程和目标而定。

二、培训课程体系开发原则

培训课程作为一种教育活动和生产行为，直接服务于组织，其特点包括服务性、经营性、多元性、实践性和针对性等，因此培训课程的设置应满足如图4-4所示原则。

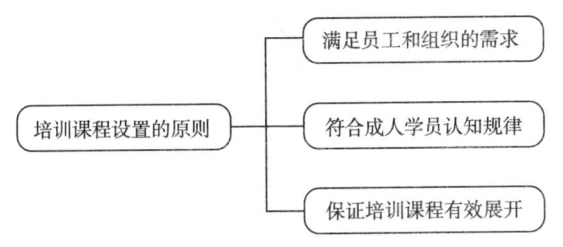

图 4-4　培训课程设置的原则

1. 满足员工和组织的需求

这一原则是所有培训课程的基本依据。培训课程设计须以组织及员工长期发展需要为主来开发和设计课程，提升员工在组织不同发展阶段的综合能力，进而发挥提高组织绩效和实现企业战略目标的潜在作用。

2. 符合成人学员认知规律

课程内容模式以及要素的确定都应符合成人学习特点。以问题或任务为导向，关注学习效率；对直接与工作或生活相关的主题最感兴趣；渴望信息反馈。

3. 保证培训课程有效展开

任何培训都是在一定资源约束下展开的。科学、系统的培训课程体系必须考虑资源的约束和条件限制，保证培训工作的有序开展，提升培训的有效性。

三、培训课程体系设计基本流程

1. 培训课程体系设计的常用模型

（1）ISD 模型。ISD（Instructional System Design）即教学系统设计，ISD 模型即教学系统设计模型，它是运用系统理论的观点和知识，分析教学中的问题和需求并从中找出最佳答案的一种理论和方法。其基础是传播理论、学习理论、教学理论。

ISD 操作步骤及内容，如图 4-5 所示。

通常，组织目前所面临的问题由本组织高层管理者确定，培训课程由课程设计者利用 ISD 模型设计，培训课程内容由培训师传授给目标培训员工，培训课程的改进也将根据目标培训员工的测试评估结果。

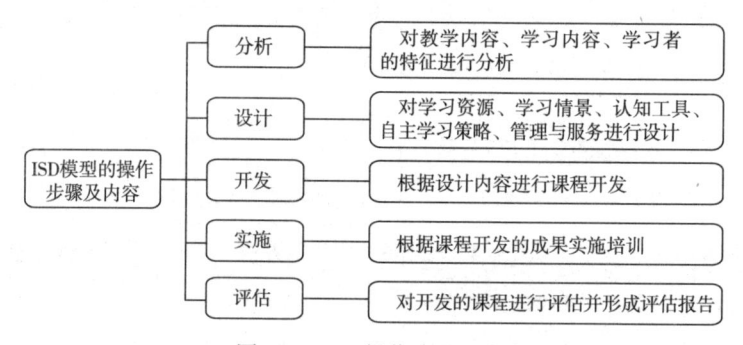

ISD模型的操作步骤及内容	内容
分析	对教学内容、学习内容、学习者的特征进行分析
设计	对学习资源、学习情景、认知工具、自主学习策略、管理与服务进行设计
开发	根据设计内容进行课程开发
实施	根据课程开发的成果实施培训
评估	对开发的课程进行评估并形成评估报告

图 4-5　ISD 操作步骤及内容

（2）HPT 模型。HPT（Human Performance Technology）即绩效技术，是通过运用涉及行为心理学、组织开发、人力资源管理、教学系统设计等多个学科的理论实施的绩效干预措施，通过对目前以及期望的绩效水平进行分析，找出产生绩效差距的原因，提供改进绩效的干预措施，指导变革管理过程并评价其结果。HPT 模型的操作步骤如图 4-6 所示。

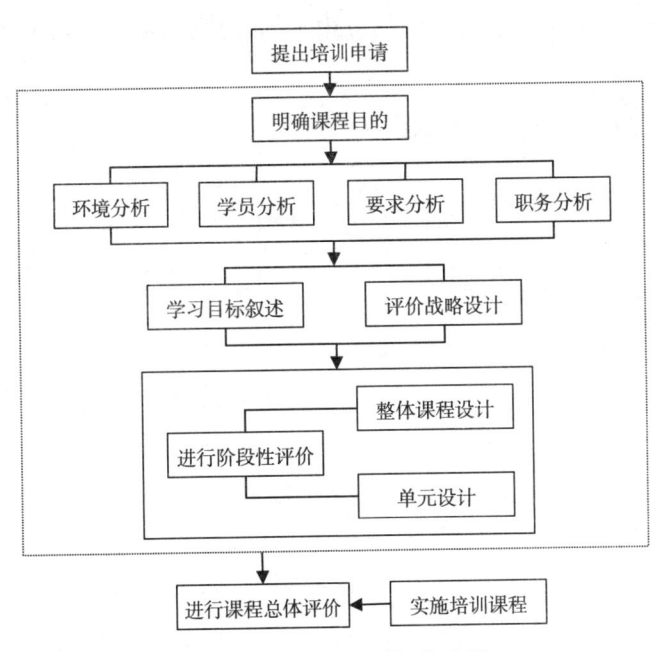

图 4-6　HPT 模型的操作步骤

HPT 模型与 ISD 模型之间在各个环节上的差别如表 4-3 所示。

表 4-3　HPT 模型与 ISD 模型的区别

项目	HPT 模型	ISD 模型
分析	组织分析、环境分析、差距分析	教学目标、学习者特征、学习内容分析
设计/开发	原因分析、绩效支持、职位分析、员工发展、组织交流、人力资源开发、财政系统	学习资源、学习情景、认知工具、自主学习策略、管理与服务
实施	改革管理、过程咨询、员工发展、交流、网络和联盟建设	总结与强化练习
评价	元评价：形成性、总结性、确证性评价	形成性评价、修改教学目标、总结性评价

（3）ADDIE 模型。ADDIE 模型就是从分析（Analysis）、设计（Design）、发展（Development）、执行（Implementation）到评估（Evaluation）进行系统发展教学的过程，是培训课程开发领域最为经典的理论模型之一，涉及学习理论、传播理论、接口设计、应用软件、信息系统以及人力资源发展等多方知识。ADDIE 模型主要包含三方面内容，即要学什么（学习目标

的制定)、怎样去学(学习策略的应用)、如何去测评学习效果(学习考评实施)。

ADDIE 模型的操作步骤如图 4-7 所示。

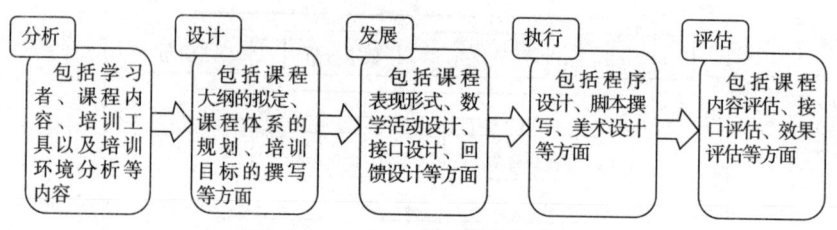

```
分析                设计              发展              执行              评估
包括学习         包括课程         包括课程         包括程序         包括课程
者、课程内       大纲的拟定、     表现形式、教     设计、脚本撰     内容评估、接
容、培训工       课程体系的       学活动设计、     写、美术设计     口评估、效果
具以及培训       规划、培训       接口设计、回     等方面           评估等方面
环境分析等       目标的撰写       馈设计等方面
内容             等方面
```

图 4-7　ADDIE 模型的操作步骤

课程开发还有一些常见的模型,如能力本位教育与训练(Competency based Education and Training, CBET),依据职业能力分析的结果,通过与权威性国家能力标准相比较确定员工的等级水平,强调课程与学员差异相适应。另外,纳德勒模型包括八个重要步骤,即确定组织需求、明确工作绩效、确认学习需求、确认目标、开发课程、选择教学策略、准备教学资源、实施培训课程。

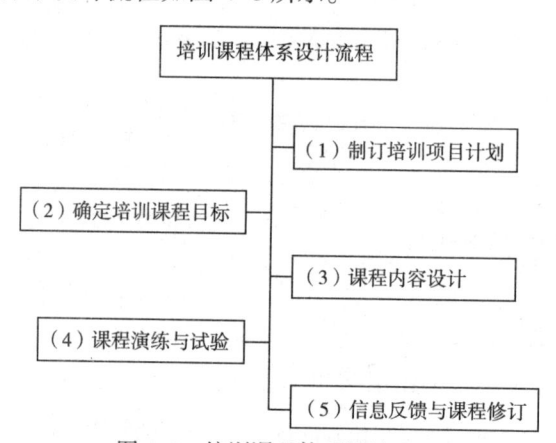

2.培训课程体系设计流程

培训课程体系设计流程如图 4-8 所示。

```
培训课程体系设计流程
├─(1)制订培训项目计划
├─(2)确定培训课程目标
├─(3)课程内容设计
├─(4)课程演练与试验
└─(5)信息反馈与课程修订
```

图 4-8　培训课程体系设计流程

(1)制订培训项目计划。确定培训项目计划是课程设计和开发的基础。制订培训项目计划以满足组织和员工培训需求为根据。课程设计要考虑不同的培训对象的特点与需求。

（2）确定培训课程目标。培训课程目标分为项目目标和学习目标两种。项目目标长期且模糊，是指课程设计最终要达到的培训效果，培训课程目标设置需与培训对象的实际工作需要紧密关联。学习目标与课程有直接密切的关系，是项目目标在课程中的具体表现。

（3）课程内容设计。课程要素包括课程目标、课程内容、课程模块和课程策略。一般而言，此部分工作需要产出——学员手册、授课PPT、案例集、讲师手册（可在示范课后着手做）。其中，讲师手册是讲师讲解课程的参考手册，用于指导讲师有效结合教学内容和学员情况，图文并茂、高效完成教学任务。

（4）课程演练与试验。在内容初步设计完成后，开展示范课教学。示范课后引导学员反馈意见并再次搜集前期访谈中未搜集到的材料。在此环节建议邀请内训师加入，保证课程开发项目顺利完成内化迁移。

（5）信息反馈与课程修订。示范课程后，以课程内容设计的原则及组织对培训的要求为基础，参考培训师和选择性参考学员的建议，对课程做出适当调整。

四、培训课程库的开发

建立一个满足组织发展需要的培训课程库是课程体系建设的核心内容。培训课程库开发主要包括知识素材的盘点、课程模式的建立以及其他辅助工具的收集等。课程库建设涉及各岗位、各层级，是一项长期的且需要协调各方资源的系统化工程，如图4-9所示。

【答疑解惑】

问1：如何开发培训教材？

【解答】

（1）培训课程教材应结合学员的实际需要，而且必须是能足够反映该领域内最新信息的材料。

（2）资料包的使用。许多课程为适应培训快节奏的高标准和高要求，除精心地用教学大纲说明课程意图外，还采用建设"教材资料包"的方法来组织。

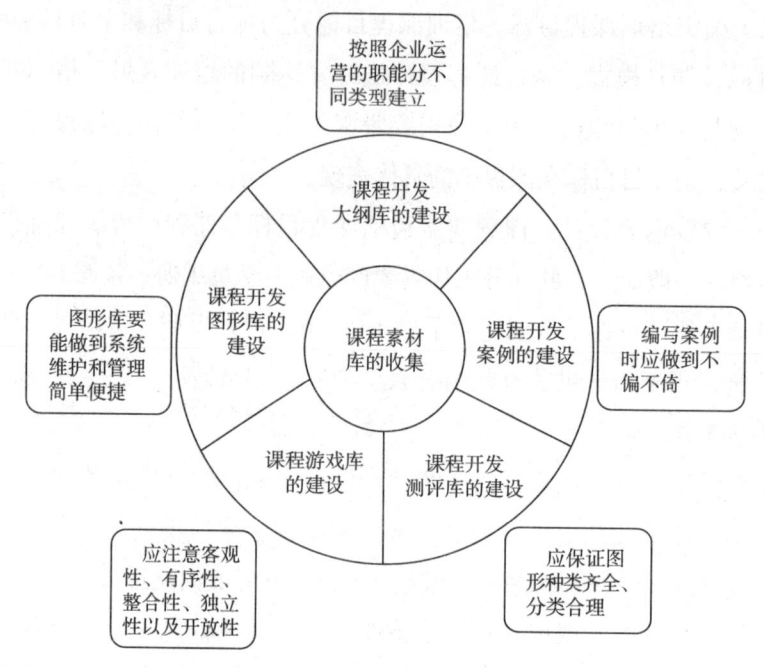

图 4-9 培训课程库的建立

（3）利用一切可开发的学习资源组成活的教材。

（4）尽可能地开发一切能利用的信息资源，打破传统的教科书体系，充分利用现代科学技术的先进成果，把单一的文字教材扩充到声、像、网络以及其他各种可利用的媒体。

（5）设计视听材料。

问2：为何企业在不同的发展阶段要采用不同的培训课程？

【解答】培训的课程不仅要考虑员工的需求等微观层面，还应该与企业不同发展阶段的宏观层面相符。因为在不同阶段，企业的发展策略有所不同，对员工的要求也就有所差异。因此，在培训课程的设计与管理中，应考虑在不同的企业发展阶段展开针对性培训，才能更好地为企业战略服务。

企业的培训课程不是一成不变的，这种变化不仅由外部环境的变化而引起，还受企业内部因素的影响。因此，在企业不同的发展阶段应该采用不同的培训课程。

第四节　培训师资的选拔

一、认识培训师

培训师是指能够结合经济发展、技术进步和就业要求，研究和开发针对新职业（工种）的培训项目，以及根据企业生产经营需要，掌握并运用现代培训理念和手段，策划、开发培训项目，制订、实施培训计划，并从事一线培训咨询和教学活动的人员。

培训师的主要工作内容如图 4-10 所示。

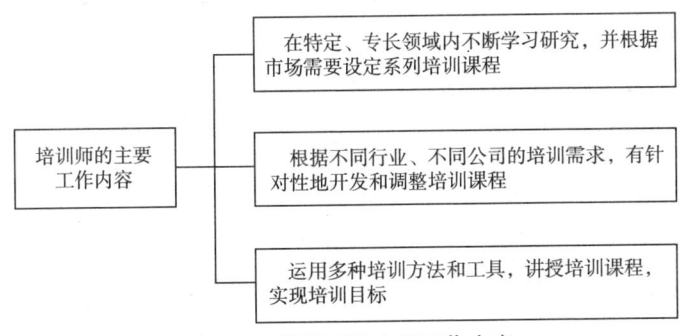

```
                    ┌─────────────────────────────────────┐
                    │ 在特定、专长领域内不断学习研究，并根据 │
                    │ 市场需要设定系列培训课程             │
                    └─────────────────────────────────────┘
┌──────────┐        ┌─────────────────────────────────────┐
│ 培训师的主要 │────│ 根据不同行业、不同公司的培训需求，有针 │
│ 工作内容   │        │ 对性地开发和调整培训课程             │
└──────────┘        └─────────────────────────────────────┘
                    ┌─────────────────────────────────────┐
                    │ 运用多种培训方法和工具，讲授培训课程， │
                    │ 实现培训目标                         │
                    └─────────────────────────────────────┘
```

图 4-10　培训师的主要工作内容

二、培训师应具备的能力

确定培训师资是组织培训活动的关键环节。具体培训活动的实施效果直接受培训师水平的影响。培训师应具备的能力如表 4-4 所示。

表 4-4　培训师具备的能力

项目	内容
丰富的理论知识和实践经验	首先，培训师要有坚实的理论知识基础以回答学员提出的各种各样的问题。其次，培训师要对组织的人事管理、市场管理等有其独到的见解和认知。最后，培训师要有丰富的教学和实战经验

续表

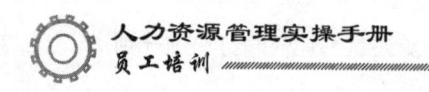

项目	内容
诊断并解决问题的能力	培训师要事先确定学员的特定需求，应收集学员的有关资料。尽管通过学习可以获得评估和会谈的技巧，但一名成功的培训师会拥有创造性地利用信息的特定能力，从而诊断学员的问题所在，并提出令人振奋的解决办法
有效激励学习者的能力	成功的培训师能激发学员内在的动力，使学员发挥潜能，克服重重障碍达成目标。个体变化一般要经历拒绝变化、迷茫丧气、准备变化和采取行动阶段。不少培训之所以失败，是因为培训师没有认清学员所处的心理阶段，并给予针对性激励
建立融洽培训关系的能力	培训师应重视与培训学员建立良好的关系，让学员觉得其和蔼可亲、值得信任。培训师与学员之间的关系是否融洽，很大程度上决定了培训成功与否。真诚、热情地对待学员，才能获得学员的信任，才可能收到最佳的培训效果
灵活应变的能力	培训师要面对的是学员在知识、经验和人格方面各自存在的差异，必须根据不同学员的特点，调整培训内容、进度或方法。培训师要能够灵活应对培训过程中出现的各种突发情况，采取积极有效的应变处置办法
良好的人格魅力	培训师综合素质的集中体现就是人格魅力。培训师良好的道德行为规范、个人修养、知识储备、兴趣爱好和职业素养等，会在学员面前展露无遗，健康、积极向上的人生态度和正确的人生观、世界观、价值观是优秀培训师的标本

三、内训师的选拔

内训师的选拔有以下步骤：

1. 宣传及报名

企业可以通过内部网络、OA办公系统、会议等不同的宣传渠道，发出内训师选拔的通知，明确报名时间、报名要求、相关政策以及结果公示日期等内容，建议除本人报名外，还可采用领导推荐的方式参与报名。

2. 备选及评审

报名结束后，相关部门应根据报名者的情况划分授课类别，然后与报名者进行充分沟通，协助其完成培训课程的设计和开发、课件制作、相关资料的搜集等工作。

报名者做好准备工作后，相关部门应安排试讲和评审，建议试讲最少安排两次：第一次应该局限于小范围、专业人士内；若第一次试讲通过，第二次可以扩大范围、安排非专业人士参与。

试讲结束后，应由相关部门召开内部培训师评审会，并最终决定内训师候选人。

3. 培训及考核

内训师作为相关知识的传播者，其一言一行都会对员工的思想和行为产生影响，因此，只有经过系统培训考核后，才能让他们正式担任内训师工作，这一点在下文"内训师的培养"中有专门论述，在此不再赘言。

4. 聘任上岗

培训考核合格后，应由公司董事长或总经理颁发内部培训师聘任证书，并在公司网站、OA办公系统或其他宣传渠道上公示和宣传，并且将正式选出来的内训师纳入公司培训资料库，这样既可以树立企业内训师的个人形象和品牌，又可以增加企业内训师本人的荣誉感。

企业内训师的选拔和培养是一项需要持续完善的工作，需要主导部门及相关部门持续地投入精力，但一定要明确，今天投入的精力，明天会十倍、百倍地得到回报。

四、内训师的培养

内训师应具备的特点如图4-11所示。

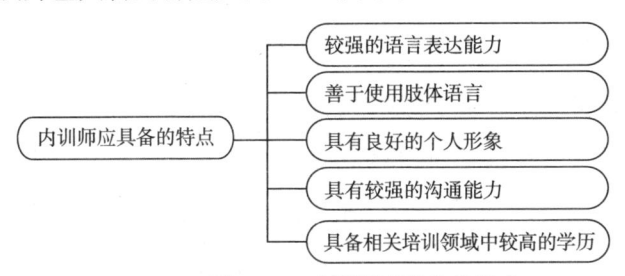

```
                    ┌── 较强的语言表达能力
                    ├── 善于使用肢体语言
   内训师应具备的特点 ──┼── 具有良好的个人形象
                    ├── 具有较强的沟通能力
                    └── 具备相关培训领域中较高的学历
```

图4-11　内训师应具备的特点

根据上述特点，结合企业选拔的内训师候选人，应有针对性地开展培养工作，发挥每个候选人的长处、弥补其不足，使其更好地胜任内训师的岗位。

对内训师的培养，主要内容集中在内训师的角色认识、内训师的素质和能力要求等专题培训方面。例如，如何设计培训课程、如何分析培训需求以及基本授课方法和技巧等。通过培训，不仅要让他们进一步明确内训师的使命，还要让他们形成较为统一的、标准的课程设计和开发流程。

内训师的培养方式比较灵活，除了专题培训，还可视具体情况开展内训师活动和交流研讨会、提供资料自我学习、安排外派学习、参加各种外

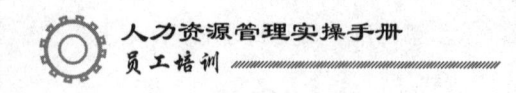

部培训课程和旁听所有内部培训课程等。

> **温馨提示**
>
> **如何激励内部培训讲师**
>
> （1）荣誉奖励。培训管理者对内部培训讲师应当定期地评估，定期在企业范围内公开地表扬。对表现优秀的内部培训讲师，企业可以给予其较高的荣誉。
>
> （2）个性福利。对优秀的内部培训讲师可以给予其彰显身份的个性化福利。为了体现企业对培训管理工作的重视，这里的福利可以是企业其他员工无法选择的。
>
> （3）职业发展。无论是在员工职业发展方面采取任命制、竞聘制还是积分制的企业，员工作为培训讲师的优异表现都应当成为其职业成长的重要参考信息。对于担任内部培训讲师且培训效果良好的员工，应当优先给予晋升。

案例 4-2　如何选择培训方法及培训师？

某机电企业是由初期仅有 30 名员工的小工厂发展起来的，目前已发展到拥有 1000 多名员工、年销售额达几千万元的大企业，其组织结构属于比较典型的直线职能制形式。随着本行业的技术更新和竞争的加剧，高层领导者开始意识到，企业必须向产品多元化方向发展。于是，作出了一个重要的决策，转产与原生产工艺较为接近、市场前景较好的电信产品。适逢 M 国的一家电子设备厂濒临倒闭，他们并购了该厂，在对其进行技术和设备改造的基础上，组建了电信产品事业部。然而，在转型过程中，企业的各种人力资源问题日益凸显。除需要进行组织结构的调整外，还需要加强企业人力资源管理的基础工作，调整不合理的人员结构，裁减冗员，从根本上改变企业人力资源管理落后的局面。

此外，根据并购协议，安排在新组建的电信产品事业部工作的原厂 18

名中低层管理人员,与公司新委派的10名管理人员之间的沟通与合作也出现了一些问题,如双方沟通交流较少,彼此的信任程度有待提高,沟通中存在障碍和干扰,引发一些不必要的误会、矛盾甚至冲突,他们希望公司能够通过一些培训来帮助他们解决这些问题。

因此,上级要求人力资源部设计一个培训方案,帮助电信事业部的管理人员加强沟通合作。那么,哪些培训方法适合这次培训?应该选择外部培训师还是内部培训师?

【解析】可采取的培训方法有:经营管理策略培训、特别任务法培训、案例研究、课堂教学、拓展训练等培训方法。

对于培训师的选择,是选择内部培训师还是外部培训师,其实应该两者都有。因为主要是针对管理人员加强沟通合作的培训,内部培训师更了解企业的特点及企业的文化,对企业的需求反应快。但有一些培训需要更专业和真正意义上的"培训师",内部培训师恐怕难以胜任。外部培训师的来源渠道多元化,包括高校、政府机关、培训机构和咨询公司等。外部培训师具备更专业的知识,掌握更多的培训方法。

【答疑解惑】

问1:企业在选择培训讲师时要考虑哪些问题?

【解答】企业在选择培训讲师时要考虑三方面的问题如表4-5所示。

表4-5 企业在选择培训讲师时要考虑的问题

项目		内容
选择标准		培训讲师要具备丰富的专业知识和沟通能力,最好具备与培训相关的从业经验
来源	企业内部	一般是请企业内部人员兼任培训讲师,通常请培训对象的上一级管理人员或人力资源经理、高层领导来实施培训
	外部机构	如果培训交由外部培训机构实施,则由相应机构委派专职培训师或专家教授进行培训
管理		无论培训讲师是来自企业内部还是从外部聘请,培训负责人都应对培训讲师的备课、讲课等行为进行实时跟踪和监控,并制定相应的规范对培训讲师实行科学、严谨的管理

问2：内部培训师的优缺点有哪些?

【解答】通过内部开发的培训师优缺点如图4-12所示。

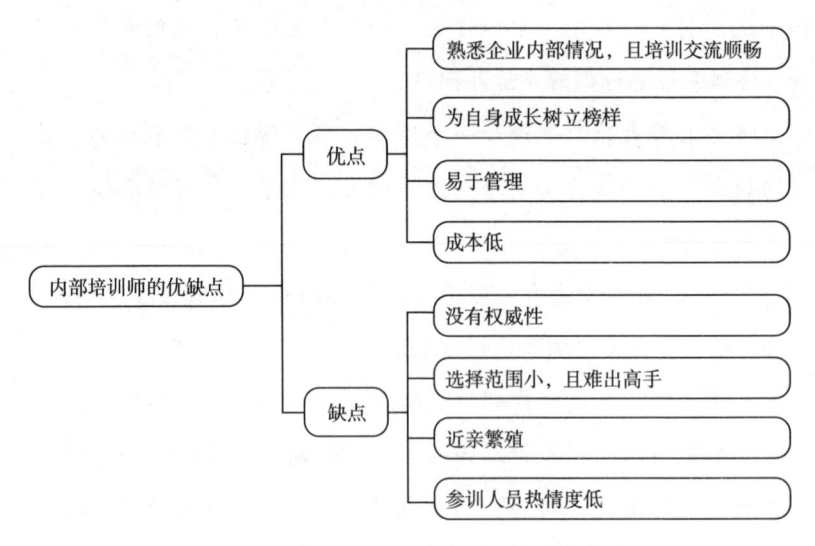

```
                        ┌─ 熟悉企业内部情况，且培训交流顺畅
                        │
                  ┌ 优点 ┼─ 为自身成长树立榜样
                  │     │
                  │     ├─ 易于管理
                  │     │
                  │     └─ 成本低
内部培训师的优缺点 ┤
                  │     ┌─ 没有权威性
                  │     │
                  │     ├─ 选择范围小，且难出高手
                  └ 缺点 ┤
                        ├─ 近亲繁殖
                        │
                        └─ 参训人员热情度低
```

图4-12　内部培训师的优缺点

第五节　培训经费的预算

每年年末和年初，各企业人力资源部和财务部都会花较多的精力对全年的培训经费做科学、合理的预算。做好企业年度培训预算管理工作，有利于管理层对整个培训活动进行全面审核，对年度培训工作提供足够的资金保障，同时避免内部各种随意性培训费用的支出，也有利于提高培训主管人员计划、预算、控制与决策的水平，更有利于将企业的长远目标和培训目标及要实现的培训绩效有机地结合起来。

一、培训经费的构成

培训经费的构成如图4-13所示。

培训经费的构成

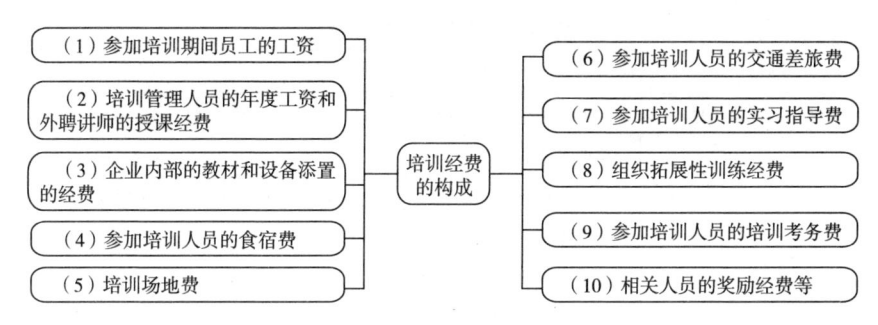

- （1）参加培训期间员工的工资
- （2）培训管理人员的年度工资和外聘讲师的授课经费
- （3）企业内部的教材和设备添置的经费
- （4）参加培训人员的食宿费
- （5）培训场地费
- （6）参加培训人员的交通差旅费
- （7）参加培训人员的实习指导费
- （8）组织拓展性训练经费
- （9）参加培训人员的培训考务费
- （10）相关人员的奖励经费等

图 4-13　培训经费的构成

二、培训经费预算的步骤

（1）年末企业进行本年度总结和下一年度计划时，应该由企业高层领导确定培训预算的投放原则和培训方针，以保证培训预算"名正言顺""钱出有因"。

（2）由专业培训机构或者培训人员对组织确定的方针进行分解分析，确定初步的年度培训计划，财务人员和培训项目负责人则根据设定好的计划分解培训预算的项目，设定会计科目。

（3）培训受益部门根据培训预算项目和年度培训项目，拟定本部门明年的培训费用总额。

（4）培训管理部门收集培训预算审核方案，组织专业管理人员就培训预算的额度、效果、对象、范围等进行评估，确定调整方向并与培训受益部门、培训实施部门充分沟通，设定合理的费用额度。

（5）培训费用预算方案审定完毕并修改后，报送培训受益部门存档，这标志着培训预算被审核批准。

（6）培训受益部门、培训实施部门根据获批预算方案修改年度培训计划，重新设定培训项目。

（7）培训实施部门制定培训项目实施方案。

（8）按照培训计划安排实施培训项目。

三、培训预算的原则

培训预算的原则如表 4-6 所示。

表4-6 培训预算的原则

项目	内容
统计受训对象信息	受训对象不同，培训的方式和方法也不同，这直接影响培训预算
区分受训对象，合理划分投放比例	受训对象信息收集完毕后对受训对象进行区分，划分出中高层培训人员及其相关名单，然后根据企业的发展方针和员工比例合理划分培训预算的投放比例
确定资金内外部投放的比例	明确培训预算投放比例后，预算进入关键阶段，这时必须确定内外训比例

四、培训预算的确定方法

培训预算问题在不同的企业，处理方式也不尽相同。这里简单介绍六种处理方法，如表4-7所示。

表4-7 培训预算的确定方法

方法	内容
比较预算法	最通常的做法是参考同行业关于培训预算的数据。首先是同行业企业培训预算的平均数据，人力资源部经理可以与同行业中的同行就培训预算问题进行沟通，相互了解对方的情况，然后取平均值（由于各企业的规模不同，建议取人均培训预算）
比例确定法	比例确定法是指对某一基准值设定一定的比率决定培训经费预算额的方法，如依照年度工资总和5%的比例确定培训预算
人均预算法	人均预算法是指预先确定企业内人均培训经费预算额，再乘以在职人员数量的培训预算决定方法
推算法	如果企业有历史培训预算数据，那么参考这些数据将会更加有意义。推算法就是根据过去培训预算使用额进行推算，来确定本期预算的方法
需求预算法	需求预算法是指根据企业培训需求确定在一定时限内必须开展的培训活动，分项计算经费，然后加总求和的预算法
费用总额法	有些企业实行划定人力资源管理部门全年的费用总额的办法，费用总额包括招聘费用、培训费用、社会保障费用、体检费用等费用。其中，培训费用的额度可以由人力资源管理部门自行分配。事实上，费用总额法往往是建立在以上一种或几种方法基础上的，此方法对中小型企业有效发挥培训效果是有一定帮助的

五、培训预算的分配

虽然在确定培训预算时可能会采用人均培训预算的方式，但是在进行预算的分配时往往不会人均平摊。有些企业会将70%的培训费用花在30%的员工身上，甚至将80%的费用用于10%～20%员工的培训。

1. 企业一般都会将培训预算向高级经理和骨干员工倾斜

这样做是合适的。因为很多企业中 80% 的效益是由 20% 的员工创造的。另外，高级经理及骨干员工提高了管理及技术水平，可以有效地带动普通员工提高工作能力，这种从上向下的推动远比由普通员工从下向上推动容易得多。

这种培训预算的不平均性会导致普通员工的不满。因此，在预算分配时，最好以部门或培训项目来分配，人均分配数额仅作为培训预算的一种计算方法。

2. 有关管理类培训的培训预算应重点集中在企业的高层经理身上

这主要和管理本身的特性有关，因为只有企业的高级经理才能成为企业管理理念的传播者和管理方法的创新者。对于中层管理者和普通员工而言，他们更倾向于适应自己上级的管理理念和管理方法。因此，提高高层经理的管理水平对提高企业整体的管理水平产生决定性影响。

3. 有关技术类培训的培训预算应该集中在公司技术骨干身上

技术培训的投资会使技术骨干获得成长，这是对技术骨干最有效的激励。另外，由于技术骨干对技术非常精通，可要求技术骨干将自己所学的内容传输给其他技术人员。这样成功率较高。

六、解决预算与计划的冲突

培训预算往往与培训计划产生冲突，最主要的冲突是培训预算无法支撑培训计划所涉及的培训项目支出，当然也会有培训预算费用花不完的情况，这里只讨论前者。

当企业需要削减费用时，往往想到的是削减培训预算。企业培训经理最头疼的事情可能就是用削减后的培训预算去完成原定的培训计划。解决这个问题最有效的办法是加强企业内部培训。

加强企业内训，关键是在企业中找到知识的传播者，并在企业内部建立知识传播机制。有时，我们需要的一些培训，在企业内部就可以找到培训讲师，如果我们对这些员工稍加培训，就可以发挥很大的效用。另外，在进行外派培训时，我们可以要求受训人员及时将培训内容在企业内部传播。

案例 4-3　培训协议纠纷谁之过？

2020 年 1 月，某公司派人力资源部员工宋某去外地参加一场培训，该培训的主要内容是"如何提高演讲的水平"，培训共 3 天，培训费用 1 万元、食宿及机票费用 2500 元。去培训地的前一天，人力资源部经理让宋某签订一份空白培训协议，协议上没有写明时间、费用、培训等具体内容，直接让宋某签字。

培训结束后一个月，宋某发现公司有个未公布的制度，培训费用万元（含）以上的，服务年限为 10 年。也就是说，宋某要为公司服务 10 年，不然就要赔偿公司 1 万元培训费和违约金。于是，宋某想离职，但是又不愿意赔违约金和培训费。宋某认为此培训不是专项培训，对自己没有任何意义，而且培训协议也是不合理的。

案例中这种情况该如何处理？

【解析】建议采用如下处理措施：

（1）员工盲签，需要承担相应的责任。

（2）该制度为未公布的制度，而且公司没有告知员工，故该制度无效。

（3）该培训项目并非专项培训，不应限定服务期限，也不应产生违约金。

（4）建议公司完善相应制度，不宜以此胁迫员工开展工作，这种做法一方面容易对公司造成负面影响；另一方面员工对此不满，若消极怠工，坐等辞退，给公司带来的损失更大。

【答疑解惑】

问：如何合理使用企业培训经费？

【解答】由于培训经费是有限的，企业要将经费用在以下关键的地方：

（1）建立健全培训经费管理制度。

（2）履行培训经费预算决算制度。

（3）科学调控培训的规模与速度。

（4）突出重点，统筹兼顾。

第六节 培训机构与培训外包

一、培训机构的历史演变

对员工开展培训是随着社会生产力的发展需要慢慢演变而来的，源于西方社会的社会化大生产取代手工作坊时代。当时，企业受外界竞争环境的逼迫，不得不对工人开展技能教育。到了工业革命时代，企业生产对工人的技能要求越来越高，生产规模越来越大，企业通过开展大规模、系统化的职业培训来满足企业对熟练工人的需求。同时，随着经济和科学技术的发展，逐步出现了专门的培训学校，之后各国政府开始立法，要求社会为工人提供相应的培训以满足经济和技术发展的需求。

从近两百年的发展历史来看，培训主要经历了四个阶段，如图 4-14 所示。

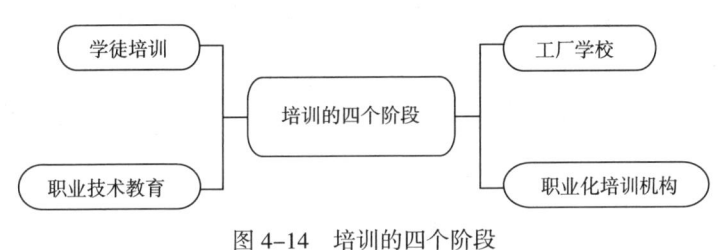

图 4-14 培训的四个阶段

1.学徒培训

学徒培训又称艺徒培训，是指用工单位招收学徒工，使其在师傅的直接教导下，通过生产实践活动学习并掌握生产技艺或业务技巧，从而成为新的技术工人或专业人员的一种培训方式。

学徒培训符合因材施教的培养原则，因而是人力资源开发最有效的形式，特别是技术工作的技能开发，其效果更加突出。学徒培训不仅是我国传统的培训方式，世界上很多国家也都普遍采用。

2. 职业技术教育

职业技术教育是对职业教育的技术化和工具化，是提高劳动者就业能力、促进劳动就业的重要途径，同时为不同层次和能力的学生提供发展途径。职业教育的目的是满足个人的就业需求和工作岗位的客观需要，进而推动社会生产力的发展，加快国家产业结构的调整与转型。

3. 工厂学校

工业革命后期，随着制造业的蓬勃发展，传统的作坊式生产逐渐被淘汰。由于新技术和新设备的广泛应用，企业更倾向于要求工人在短期内掌握完成某项特定工作所需要的技术，而学徒培训和职业技术教育在时间方面无法满足企业的需求。

4. 职业化培训机构

随着经济的进一步发展和社会生产力的进一步提高，企业对员工的继续教育（培训工作）需求越来越迫切，并不是所有企业都有资金和能力建设自己的"工厂学校"，为了缓解这一矛盾，社会上出现了许多继续教育的专业团体，即职业化培训机构，有些是国际性的，有些是全国性的，还有些是地方性的。

二、培训外包

培训外包是指将制订培训计划、办理报到注册、提供后勤支持、设计课程内容、选择讲师、确定时间表、进行设施管理、进行课程评价等核心职能外包出去的一种培训方式。它能使培训与开发活动以更低的费用、更好的管理、更佳的成本效益进行，并且责任更清晰。

培训外包的步骤如图4-15所示。

1. 进行培训需求分析，作出培训外包决定

在作出培训外包决定之前，应当先完成培训需求分析。根据需求分析结果，结合培训成本预算，再决定培训是否需要外包。

2. 合理选择培训工作外包

外包决策应根据现有工作人员的能力和特定培训计划的成本而定。例如，当公司正处于急速发展期且急需培训员工时，可以适当考虑外包某些或全部培训活动；当公司处于精简状态时，可以将整个培训职能外包，或

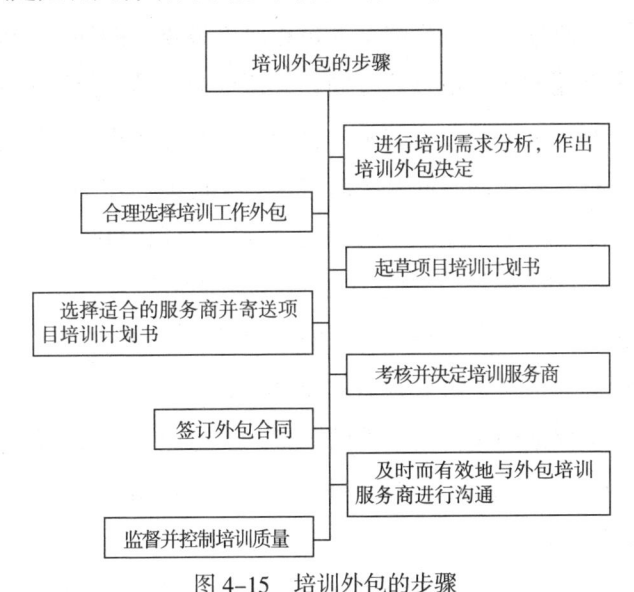

更明智地决定是否只将培训职能的部分工作外包。

```
培训外包的步骤
├── 进行培训需求分析，作出培训外包决定
├── 合理选择培训工作外包
├── 起草项目培训计划书
├── 选择适合的服务商并寄送项目培训计划书
├── 考核并决定培训服务商
├── 签订外包合同
├── 及时而有效地与外包培训服务商进行沟通
└── 监督并控制培训质量
```

图 4-15　培训外包的步骤

3. 起草项目培训计划书

在作出外包培训决策之后，应当为培训服务提供商起草一份项目计划书。此项目计划书应具体说明所需培训的类型水平、将参加培训的员工以及提出一些有关技能培训的特殊问题。项目计划书起草应征求多方意见，争取符合企业培训的要求。

4. 选择适合的服务商并寄送项目培训计划书

起草完项目培训计划书后，就要寻找适合的外包服务商并签订合同。一旦将公司人力资源开发（培训）的职责委托给公司外部的合作伙伴，就意味着要对其专业能力、文化兼容性和表达技巧有一定的信心。外包活动双方的这种高度匹配不但能确保培训质量，而且能确保有效对接、顺畅沟通以及培训的成功。

5. 考核并决定培训服务商

在与培训服务商签订有关培训外包合同之前，可以通过专业组织或从事外包培训活动的专业人员来了解、考察该服务商的资质。在对可选择的全部对象进行评估之后，再选择适合自己的服务商。

6. 签订外包合同

与培训服务商签订合同是整个外包程序中最重要的环节。在签订合同之前，先让本企业的律师审查该合同，并请专业会计或财务人员审查该合同以确定财务问题。需要注意的是，合同中必须注明赔偿条款，比如培训效果不佳或不符合企业的时间要求时应进行相应的赔偿等。签订合同时最好让公司里最善于谈判的成员一同前往，以确保公司的利益。

7. 及时而有效地与外包培训服务商进行沟通

计算机软件培训是最经常被外包的培训活动，公司必须让员工了解培训情况并为他们提供这个重要领域的及时而有效的培训。因此，及时而有效的沟通就成了保证外包活动成功的关键。沟通应当是及时的和持续不断的，公司应当收集并分析员工对每项外包培训计划质量的反馈。

8. 监督并控制培训质量

在培训活动外包之后，还要定期对服务费、成本以及培训计划的质量等项目进行跟踪监控，以确保培训计划的效果。这就需要建立一种监控各种外包培训活动质量和时间进度的机制。

此外，在培训服务提供商的选择上，要考虑的因素如表4-8所示。

表4-8　选择培训服务提供商应考虑的因素

因素	内容
名声及经验	知名度越高、信誉越好的培训服务提供商越让企业放心，因此，在选择培训服务提供商之前，应对培训服务提供商的声誉和经验指数进行全面调查，以确定是否与其进行合作
相关信息、数据	考察该培训服务提供商的专业及业务活动水平的情况，例如，是否对本企业的项目计划书要求作出了正确而简洁的回复？是否提供了不相关的信息？是否能提供说明其长期以来持续有效益和有效率的业绩证明文件？等等
财务稳定性	要求培训服务提供商提供信用证明，以了解该培训服务提供商在财务上是否稳定。如果所选择的培训服务提供商面临破产的危险，那么企业也会因此而蒙受动荡与混乱的考验，组织者不得不再经历一次提供项目计划书要求的过程，这对于公司来说是一项巨大的损失
人员招聘与培训能力	核实该培训服务提供商是否拥有一个招聘和培训自己雇员的系统，因为在长期培训活动过程中，培训服务提供商不可避免地会发生人员变动，因此拥有该系统可以保证其快速补充新人

续表

因素	内容
共享价值观	要求培训服务提供商理解本企业的价值观和文化并进行描述，在进行培训活动时须按照企业的价值观方式实施培训计划

随着企业的成长，新的角色和新的培训需求会不断涌现，对此企业不但要制定长期战略规划，而且要根据该规划去评价这些培训活动，使每个合作伙伴都千方百计地努力发展这种合作关系，以达成合作双方互惠互助的目的。

案例 4-4　如何选择外部的培训机构？

对于企业而言，大部分可以自主举办培训，还有部分培训需要参加外部的公开课，如何选择合适的培训机构来合作呢？

【解析】企业选择培训机构是做好培训工作的基础，可根据自身业务需要选择安排外部培训课程，可以参考以下几点进行。

（1）同行推荐。每个行业都有自己的行业交流会，每个 HR 也都有自己的人脉圈子，他们会经常讨论一些比较好的培训机构，它们的特色、风格、效果等，收集的信息可作为企业的初步资料留存。

（2）自行调查。HR 会自行通过网络、电话、外面宣传单联系培训机构，深入了解公司需要的内容。

（3）公司需求。公司需求是 HR 选择外部培训的根本点，只有需要才能寻找外部培训。应充分结合公司的年度培训计划安排工作，按照培训内容选择具有该特色内容的培训机构。

（4）市场口碑。无论是培训机构还是培训内容抑或是培训讲师，都有其服务对象。HR 可向培训机构要求其展示其他参加培训单位，如果能提供参训单位的地址、电话联系人最好，若不能提供，HR 可通过其他渠道联系参训单位，以便倾听对方对培训效果的综合评价。

（5）培训预算。培训机构对于不同内容、不同讲师的培训费用收取标准也不尽相同，HR 的培训预算很少能跟他们一致，企业要根据培训预算来筛选培训机构，但是也应该参照市场行情和经济发展变化。总之，控制在预算内并选择合适的机构是最好的。

（6）了解讲师。讲师是课程的直接宣讲者，他们自身的素质是决定课程效果的根本因素。有的培训机构外界口碑很好，可能会有一两个讲师的水平不尽如人意；有的培训机构口碑一般，但是却有他们的王牌讲师。选择讲师甚至比选择培训机构更重要。了解讲师之前服务过的企业，了解讲师的经验和知识构造，并和讲师就课程进行沟通，达到了解讲师的目的。

（7）课程试听。了解讲师最直接的办法就是课程试听。试听的过程中可更深入地了解讲师的授课风格和授课对象的反应，可以合理想象公司员工在听课过程中的反应等，也可和参训对象做简单沟通，这样得到的信息是直接有效且丰富的。

（8）特事特办。公司安排一项特殊的外部培训，但是外面的培训机构暂时还没有此类培训的成熟方案，可要求培训机构、讲师到企业实地参观、调研，并开发出相应的培训课程，以满足公司的培训需求。

（9）其他细节。选择培训机构还应注意很多细节问题，如培训机构的后续服务，培训机构的规模大小、资质情况、办公条件、员工素质等；还应观察讲师助理的素质，这样可侧面反映出讲师的部分素质。

第五章
如何实施培训

第一节 培训方法的选择

一、直接传授型培训法

直接传授型培训法可以划分为课堂讲授法、专题讲座法和讨论法。

1. 课堂讲授法

课堂讲授法是培训讲师通过口头语言和文字书写的方式将学习信息与文化科学知识系统、连贯地向培训对象传授的方法。它在以语言传递为主的培训方法中应用最广泛,且常常与其他各种培训方法结合使用。

课堂讲授法是一种比较经济、有效的培训方法,覆盖的培训信息系统、全面,不仅可同时对多人进行培训,还便于掌控学习的进度。但是,课堂讲授法也存在一些缺点,如采用单向交流的形式,培训对象无法获得主动权;难以满足培训对象的个性化需求;学习效果易受培训讲师讲授水平的影响;信息量大,培训对象不易吸收、消化。

课堂讲授法有多种具体方式,包括讲述、讲解、讲读及讲演,具体如图 5-1 所示。

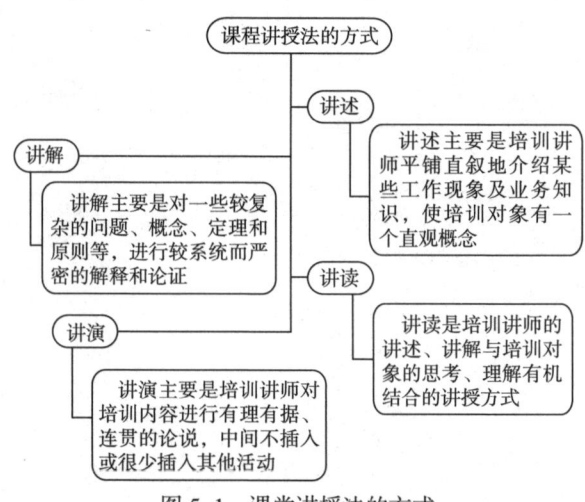

课程讲授法的方式：
- 讲述：讲述主要是培训讲师平铺直叙地介绍某些工作现象及业务知识,使培训对象有一个直观概念
- 讲解：讲解主要是对一些较复杂的问题、概念、定理和原则等,进行较系统而严密的解释和论证
- 讲读：讲读是培训讲师的讲述、讲解与培训对象的思考、理解有机结合的讲授方式
- 讲演：讲演主要是培训讲师对培训内容进行有理有据、连贯的论说,中间不插入或很少插入其他活动

图 5-1 课堂讲授法的方式

2.专题讲座法

专题讲座法的培训形式与课堂讲授法基本相同,但在具体内容上有差异。课堂讲授法主要是传授系统的知识,每节课一个专题,接连多次授课。而专题讲座法则针对某一个具体的专题知识,一般只安排一次培训。这种培训方法适用于管理人员或技术人员了解专业技术发展方向或当前热点问题等。

专题讲座法形式灵活,时间花费少,而且由于讲授内容集中于某一专题,可随时满足员工某一方面的培训需求,易于培训对象加深理解。但是采用这种方法传授的知识相对集中,内容系统性较差。

3.讨论法

讨论法是培训讲师将培训对象聚集在一起,以团体的方式对工作中的问题进行讨论,并提出解决办法的一种培训方法。

(1)讨论法的类型如表5-1所示。

表5-1 讨论法的类型

分类	具体内容
以培训讲师为中心	该方法从头至尾由培训讲师组织,培训讲师提出问题,引导培训对象回答。讲师起着活跃气氛,使讨论更加深入的作用。这种方法也有另一种形式,即培训讲师先指定阅读材料,然后围绕材料提出问题,要求培训对象回答,最后由培训讲师进行总结
以培训对象为中心	这种方法通常采用分组讨论的形式。一般是由培训讲师提出问题或任务,培训对象独立提出解决办法或者不规定研讨的任务,培训对象就事先规定好的议题进行自由讨论,相互启发
以任务为导向	该类型的探讨侧重于达成某种目标,这个目标是事先确定的,即通过讨论弄清某一个或几个问题,或者得出某个结论。因此,这种讨论要求讨论题目能引起讨论者的兴趣且具有探索价值
以过程为导向	该类型的讨论注重讨论的过程,强调讨论过程中成员间的相互影响和启发,并进行信息交换,增进理解,加强沟通

(2)讨论法的特点。讨论法可以充分调动培训对象思考的积极性和主动性,使其通过讨论得到锻炼和提高,培养与人合作的态度和对学习的尊重及重视。但是讨论法对培训讲师和培训对象的要求较高,如果培训讲师和培训对象对培训主题与内容不够熟悉,易导致讨论偏题、离题,影响培训效果。

二、实践型培训法

从实践型培训法的本质来讲,它属于边干边学的培训方法。这种方法主要是让培训对象置身于真实的工作环境中,亲自操作、体验,进而掌握工作所需的知识、技能。实践型培训法的常用方式包括工作轮换法、工作教练法、特别任务法及个别指导法。

1. 工作轮换法

工作轮换法是将培训对象由一个岗位调到其他岗位以丰富其工作经验的一种培训方法。现在,许多企业采用工作轮换法来培养新进入企业的年轻管理人员和企业储备管理干部。

（1）工作轮换法的意义如图5-2所示。

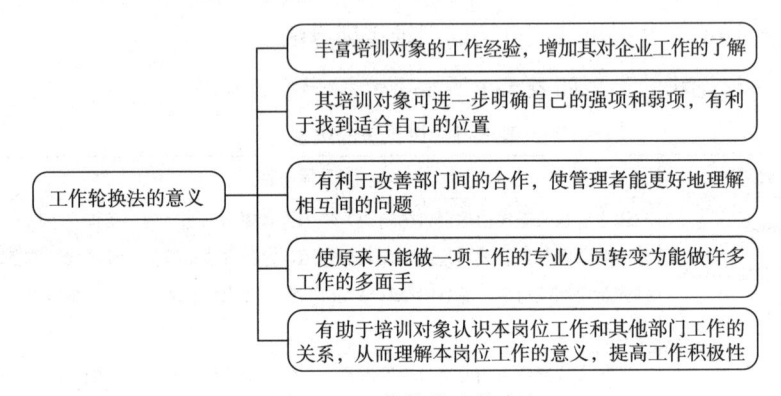

```
                    ┌─ 丰富培训对象的工作经验,增加其对企业工作的了解
                    │
                    ├─ 其培训对象可进一步明确自己的强项和弱项,有利
                    │  于找到适合自己的位置
                    │
   工作轮换法的意义 ─┼─ 有利于改善部门间的合作,使管理者能更好地理解
                    │  相互间的问题
                    │
                    ├─ 使原来只能做一项工作的专业人员转变为能做许多
                    │  工作的多面手
                    │
                    └─ 有助于培训对象认识本岗位工作和其他部门工作的
                       关系,从而理解本岗位工作的意义,提高工作积极性
```

图5-2　工作轮换法的意义

（2）工作轮换法的类型如图5-3所示。

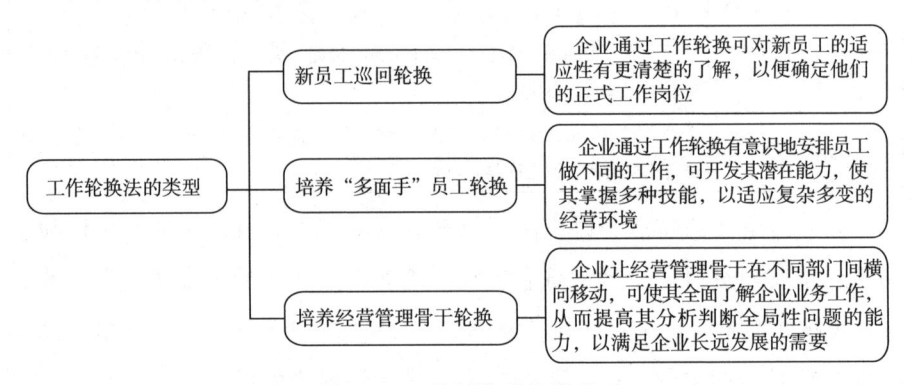

```
                    ┌─ 新员工巡回轮换 ─── 企业通过工作轮换可对新员工的适
                    │                    应性有更清楚的了解,以便确定他们
                    │                    的正式工作岗位
                    │
   工作轮换法的类型 ─┼─ 培养"多面手"员工轮换 ─ 企业通过工作轮换有意识地安排员工
                    │                    做不同的工作,可开发其潜在能力,使
                    │                    其掌握多种技能,以适应复杂多变的
                    │                    经营环境
                    │
                    └─ 培养经营管理骨干轮换 ─ 企业让经营管理骨干在不同部门间横
                                         向移动,可使其全面了解企业业务工作,
                                         从而提高其分析判断全局性问题的能
                                         力,以满足企业长远发展的需要
```

图5-3　工作轮换法的类型

（3）使用工作轮换法的注意事项如图 5-4 所示。

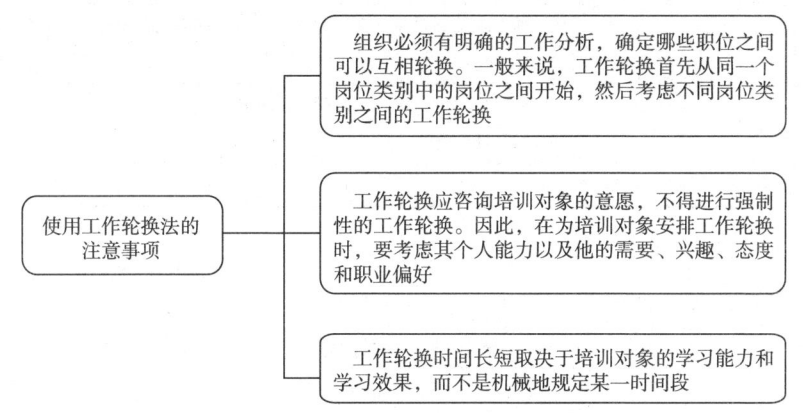

使用工作轮换法的注意事项：
- 组织必须有明确的工作分析，确定哪些职位之间可以互相轮换。一般来说，工作轮换首先从同一个岗位类别中的岗位之间开始，然后考虑不同岗位类别之间的工作轮换
- 工作轮换应咨询培训对象的意愿，不得进行强制性的工作轮换。因此，在为培训对象安排工作轮换时，要考虑其个人能力以及他的需要、兴趣、态度和职业偏好
- 工作轮换时间长短取决于培训对象的学习能力和学习效果，而不是机械地规定某一时间段

图 5-4　使用工作轮换法的注意事项

2. 工作教练法

工作教练法如表 5-2 所示。

表 5-2　工作教练法

项目	具体内容
概念	工作教练法又称工作指导法，是由一位有经验的技术能手或直接主管人员在工作岗位上对培训对象进行培训的方法
适用性	由于其科学可行的培训计划、方案和程序化的培训模式，保证了培训的标准化和客观化程度
	可以同时培训多名受训者，有效地节省时间，提高效率。因此，工作教练法既适用于那些工作结构性差的各级管理人员的培训，也适用于基层生产工人的培训
指导教练任务	教培训对象如何做，提出如何做好的建议，并对培训对象进行激励

3. 特别任务法

特别任务法如表 5-3 所示。

表 5-3　特别任务法

项目		具体内容
概念		特别任务法是指企业根据培训需要，通过对某些培训对象安排特别任务进行培训的方法
主要形式	初级董事会	是为有潜力的中层管理人员提供的，培养他们分析全局问题的能力，提高决策能力的培训方法
		一般由 10～12 名培训对象组成，这些培训对象来自不同的部门，他们通过向正式的董事会提出高层次管理的建议来提升自己分析高层次管理问题的能力

续表

项目		具体内容
主要形式	行动学习	是一种要求培训对象将全部时间用于分析和解决非本部门问题的一种培训方法
		为培训对象提供了解决实际问题的真实经验,可提高他们分析、解决问题以及制订计划的能力
适用性		通常适用于管理培训

4. 个别指导法

个别指导法如表 5-4 所示。

表 5-4 个别指导法

项目	具体内容
概念	个别指导法是指有针对性地对培训对象进行一对一的培训,主要是通过资历较深的员工的指导,使新员工能够迅速掌握岗位技能
优点	新员工在有经验员工的指导下,可以更快地掌握工作方法和技巧,减少工作适应的时间,并且学到老员工优良的工作作风,获取丰富的工作经验
	通过老员工与新员工之间的磨合及沟通,可以使新员工更快地融入团队,减少工作时的紧张感
缺点	为防止新员工快速成长对自己构成威胁,指导者会有意地保留自己的经验和技术,而只是将这种指导流于形式
	这种方法要求指导者本身具有较高的工作水平和良好的工作习惯,否则,势必使新员工的学习效果大打折扣
	如果企业过于倡导这种培训方法,可能会使新员工失去工作创新的积极性

三、参与型培训法

参与型培训法的形式包括自学、案例教学法、沙盘模拟培训法、敏感性训练法和管理人员训练法。

1. 自学

自学是一种适用范围最广泛的培训方式,也是一种培训对象充分发挥自己主动性和积极性的方式。自学既适用于正式上岗前的观念、思维、心态的培训,也适用于正式上岗后的知识和技能的培训。

自学的优缺点如图 5-5 所示。

自学的优缺点

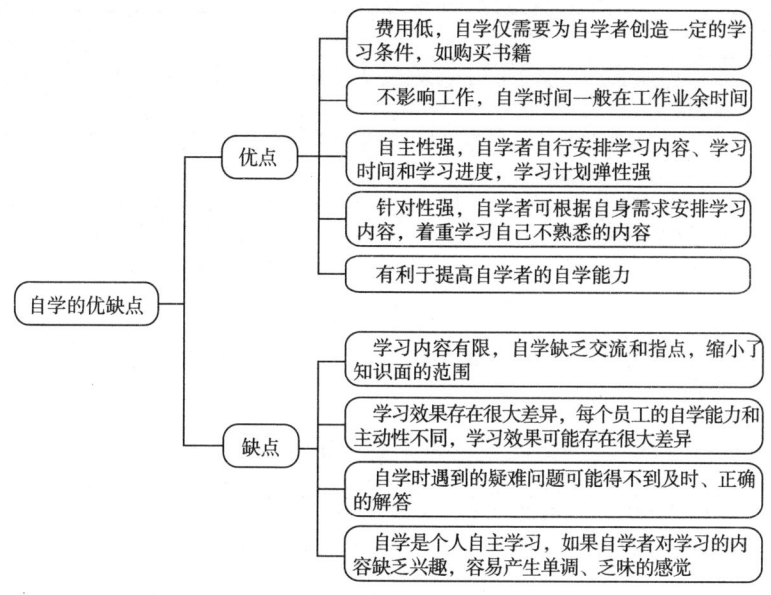

优点
- 费用低，自学仅需要为自学者创造一定的学习条件，如购买书籍
- 不影响工作，自学时间一般在工作业余时间
- 自主性强，自学者自行安排学习内容、学习时间和学习进度，学习计划弹性强
- 针对性强，自学者可根据自身需求安排学习内容，着重学习自己不熟悉的内容
- 有利于提高自学者的自学能力

缺点
- 学习内容有限，自学缺乏交流和指点，缩小了知识面的范围
- 学习效果存在很大差异，每个员工的自学能力和主动性不同，学习效果可能存在很大差异
- 自学时遇到的疑难问题可能得不到及时、正确的解答
- 自学是个人自主学习，如果自学者对学习的内容缺乏兴趣，容易产生单调、乏味的感觉

图 5-5　自学的优缺点

2. 案例教学法

案例教学法源于哈佛大学的工商管理硕士教学，如表 5-5 所示。培训讲师需要事先对培训对象进行深入了解，确定培训目标，针对培训目标编写案例或选用现成的案例，这些案例一般是实际工作中的背景材料，而且是没有标准答案的。案例一般用书面、投影或短片的形式展示给培训对象。

表 5-5　案例教学法

项目	内容
适用范围	适用于开发培训对象的分析、综合及评估等高级智力、技能。案例教学法主要适用于企业管理人员，特别是中层管理人员，目的是训练他们具有良好的决策能力，帮助他们学习如何在紧急状况下处理各类突发事件
特点	（1）鼓励培训对象独立思考。讲授法等培训方法只告诉培训对象怎么做，而案例教学法需要培训对象独立思考、发表见解，找出问题的解决办法，有利于提高受训者的积极性 （2）注重培养培训对象的能力，有利于提高其解决实际问题的能力 （3）案例教学法的培训方法更加生动具体、直观易学 但是案例教学法对案例本身要求较高，因此要求培训讲师花费较长的时间准备和选择案例。另外，培训讲师素质的高低直接影响案例选择的针对性和调动培训对象参与讨论积极性的程度

续表

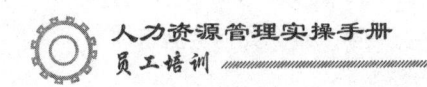

项目	内容
应用步骤	（1）确定培训案例。培训讲师及其他人员在培训前根据培训内容和目的设计并选择合适的案例 （2）培训对象准备。培训对象根据培训讲师下发的案例材料，查阅资料、收集信息等，做好案例讨论的准备 （3）划定讨论小组并进行讨论。培训讲师根据培训对象的年龄、学历、职位等因素将受训者划分为若干个小组，小组成员要多样化 （4）小组讨论。各小组派出代表陈述案例分析内容和解决办法，陈述完毕后接受其他小组成员的询问并做出解释 （5）思考和总结。小组讨论完毕，培训讲师留出一定的时间让培训对象思考和总结

3.沙盘模拟培训法

沙盘模拟培训法是一种先进的体验式培训方法，它将军事沙盘推演创造性地用于企业培训，具有很强的实战性和可操作性。

沙盘模拟培训又称沙盘培训、沙盘推演，是通过引领培训对象进入一个模拟的竞争行业，由培训对象建立若干模拟企业，围绕形象直观的沙盘教具模拟企业的经营管理与市场竞争，在经历模拟企业3～4年的荣辱成败过程中提高培训对象的战略管理能力。

沙盘模拟培训时操作步骤如表5-6所示。

表5-6 沙盘模拟培训的操作步骤

项目		内容
组建模拟企业		培训对象以小组为单位建立模拟企业，注册企业，组建管理团队，参与模拟竞争。小组要根据每个成员的不同特点进行职能分工，并确立组织愿景和目标
模拟企业生产运营	召开经营会议	当培训对象对模拟企业所处的宏观经济环境和所在行业特性基本了解之后，各模拟企业总经理组织召开经营会议，依据企业战略安排做出本期经营决策，制订各项经营计划
	分析经营环境	找出对模拟企业生存、发展前景具有较大影响的潜在因素，然后科学地预测其发展趋势，发现环境中蕴藏的有利机会和主要威胁
	制定竞争战略	各模拟企业根据自己对未来市场的预测和市场调研，本着长期利润最大化的原则，制定、调整企业战略
年度财务预算		一期经营结束之后，受训者填报财务报表，盘点经营业绩，进行财务分析
汇报经营业绩		各模拟企业在盘点经营业绩之后，围绕经营结果召开期末总结会
培训讲师分析点评		根据各模拟企业期末经营状况，培训讲师对各企业经营的成败因素深入剖析，提出指导性的改进意见，并针对本期存在的共性问题进行案例分析与讲解

4. 敏感性训练法

敏感性训练法（Sensitivity Training，ST）又称 T 小组法。敏感性训练法要求培训对象在小组中就参加者的个人情感、态度及行为进行坦率、公正的讨论，相互交流对各自行为的看法，并说明其引起的情绪反应。

敏感性训练的目的是要提高培训对象对自己行为和他人行为的洞察力，了解自己在他人心目中的"形象"，感受与周围人群的相互关系和相互作用，学习与他人沟通的方式，提高在各种情况下的应变能力，在群体活动中采取建设性行为。

敏感性训练可以以团队活动、观察、议论等方式进行，主要用于为受训者提供自我表白和解析的机会，通常适用于员工晋升前的人际关系训练、新进人员的集体组织训练、中青年管理人员的人格塑造训练及外派工作人员的异国文化训练等。

5. 管理人员训练法

管理人员训练法（Management Training Program，MTP），是产业界最普及的管理人员培训方法，它的目的是以最大范围的综合研究方式学习基本管理知识，进而提高管理人员的管理能力。

管理人员训练法适用于培训中低层管理人员掌握管理的基本原理、知识，提高管理能力。采用该方法时，一定要注意指导教师的选择，一般选用外聘专家或由企业内部曾接受过此法训练的高级管理人员担任。

四、态度型培训法

态度型培训法包括角色扮演法和拓展训练法两种类型。

1. 角色扮演法

角色扮演法是指让培训对象扮演某个与工作相关的角色，以感受所扮角色的心态和行为，并帮助自我发展和提高行为技能的一种有效培训方法。其原理是通过情境和问题的设置使培训对象扮演实际工作中的角色，并运用培训对象已有的经验与技能进行表演，一部分培训对象充当观众，表演结束后，扮演者、观察者等共同对整个情况进行讨论。

角色扮演法是开发行为能力的手段，通过培训对象的角色扮演可以反映出多方面的实际问题。同时，通过对表演中成功与失败之处的点评，可以让培训对象认识到自己的不足，并明确改进方向，而且其他培训对象可在相互交流中获取宝贵经验。

（1）角色扮演法的类型。角色扮演法的常见类型主要有七种，如表5-7所示。

表5-7 角色扮演法常见的七种类型

类型	内容
单练法	一人担当两个角色，自演自评，其优点在于不受时间、场所、人数的限制，可以站在不同的立场进行思考
一对一法	从一对一的演练中探索问题
小组法	三人以上为一组进行演练
观察法	观察法的重点在于深入观察，假如五人为一组，则两人是演练者，三人作为观察者进行反馈
单人表演法	在全体人员中选择一人进行演练，其他人员观察研究，多用于行为演练
分组演练法	全体人员分成几个小组开展演练，选取若干个表演者和观察者
交换法	演练人员和观察人员之间相互交换角色

（2）角色扮演法使用的注意事项。为有效防范角色扮演法在具体应用过程中可能出现的各种问题，应当重点注意如图5-6所示四个事项。

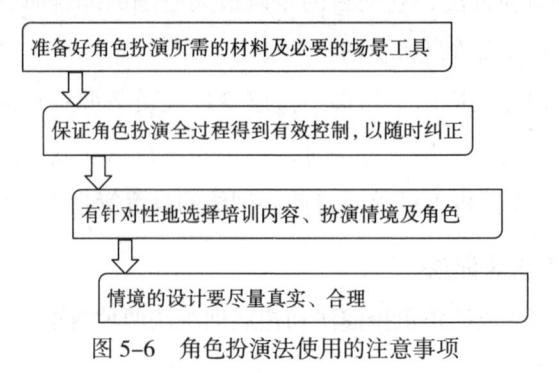

准备好角色扮演所需的材料及必要的场景工具
↓
保证角色扮演全过程得到有效控制，以随时纠正
↓
有针对性地选择培训内容、扮演情境及角色
↓
情境的设计要尽量真实、合理

图5-6 角色扮演法使用的注意事项

2. 拓展训练法

拓展训练（Outward Bound），原意为一艘小船驶离平静的港湾，义无反顾地驶向未知的旅程，去迎接一次次的挑战。拓展训练以外化型体能训练为主，培训对象被置于各种艰难的情境中，在面对挑战、克服困难和解决问题的过程中，使自己的心理素质和管理能力等得到改善与提升。

拓展训练的形式多种多样，如场地训练、野外训练、水上训练、空中训练等，常用的是场地拓展训练和野外拓展训练两种形式。

（1）场地拓展训练。场地拓展训练是指需要利用人工设施（固定基地）的训练活动，包括破冰、信任背摔、电网、盲人运水、罐头鞋及合力蓄水等项目。

场地拓展训练的目的是通过有限的空间来创造无限的可能，如训练场地的几根绳索是能否生存的关键。而且场地拓展训练既可以在会议厅里进行，又可以在室外的操场上进行，具有简便、易实施的特点。

通过场地拓展训练，可以促进团队内部和谐，提高沟通效率，提升员工的积极性，对形成被企业员工广泛认同的企业文化起着明显的作用，也能作为企业业务培训的补充。

（2）野外拓展训练。野外拓展训练，是指在自然领域，通过模拟探险活动进行的情境体验式心理训练。它的基本原理是通过野外探险活动中的情境设置，使培训对象体验所经历的各种情绪，从而了解自身或团队面临某一外界刺激或突发情况时的心理反应及其后果，以实现提升培训对象心理素质和行为控制的培训目标。

案例 5-1　如何提高员工受训兴趣？

某企业考虑全员提升基础素质，并把培训纳入企业人力资源战略管理中。于是，外聘人力资源专业本科毕业生孙某为公司培训师，并由他组织和主持为期两天的"企业文化与职业素养"的培训。但在第一天培训结束后进行的调查中发现，80%的学员认为没效果，主要是理论性太强、太抽象化，几乎没有现场互动对话，未能激发学员的兴趣。

请问：该培训项目存在哪些问题？如何提高员工受训兴趣？

【解析】

（1）公司企业文化、员工心态、职业道德、规章制度等培训，本身理论较多，而成年人学习往往不喜欢单纯的理论与说教，员工都有自己的工作经验或固有的知识储备，会产生抵触情绪，同时成年人的记忆力较学生时代要差，不喜欢记太多理论。

在本案例中，企业要充分了解授课学员的心理，设计课程时，可增加案例、项目活动、PK 游戏、视频教学等，调动员工积极性，寓教于乐。同时要学会先处理心理再授课。因此，培训师一定要了解学员的需求及掌握学员的学习规律和心理。

（2）很多培训师空有理论而缺乏实践，对所讲课程没有深度调研，以致课程内容缺乏对学员工作、生活的指导。因此，要使课程内容对学员工作、生活具有指导性，化抽象为具体。

第二节　培训场地的布置

培训场地布置是指根据培训内容、培训师风格和学员人数、培训目标等因素，以教室、会议室、报告厅为主体来进行的房间布局设计。一般而言，培训场地布置应遵循的原则如图5-7所示。

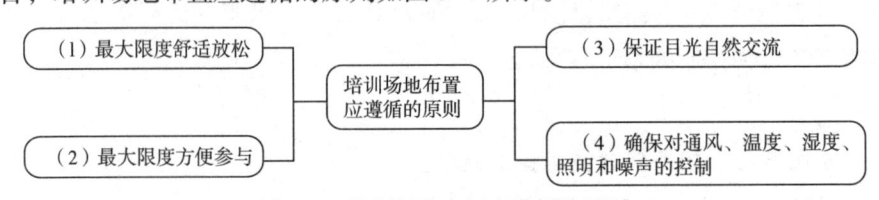

```
(1) 最大限度舒适放松 ──┐              ┌── (3) 保证目光自然交流
                      ├─ 培训场地布置 ─┤
(2) 最大限度方便参与 ──┘   应遵循的原则 └── (4) 确保对通风、温度、湿度、
                                              照明和噪声的控制
```

图5-7　培训场地布置应遵循的原则

一、讲座式布局

讲座式布局如图5-8所示。

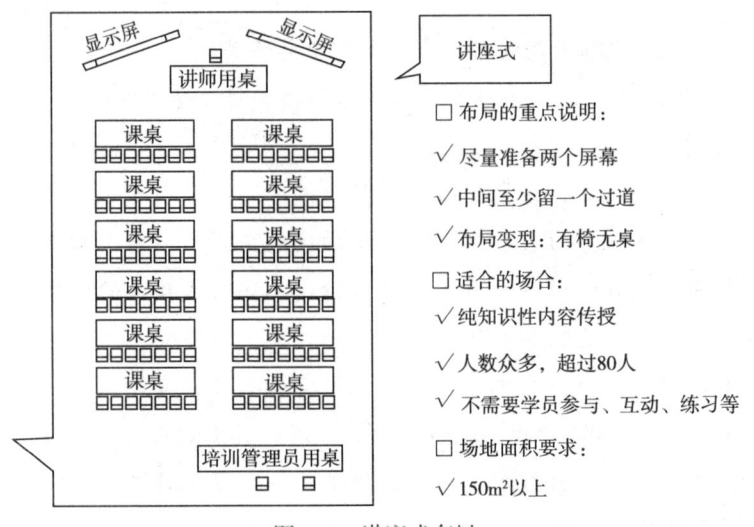

讲座式
□ 布局的重点说明：
✓ 尽量准备两个屏幕
✓ 中间至少留一个过道
✓ 布局变型：有椅无桌
□ 适合的场合：
✓ 纯知识性内容传授
✓ 人数众多，超过80人
✓ 不需要学员参与、互动、练习等
□ 场地面积要求：
✓ 150m²以上

图5-8　讲座式布局

讲座式布局适合规章制度类、流程步骤类和产品介绍类的培训，可容纳培训学员人数较多，培训重在信息的传递；缺点是环境封闭，不利于培训师与学员沟通。

二、鱼骨形布局

鱼骨形布局如图 5-9 所示。

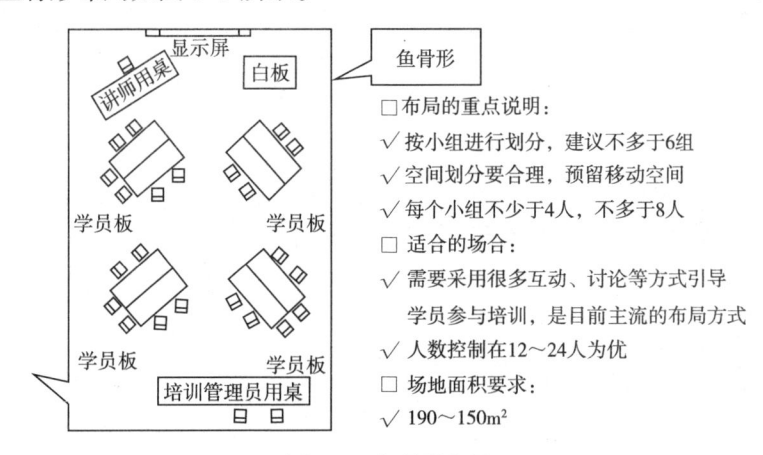

图 5-9　鱼骨形布局

鱼骨形布局的重点说明：
- √ 按小组进行划分，建议不多于6组
- √ 空间划分要合理，预留移动空间
- √ 每个小组不少于4人，不多于8人
- □ 适合的场合：
- √ 需要采用很多互动、讨论等方式引导学员参与培训，是目前主流的布局方式
- √ 人数控制在12～24人为优
- □ 场地面积要求：
- √ 190～150m²

鱼骨形布局是较主流的培训场地布局方式，适合大多数培训项目，便于学员参与，培训师与学员互动性强，利于学员分组讨论、交流。

三、U 形布局

U 形布局如图 5-10 所示。

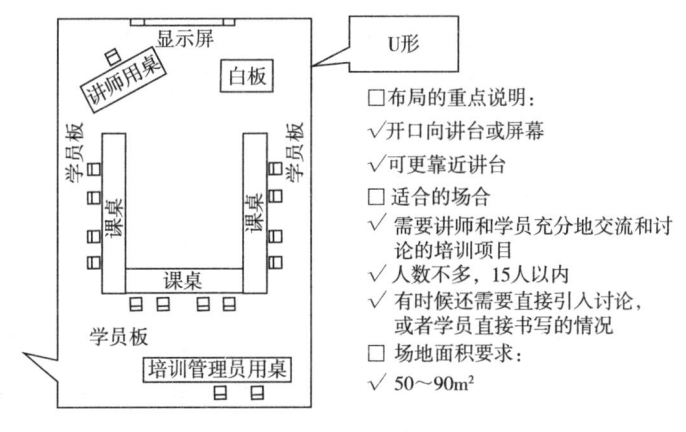

U 形布局的重点说明：
- √ 开口向讲台或屏幕
- √ 可更靠近讲台
- □ 适合的场合
- √ 需要讲师和学员充分地交流和讨论的培训项目
- √ 人数不多，15人以内
- √ 有时候还需要直接引入讨论，或者学员直接书写的情况
- □ 场地面积要求：
- √ 50～90m²

图 5-10　U 形布局

U形布局更加便于学员与培训师开展充分的讨论和交流，这种布局适用于互动和参与型非常强的、人数不多的培训，也可用于需要全体学员充分讨论交流的培训项目。

四、室内拓展式布局

室内拓展式布局如图 5-11 所示。

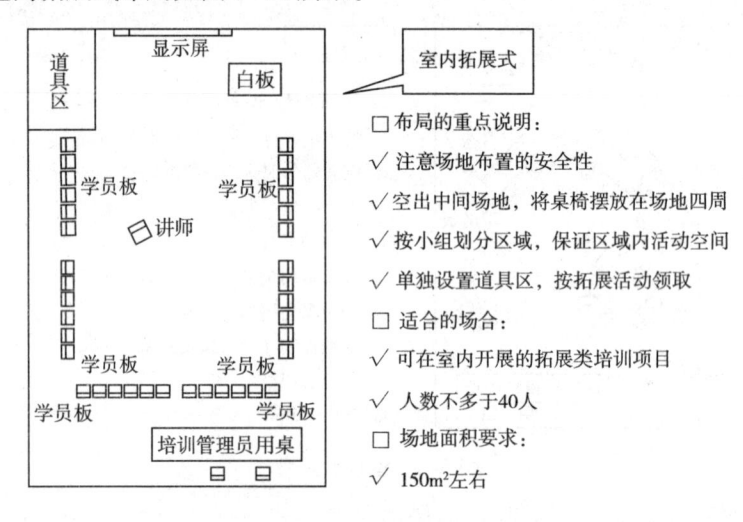

```
道具区    显示屏
         白板
                        室内拓展式

学员板    学员板         □ 布局的重点说明：
                        √ 注意场地布置的安全性
      讲师              √ 空出中间场地，将桌椅摆放在场地四周
                        √ 按小组划分区域，保证区域内活动空间
                        √ 单独设置道具区，按拓展活动领取
学员板    学员板         □ 适合的场合：
                        √ 可在室内开展的拓展类培训项目
学员板    学员板         √ 人数不多于40人
                        □ 场地面积要求：
   培训管理员用桌         √ 150m²左右
```

图 5-11 室内拓展式布局

室内拓展式布局首要关注的是安全性，这也是拓展类培训的第一考虑要素；室内拓展式布局便于学员在足够开阔的空间内完成任务，同时也给学员提供一定的区域进行讨论、分享和展示。

以上各类场地布局各有特色。一般而言，希望培训秩序第一并保持多数人的学习行为，首选鱼骨形布局；希望发动学员积极讨论，首选U形布局；希望限制学员间相互交流、提高其独立处理问题的能力，首选讲座式布局；室内拓展类培训，首选室内拓展式布局。

【答疑解惑】

问1：如何选择培训场地？

【解答】对讲师和新进员工来说，培训场所是十分重要的。舒适的环境会令新进员工的学习效率提升。培训场所的选择要遵循一个原则，即保证培训实施的过程不受任何干扰。具体选择培训场地时应考虑以下三个方面的因素。

（1）培训场所的空间。空间要足够大，能够容纳全部新进员工并配有相关设施，并且保证每个学员有足够的活动空间。

（2）培训场所的配套设施。培训场所的电子设备、音响等条件应当符合培训的要求。

（3）培训场所的整体环境。培训场所的室内环境和气氛会影响员工的情绪，继而影响培训效果。因此，在布置培训场所时，应尽量采用明亮的颜色。培训场所的温度、噪声、通风、光线等条件也应良好。

培训场所是影响培训实施的一个重要因素，培训负责人应选择好培训场所，并对其进行适当的布置，尽量创造一个愉快、舒适、有利于培训展开的场所。

问2：培训需求固定后，该如何选择场地布局？

【解答】当企业和培训需求固定后，不存在最好的场地布局，只存在最合适的场地布局，这就要求企业从实际出发，具体问题具体分析，为培训选择量身定制的场地布局方式。

第三节 培训实施流程

一、培训实施前的准备

企业培训项目的实施，涉及多部门、多人员、多资源的组织和协调，前期的准备工作烦琐复杂，准备工作是否到位对培训质量有直接影响。因此，培训实施前的准备工作并不是辅助性的、无足轻重的、次要的工作，必须引起高度重视。以下从培训资料准备、设备设施准备、后勤服务准备、人员准备四个方面来加以说明。

1.培训资料准备

培训资料准备如图5-12所示。

培训资料准备

- 培训教材,由培训主办方提供,根据参加培训人数印刷
- 领导发言稿,由受训方相关部门提供
- 签到册、培训指南(含培训场地周边交通、餐饮、旅游景点、购物景点等)和培训日程(至少预留出半天至1天的机动时间,供受训学员自行安排)
- 准备展板、广告牌、条幅、易拉宝等宣传物料
- 按受训人数准备培训礼品,包括培训师
- 培训学员证的制作

图 5-12　培训资料准备

2. 设备设施准备

设备设施准备如图 5-13 所示。

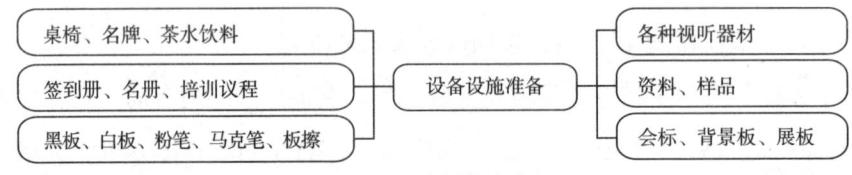

设备设施准备:
- 桌椅、名牌、茶水饮料
- 签到册、名册、培训议程
- 黑板、白板、粉笔、马克笔、板擦
- 各种视听器材
- 资料、样品
- 会标、背景板、展板

图 5-13　设备设施准备

3. 后勤服务准备

后勤服务准备如图 5-14 所示。

后勤服务准备:

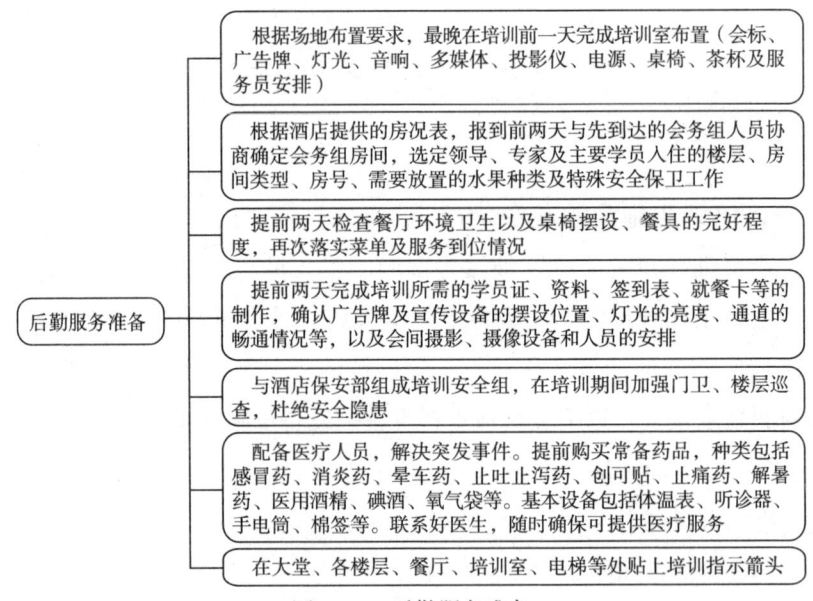

- 根据场地布置要求,最晚在培训前一天完成培训室布置(会标、广告牌、灯光、音响、多媒体、投影仪、电源、桌椅、茶杯及服务员安排)
- 根据酒店提供的房况表,报到前两天与先到达的会务组人员协商确定会务组房间,选定领导、专家及主要学员入住的楼层、房间类型、房号、需要放置的水果种类及特殊安全保卫工作
- 提前两天检查餐厅环境卫生以及桌椅摆设、餐具的完好程度,再次落实菜单及服务到位情况
- 提前两天完成培训所需的学员证、资料、签到表、就餐卡等的制作,确认广告牌及宣传设备的摆放位置、灯光的亮度、通道的畅通情况等,以及会间摄影、摄像设备和人员的安排
- 与酒店保安部组成培训安全组,在培训期间加强门卫、楼层巡查,杜绝安全隐患
- 配备医疗人员,解决突发事件。提前购买常备药品,种类包括感冒药、消炎药、晕车药、止吐止泻药、创可贴、止痛药、解暑药、医用酒精、碘酒、氧气袋等。基本设备包括体温表、听诊器、手电筒、棉签等。联系好医生,随时确保可提供医疗服务
- 在大堂、各楼层、餐厅、培训室、电梯等处贴上培训指示箭头

图 5-14　后勤服务准备

4.人员准备

人员准备工作如表 5-8 所示。

表 5-8 人员准备工作

人员	准备工作
培训接待员	负责签到登记、咨询、引导（至房间、餐厅、电梯、培训室）等工作
培训督导员	负责落实培训室布置、茶水供应及服务工作
摄影师	负责培训摄影、合影及通讯稿文字材料撰写工作
交通员	根据培训实到人数，落实车况好、驾驶技术好的配套车辆，同时负责培训临时接待服务工作
旅游生活员	根据学员人数安排旅游接待服务和培训期间的生活服务
财务人员	负责发票的开具工作

二、培训实施流程

按培训实施的时间主线，可将培训实施流程归纳如下：

1.培训接站

培训报到前一天，安排全天候接站，在车站、机场设立醒目的接站牌，地点以正门出站口和行李提取处为优。

2.培训报到

培训报到工作如图 5-15 所示。

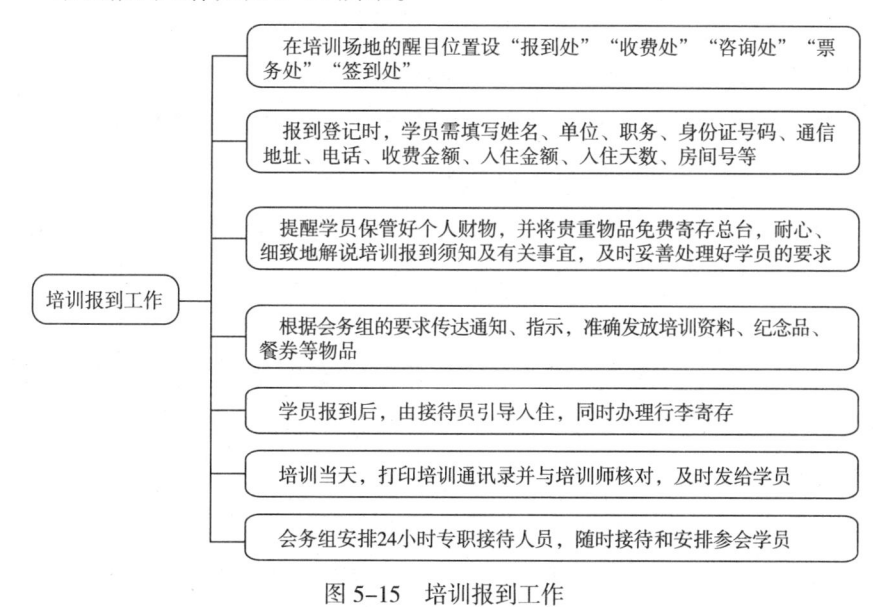

```
                    ┌─ 在培训场地的醒目位置设"报到处""收费处""咨询处""票务处""签到处"
                    │
                    ├─ 报到登记时，学员需填写姓名、单位、职务、身份证号码、通信地址、电话、收费金额、入住金额、入住天数、房间号等
                    │
                    ├─ 提醒学员保管好个人财物，并将贵重物品免费寄存总台，耐心、细致地解说培训报到须知及有关事宜，及时妥善处理好学员的要求
培训报到工作 ──────┤
                    ├─ 根据会务组的要求传达通知、指示，准确发放培训资料、纪念品、餐券等物品
                    │
                    ├─ 学员报到后，由接待员引导入住，同时办理行李寄存
                    │
                    ├─ 培训当天，打印培训通讯录并与培训师核对，及时发给学员
                    │
                    └─ 会务组安排24小时专职接待人员，随时接待和安排参会学员
```

图 5-15 培训报到工作

3. 培训期间

培训期间工作如图 5-16 所示。

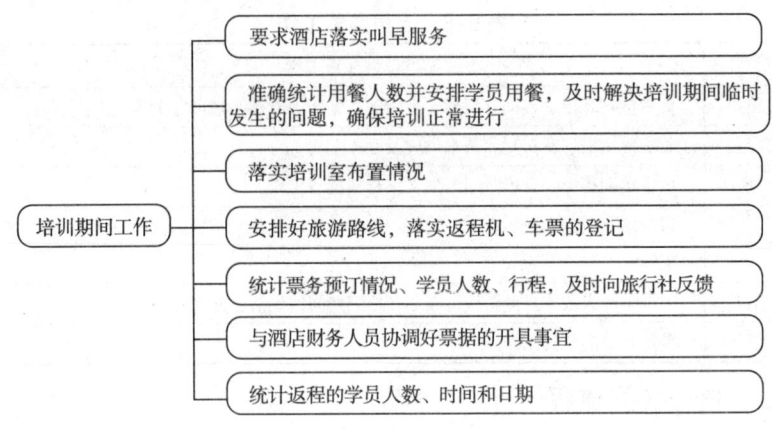

培训期间工作：
- 要求酒店落实叫早服务
- 准确统计用餐人数并安排学员用餐，及时解决培训期间临时发生的问题，确保培训正常进行
- 落实培训室布置情况
- 安排好旅游路线，落实返程机、车票的登记
- 统计票务预订情况、学员人数、行程，及时向旅行社反馈
- 与酒店财务人员协调好票据的开具事宜
- 统计返程的学员人数、时间和日期

图 5-16　培训期间工作

4. 培训结束

培训结束工作如图 5-17 所示。

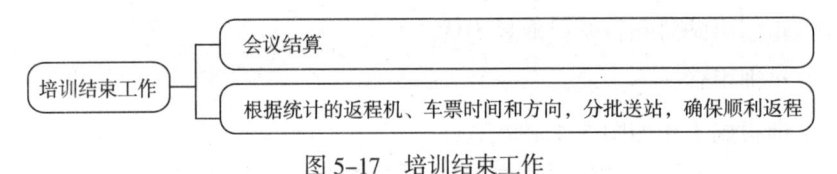

培训结束工作：
- 会议结算
- 根据统计的返程机、车票时间和方向，分批送站，确保顺利返程

图 5-17　培训结束工作

案例 5-2　员工周末参加内部培训应该支付加班费吗？

某公司为大型超市的供货商，每月安排 2 个周六进行公司内部培训，召开沟通会议，发布公司销售排名等，并且要求公司所有员工必须参加，不参加者罚款 50 元。有员工提出应该按加班处理，公司辩解这 2 天只是给员工培训和开会，并没有让员工工作，所以不应该支付加班费。

请问：该公司的说法是否合理？

【解析】根据《中华人民共和国劳动法》(以下简称《劳动法》)规定，用人单位不得违反《劳动法》规定延长劳动者的工作时间。加班加点是员工按照用人单位的要求，为了用人单位的直接或间接利益，在工作时间以外提供额外劳动。确定员工是否属于加班加点，一般可依照以下几点来判断：

（1）是否为用人单位所要求或是否体现用人单位的意志。

（2）是否为了用人单位的利益。

（3）是否在标准工作时间之外。

如果符合上述三个条件，应当视作加班加点。

以上案例中，首先，内部培训和开会是公司要求的，体现了单位的意志；其次，该公司内部沟通和培训是利用休息时间进行的，超出了标准工作时间；最后，员工通过培训提升了技能，或者明确了业务流程、规则等，有利于更好地开展工作，直接或间接为公司创造了经济利益，最终使公司受益。因此，案例中，公司长期利用休息时间培训，应属于加班范畴。

【答疑解惑】

问：如何让公司各级重视培训？

【解答】培训的重要性从理论的角度几乎人尽皆知，但是到了实操层面，总会发现有些人不重视。有的是参训人员自己不当回事，有的是参训人员的直属领导以耽误正常工作为由百般阻挠参训人员受训。要让公司各层级都重视培训工作，需要做到以下几点。

（1）一把手重视是所有工作顺利开展的前提。总经理要亲自挂帅，担任公司培训（员工成长与发展）的第一责任人，要起到模范带头作用，要参与到培训活动的组织中，要在培训课程中担任讲师，要参与评估参训人员受训后的发展和变化。

（2）各部门、各子公司设立培训管理员，保证公司以及各部门的培训工作都有专人负责，培训管理员在做好本岗位工作的前提下，负责本部门的培训需求调查、部门内部培训计划的制订与上报、本部门内部培训的组织与实施及培训后的跟踪与评估，并配合组织公司范围的培训。

（3）部门负责人或子公司负责人分别作为本部门或子公司的培训第一责任人，要积极推动本部门、本公司的培训工作，并将培训工作列入日常工作项目常抓不懈。部门负责人要定期对本部门员工进行应知应会、提高工作能力与方法的培训，督促、指导培训管理员完成部门培训任务。

第四节 培训注意事项

一、培训纪律

纪律就是规则,是要求人们遵守组织所确定的秩序、执行命令和履行职责的一种行为规范,是用来约束人们行为的规章、制度的总称。

为确保培训质量、提高培训效率,应在培训实施前向学员明确培训纪律,具体内容如表5-9所示。

表5-9 培训纪律的具体内容

序号	内容
1	提前10分钟到达指定地点签到
2	培训期间体现自己的素质和修养,注意仪容仪表整洁,与其他学员互相问好,以礼相待、团结互助
3	不得出现迟到、早退、旷工等现象
4	请假必须提前以书面形式向部门负责人申请,经同意后方可休假
5	培训期间需带好笔记本、培训教材和笔等学习用品
6	培训时不得谈笑说话、做小动作、吃零食、接听电话、睡觉等,通信工具要调至静音模式,以免干扰培训
7	每一节培训课程结束后,要求学员熟悉、理解培训师所讲的内容,并为培训结束后的考核做好准备
8	每场培训结束后,请带走个人随身物品,将桌椅归位,清理个人卫生区域的垃圾
9	损坏培训设备、设施者,除照价赔偿外,严重者还将追究其法律责任
10	员工参加培训期间的表现,与晋升、加薪及年终奖等挂钩

二、培训安全防范

在一定的空间里进行培训,无论是室内上课还是在野外进行拓展训练,都存在一定的安全隐患。预防是最好的措施,未雨绸缪胜过亡羊补牢。

1. 室内培训的安全防范

室内培训的最大安全隐患就是火灾。因此，在室内培训实施前，有必要向学员普及火灾逃生自救常识。

（1）逃生预演，临危不乱；熟悉环境，牢记出口。培训前可带领学员熟悉消防通道，起码熟悉建筑物火灾人员疏散图，在条件允许的情况下，可以先做一遍火灾预演。也可以在培训场地周边张贴消防通道图、人员疏散图，便于学员随时查看。

（2）通道出口，畅通无阻；扑灭小火，惠及他人。确保消防通道无障碍物、所有消防门没有锁死和阻碍的情况。当火灾初起时，可以利用合适的灭火工具加以扑灭，既可消除自身的危险，又可惠及他人。

（3）镇静辨向，迅速撤离；不入险地，不贪财物。在火势不可阻止时，要第一时间按疏散图从消防通道撤离险境，人身安全放在首位，不要贪恋财物。

（4）简易防护，蒙鼻匍匐；善用通道，莫入电梯。可撕扯衣物做成简易口罩，蒙住口鼻，匍匐撤离火场，避免空气上层的毒烟造成窒息。切记不得从电梯撤离火场。

（5）缓降逃生，滑绳自救；避难场所，固守待援。如果通道被阻，可考虑用衣物、窗帘、电线等物品做成滑绳，在楼层不高的情况下缓降逃生，也可利用排水管道攀爬逃生。若是这些条件都不具备，则应躲在卫生间、厨房等空间较小、结构较牢固、有水源的地方固守待援。

（6）缓晃轻抛，寻求援助；火已及身，切勿惊跑。火灾初起时，往往难以被外界察觉，此时可以利用颜色鲜艳的衣物或纺织品，对外摇晃，以吸引他人注意进而获得救援。在身上已经着火的情况下，不要惊慌奔跑，这样只能让火势越烧越旺，应及时在地上打滚以压灭火势。

2. 室外培训的安全防范

室外培训要特别注意人身安全问题，主要集中在五个方面，如表5-10所示。

表 5-10　室外培训需注意的五个方面

项目	内容
培训器材要可靠	室外培训尤其是野外培训，经常会使用一些特殊的器材，学员通过使用这些器材做一些具有一定危险性的动作，来获得某种体验，进而达到培训的目的。在这个过程中，一定要选用质量可靠的器材来进行培训。在培训实施前，要对器材进行安全检查，确保无误后，方可交由学员使用
保护措施要周密	当学员在器材上做动作的时候，应该在器材的周围或下方设置安全网、防护垫，也可以在学员身上系安全绳。一旦学员出现动作失误、从器材上摔落情况，这些措施能很好地保护他们的人身安全
培训师要专业	在各种培训活动前，应该由培训师负责动作演示和分解讲解，并指导学员做出正确的动作，直到熟练后，学员方可独立活动
行动要统一	严禁学员擅自行动，多数意外都发生在学员不听指挥、擅自行动的情况下，本来可以避免的事故就这样发生了。因此，在培训实施前，必须反复强调纪律的重要性，严禁学员擅自行动
医疗要跟上	培训师（或培训组织方另外挑选的医护人员）要掌握一些常见意外伤害的应对措施，如被蛇蝎蜈蚣咬伤或蜇伤、外伤出血、骨折脱臼、触电、中暑等意外情况，同时应备有紧急医药箱

【答疑解惑】

问：签订培训协议（合同）时有哪些注意事项？

【解答】

（1）企业应保存好原始凭证作为证据，可在劳动合同中约定好某些细节内容。例如，徐某于2015年3月进入某管理顾问有限公司，合同期为2015年3月至2017年12月30日。合同中约定员工解除合同的培训费赔偿方式。

（2）企业委派员工出国培训，应尽可能让员工到投资方的外商方总部受训，以便管理。若条件不成熟，企业与国际培训机构签订的委托培训协议中要约定保证受训人员回国、回委托企业的有关事宜。例如，培训合格证书、职称证书等应交给企业，由企业发给经委派培训的员工。尽量避免受训人员在培训期间发生跳槽、出逃等事件。

第六章
培训效果评估与成果转化

第一节　什么是培训效果评估

一、培训效果评估的定义

培训效果评估，即培训评估，是一个系统地收集有关人力资源开发项目的描述性和评判性信息的过程，其目的是有利于帮助单位在选择、调整各种培训活动以及判断其价值的时候做出更明智的决策。培训评估的含义有狭义和广义之分，如图6-1所示。

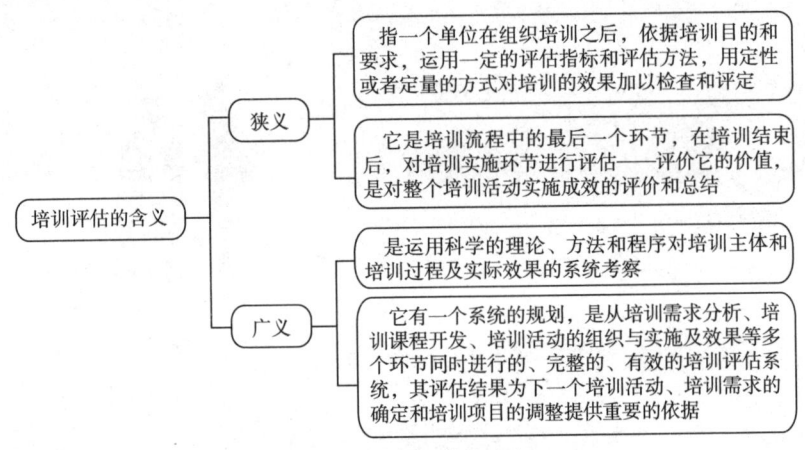

培训评估的含义
- 狭义
  - 指一个单位在组织培训之后，依据培训目的和要求，运用一定的评估指标和评估方法，用定性或者定量的方式对培训的效果加以检查和评定
  - 它是培训流程中的最后一个环节，在培训结束后，对培训实施环节进行评估——评价它的价值，是对整个培训活动实施成效的评价和总结
- 广义
  - 是运用科学的理论、方法、程序对培训主体和培训过程及实际效果的系统考察
  - 它有一个系统的规划，是从培训需求分析、培训课程开发、培训活动的组织与实施及效果等多个环节同时进行的、完整的、有效的培训评估系统，其评估结果为下一个培训活动、培训需求的确定和培训项目的调整提供重要的依据

图6-1　培训评估的含义

培训效果评估是企业培训工作最终的也是极为重要的一个阶段。一个企业完整的培训体系包括培训需求分析，培训规划、项目与课程设计、教材与师资开发，培训活动的组织与实施，以及培训效果评估等环节。

培训评估在现代培训管理中，贯穿于培训的整个过程，起着承上启下的作用。培训评估通过建立培训效果评估指标和标准体系，对培训是否达成了预期目标，培训计划是否有效实施等进行全面的检查、分析和评价，然后将评估结果反馈给主管部门，作为以后制订、修订培训计划，以及进行培训需求分析的依据。

二、培训评估的基本原则

1. 客观性原则

在培训评估过程中，评估指标的设计、权重的确定以及具体的定性、定量分析，均应尽量避免评估人的主观因素对评估结果的影响，不仅要由有关专家或专业管理者、培训人员进行打分和评判，还需将接受培训者的意见纳入评估的考察范围。在采用定性、定量相结合的评估方式时，要适当增加可量化指标权重，淡化评估的主观性。

2. 综合性原则

培训评估体系在目标考核层面，不单要评估预期目标的实现情况，由培训效果产生的非预期目标也应在评估结果中得以反映；不仅要评估培训方案制定者的目标实现情况，还要与接受培训者的需求相结合，评估培训活动是否有助于实现接受培训者的预期目标。

在对培训结果考核时，要从接受培训者个人培训目标实现及培训对组织发展影响两方面进行综合测评；在选择评估方法时，应避免单一的定性或定量考核。一般来讲，定性评估多针对接受培训者在接受培训后的态度和行为的改变，定量评估在计算培训为企业带来的收益方面优势较明显，因此，两种评估方式的结合可使评估更为全面和客观。

3. 灵活性原则

即要根据评估目标、评估对象以及评估周期确定评估方法的采用。同时，接受评估者应享有对评估方案的话语权，评估制定者应在广泛采纳评估对象意见的前提下，根据具体情况制定科学的评估方法，并通过在实践中的运用收集反馈信息以改进评估方案。

三、培训评估体系的构成

根据企业培训的特点，培训评估体系一般由三个模块组成，如表6-1所示。

表 6-1 培训评估体系的构成

项目	内容
培训前期评估	（1）培训需求整体评估，即年初培训主管部门要求各业务职能部门提交年度培训需求，由培训主管部门对相关培训需求进行评估，提交领导层决策后组织实施 （2）培训方案设计评估，即各业务职能部门在组织培训项目前，向培训主管部门提交培训实施方案，培训主管部门对其可行性、实效性、可操作性等方面进行全面评估，并按"三性"原则对培训方案提出修改意见，方案审核评估通过后方可进入实质性操作阶段
培训实施过程评估和效果评估	（1）培训实施过程评估，采取委派专人跟班评估和委托主办部门评估两种模式。原则上，培训主管部门在各专业培训班开班、培训进行中和培训班结束三个阶段，均委派专人到培训班现场进行评估考察，同时委托主办部门全程跟踪评估。评估要素包括培训组织准备工作情况、培训学员参与培训情况、培训内容和形式、培训师和培训组织者的工作状况、培训进度和中间效果、培训环境和培训设施等，评估采取现场考察和问卷调查等形式进行 （2）培训效果评估，是在培训结束后通过问卷调查对培训效果的综合评估，这个环节也是整个培训评估体系的核心部分。调查问卷整体上分为三部分，即参训者基本信息、参训者对培训班的满意程度、参训者对培训班的建议及需求。问卷除设计要求参训者填写的个人基本情况外，充分考虑到培训完成后参训者个人的感受，突出培训对实际工作的促进情况，将员工个人培训需求与所在部门实际工作要求相结合，从主客观两个方面共同评估培训效果。要求学员在培训结束时填写调查问卷，由培训主管部门收集汇总，并撰写培训评估报告
培训评估结果反馈	（1）将培训评估报告和总结的内容，特别是报告中关于培训班的成功经验、主要不足以及学员对培训班的建议和意见及时反馈到专业职能部门，并签报领导层审阅 （2）以经验交流材料的形式发送到各职能部门传阅，便于各部门相互借鉴，共同提高培训效能 （3）将培训评估结果进行归纳整理、存档，作为年终对各职能部门举办培训班进行评比以及今后申请举办类似培训审核的参考依据

四、培训效果评估的作用

培训效果评估可以分为三个阶段，即培训前的评估、培训中的评估和培训后的评估，各阶段的主要作用如表 6-2 所示。

表 6-2 培训效果评估的作用

不同阶段	具体作用
培训前	（1）保证培训需求确认的科学性 （2）确保培训计划与实际需求的合理衔接 （3）帮助实现培训资源的合理配置 （4）保证培训效果测定的科学性
培训中	（1）保证培训活动按照计划进行 （2）培训执行情况的反馈和培训计划的调整 （3）找出培训的不足，归纳出教训，以便改进今后的培训，同时能发现新的培训需要，从而为下一轮的培训提供重要依据 （4）过程监测和评估有助于科学解释培训的实际效果

续表

不同阶段	具体作用
培训后	（1）对培训效果进行正确合理的判断，以便了解某一项目是否达到原定的目标和要求 （2）受训人知识技术能力的提高或行为表现的改变是否直接来自培训的本身 （3）可以检查出培训的费用效益，评估培训活动的支出与收入的效益如何，有助于使资金得到更加合理的配置 （4）可以较客观地评价培训者的工作 （5）可以为管理者决策提供所需的信息

五、培训评估报告

撰写评估报告的目的是向那些没有参与评估的人提供评估结论并对此做出解释。一般情况下，组织的主管人员会对培训的产出感兴趣，而那些要求对其雇员进行培训的部门领导则会关注培训时期雇员的效果。制作评估报告正是向这些不同的需要者提供关于培训的有关情况、评估结论及其建议。评估报告的具体内容如表 6-3 所示。

表 6-3 评估报告的具体内容

内容	内容解释
导言	（1）说明评估实施的背景，即被评估的培训项目的概况。例如，被评估培训项目的性质是什么；哪些人掌管培训机构；培训已进行多长时间；哪些因素阻碍了培训的顺利进行；受培训者对培训的参与状况如何；撰写者应该通过对这些问题的回答，使读者对被评估的培训项目有大致的了解 （2）撰写者要介绍评估目的和评估性质。评估实施的目的是评定培训参与者的绩效，还是提高培训参与者的参与程度，抑或是为了改善组织关系；评估者着重进行的是需求分析、过程分析，或是产出分析、成本－效益分析 （3）撰写者必须说明此评估方案实施以前是否有过类似的评估。如果有，评估者能从以前的评估中发现哪些缺陷与失误
概述评估实施过程	评估实施过程是评估报告的方法论部分。撰写者要交代清楚评估方案的设计方法、抽样及统计方法、资料收集方法和评估所依据的量度指标。说明评估实施过程是为了使读者对整个评估活动有大概的了解，从而为读者对评估结论的判断提供一个依据
阐明评估结果	结果部分与方法论部分是密切相关的，撰写者必须保证两者之间的因果关系，不能出现牵强附会现象
解释、评论评估结果和提供参考意见	这部分涉及的范围比较宽泛。例如，在需求评估中，进行培训的理由是否充足；在总结性评估中，赞成或反对继续培训的理由是什么；在建设性评估中，应该采取哪些措施改善培训；在成本－效益评估中，报告撰写者应该指明能否用其他培训方案更经济地达成同样的结果。撰写者还可以讨论培训的充分性，如培训是否充分地满足了受训者的多方面需求、满足到什么程度
附录	附录的内容包括收集和分析资料用的图表、问卷、部分原始资料等。附录的目的是让别人可以鉴定研究者收集和分析资料的方法是否科学、结论是否合理

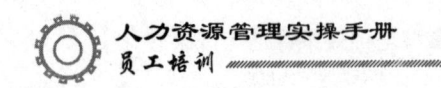

续表

内容	内容解释
报告提要	提要是对报告要点的概括，是为了帮助读者迅速掌握报告的要点，要求简明扼要。在内容上要注意主次有别，详略得当，构成有机联系的整体。因此，在撰写前应当认真拟定写作提纲，按照一定的主题及顺序安排内容

【答疑解惑】

问：如何做出一份优秀的培训效果评估？

【解答】做培训效果评估之前要明白培训的目的。在企业，培训的着力点是提升工作业绩，因此培训要有效果，培训评估的意义也在此。做一份让领导满意的培训效果评估，需要注意以下四个方面：

（1）培训效果评估要重点评估员工个人发生的变化，也就是培训后员工个人绩效的提升，不仅仅是量化业绩指标，还包括精气神。

（2）培训效果评估要展示给公司看，那么评估报告的内容要翔实，能数据化的最好数据化。

（3）培训效果评估要和绩效、招聘挂钩，每次评估结束，发现培训改善不了的人，需要通过绩效考核确定并淘汰，还需要通过改善招聘环节来减少培训的无用功。

（4）让领导满意的培训效果评估报告，要有条理，有图表，重点明确。

第二节 培训评估方案设计、实施与反馈

一、培训评估体系的总体设计

一个全面的培训评估，不仅包括对课程、师资、时间、环境等培训方案的评价，还包括对培训需求、培训的短期/长期效果以及后续追踪情况等的考察，需要利用多种评估工具，从培训的各个方面进行细致、全面的分析评价。

企业培训评估体系的总体设计，一般应包括的内容如图6-2所示。

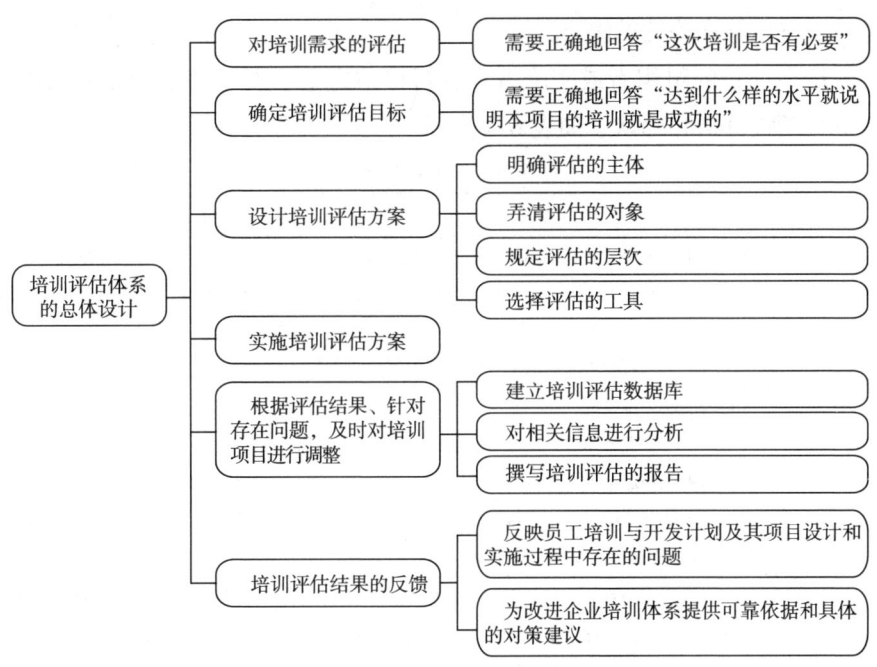

```
培训评估体系的总体设计
├─ 对培训需求的评估 ── 需要正确地回答"这次培训是否有必要"
├─ 确定培训评估目标 ── 需要正确地回答"达到什么样的水平就说明本项目的培训就是成功的"
├─ 设计培训评估方案 ┬─ 明确评估的主体
│                    ├─ 弄清评估的对象
│                    ├─ 规定评估的层次
│                    └─ 选择评估的工具
├─ 实施培训评估方案
├─ 根据评估结果、针对存在问题，及时对培训项目进行调整 ┬─ 建立培训评估数据库
│                                                          ├─ 对相关信息进行分析
│                                                          └─ 撰写培训评估的报告
└─ 培训评估结果的反馈 ┬─ 反映员工培训与开发计划及其项目设计和实施过程中存在的问题
                       └─ 为改进企业培训体系提供可靠依据和具体的对策建议
```

图 6-2　企业培训评估体系的总体设计

二、培训评估方案的设计

1. 培训需求评估

实施培训需求的评估，首先要由评估人员重新进行培训需求分析，即通过培训需求分析来决定受训人员的知识、技能、态度等方面的不足。可以从受训人员及其直接上司、公司三个方面来收集培训需求信息。

对受训人员要进行工作分析，找出工作中的疏漏以及负责该项工作的人经常存在的失误，并了解受训人员的兴趣和发展方向，从而确定培训需求。这个过程可采用问卷调查、小组访谈和工作跟踪等方法。此外，也可以从受训人员的直接上司处了解受训人员的绩效水平等信息，或者通过参加公司会议、研究会议纪要等方式，综合考虑企业总体发展战略的总目标和总任务，从而有预见性地确定培训需求。同时，还要对工作效率低的部门及员工所在的工作环境实施调查，从而确定环境是否也对工作效率有所影响。

完成需求分析后，将评估人员的分析结果和培训方案中的需求分析作比较，从而判断所评估的培训计划项目的需求分析是否妥当。

2. 作出培训评估的决定

培训项目的组织者或实施者在进行评估之前,要对评估的目的与可行性进行调查分析和确认,如表6-4所示。

表6-4 培训评估的决定

项目	内容
确定评估的目的	它是一个决策者和培训项目管理者向评估者表达评估意图的过程。在进行培训评估之前一定要明确评估的目的。评估的基本目的是满足企业管理的需要,而管理者可能会因下列三个目的中的任意一个(或几个)而需要有关信息和评价: (1)了解有关方案的情况,包括培训项目是否有利于增进组织员工的绩效、培训项目是否能进一步改进 (2)使管理者知道方案已确实提供并实施,如果没有提供,则让管理者明白采取何种措施来代替这个方案 (3)就继续还是中止,推广还是限制该方案作出决策;结合管理者的意图,明确相关的培训评估目的,这样才能使评估报告有价值
评估的可行性分析	通过收集的相关资料确定评估是否有价值以及是否有必要进行。在进行培训项目的评估之前,要确定评估是否有价值,评估是否有必要进行,这个过程可以有效地防止不必要的浪费。可行性分析包括: (1)决定该培训项目是否交由评估者评估 (2)了解项目实施的基本情况,为以后的评估设计奠定基础
明确评估的操作者和参与者	评估操作者可分为外部评估操作者和内部评估操作者,决策者应当充分考虑其优缺点进行选择;还要明确评估的参与者,评估过程并非评估者的事情,它涉及培训对象、培训领导者、培训管理人员及外部参与者

3. 培训评估方案设计

(1)选择培训评估人员。选择评估人员是指选择受训人员的上下级或培训管理者等,让他们对受训人员的培训效果进行评价。这样可以从不同角度有效地了解学员的工作态度或其培训后行为的改变。需要注意的是,各类评估人员对评估标准的认识容易掺杂主观因素。因此,为了获得客观公正的认识,必要时应当对评估人员进行短期培训,统一评估标准,以提高评估质量。

评估者主要分为内部评估者和外部评估者。内部评估者来自组织内部,可属于组织专门从事评估的部门,也可能临时从其他部门抽调出来从事该项目的评估工作。外部评估者是来自组织之外的评估工作者,如来自研究机构或专门的评估咨询公司等。两者的优势比较如图 6-3 所示。

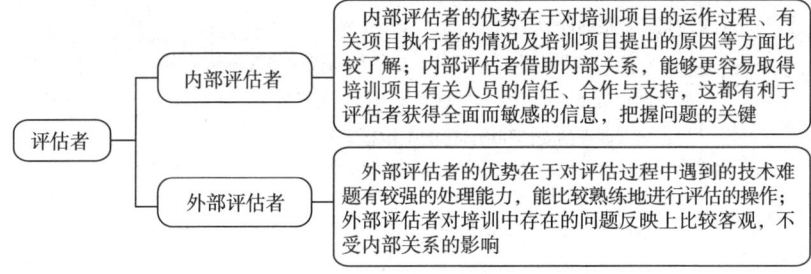

```
评估者 ┬ 内部评估者 — 内部评估者的优势在于对培训项目的运作过程、有
        │              关项目执行者的情况及培训项目提出的原因等方面比
        │              较了解；内部评估者借助内部关系，能够更容易取得
        │              培训项目有关人员的信任、合作与支持，这都有利于
        │              评估者获得全面而敏感的信息，把握问题的关键
        │
        └ 外部评估者 — 外部评估者的优势在于对评估过程中遇到的技术难
                       题有较强的处理能力，能比较熟练地进行评估的操作；
                       外部评估者对培训中存在的问题反映上比较客观，不
                       受内部关系的影响
```

图 6-3 内部评估者和外部评估者的比较

（2）选定培训评估对象。选定评估对象，才能有效地针对这些具体的评估对象开发有效的问卷、考试题、访谈提纲等。因此，不一定要对所有的培训进行评估。主要应针对以下情况进行评估：

①新开发的课程应着重于培训需求、课程设计、应用效果等方面。

②新教员的课程应着重于教学方法、质量等综合能力方面。

③新的培训方式应着重于课程组织、教材、课程设计、应用效果等方面。

（3）确定评估层次。培训评估层次的确定，可应用科克帕蒂克（Kirkpartrik）的四层次模型，即反应层、学习层、行为层和结果层。由于参加一次这样的培训对受训人员的行为和组织效率不可能产生立竿见影的效果，一般可将本次评估的层次确定在前两个层次，即反应层和学习层。

（4）选择评估内容。企业培训评估的内容如表 6-5 所示。

表 6-5 培训评估的内容

项目	内容
培训前的评估	培训需求的整体评估 培训对象的知识、技能和工作态度评估 培训对象的工作成效及其行为评估 培训计划的可行性评估
培训中的评估	培训活动参与状况的评估，包括目标群体的确认、培训项目的覆盖效率、培训对象参与热情和持久性等 培训内容的评估，包括培训课程构成、培训强度、培训量、培训频率和时间安排等 培训进度与中间效果的评估，包括培训组织准备工作评估、培训学员参与情况评估、培训内容和形式的评估、培训师和培训工作人员评估，以及培训设备设置和应用评估等

续表

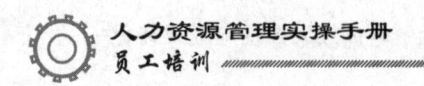

项目	内容
培训中的评估	培训环境的评估 培训机构和培训人员的评估，包括培训机构的规模和结构特征、内部分工状况、服务网点分布、培训机构的领导机制以及沟通能力和协调机制，培训师的素质和能力，培训课程的安排和培训师的工作态度等
培训后的评估	培训目标达成情况的评估 实施培训效果效益的综合评估 培训主管工作绩效的评估 受训者知识技能的提高与接受培训的相关度评估

（5）建立培训评估数据库。进行培训评估之前，培训主管必须将培训前后发生的数据收集齐备，因为培训数据是培训评估的对象。培训的数据按照是否用数字衡量的标准可以分为两类：硬数据和软数据。硬数据是对改进情况的主要衡量标准，以比例的形式出现，是易于收集的事实数据，具体又可以分为产出、质量、成本和时间四大类，它们都是具有代表性的业绩衡量标准。而在难以得到硬数据的情况下，软数据就很有意义。常用的软数据包括：工作习惯、氛围、新技能、发展、满意度和主动性。

（6）确定方案及测试工具。评估方案构成了整个评估过程的框架，测试工具则提供收集数据、获取信息的途径。评估方案和测试工具与培训项目、培训对象的匹配程度直接决定了培训评估能否取得成功。

评估方法的选择必须适合数据的类型。评估方法的类型包括课程前后的测试、学员的反馈意见、对学员进行的培训后跟踪、采取的行动计划以及绩效的完成情况等，应针对不同的评估内容选择相应的评估方法。

评估规划阶段实际上是评估者利用自己的知识和经验，并结合实际的评估情景进行选择的过程。在选定评估对象和完善评估数据库之后，评估者将面临选择恰当的评估形式，只有在确定评估形式的基础上，才能设计出合理的评估方案并选择正确的测度工具，同时对评估的时机和进度作出准确的判断。评估形式的选择以评估的实际需要以及这种形式评估所具有的特点为依据。

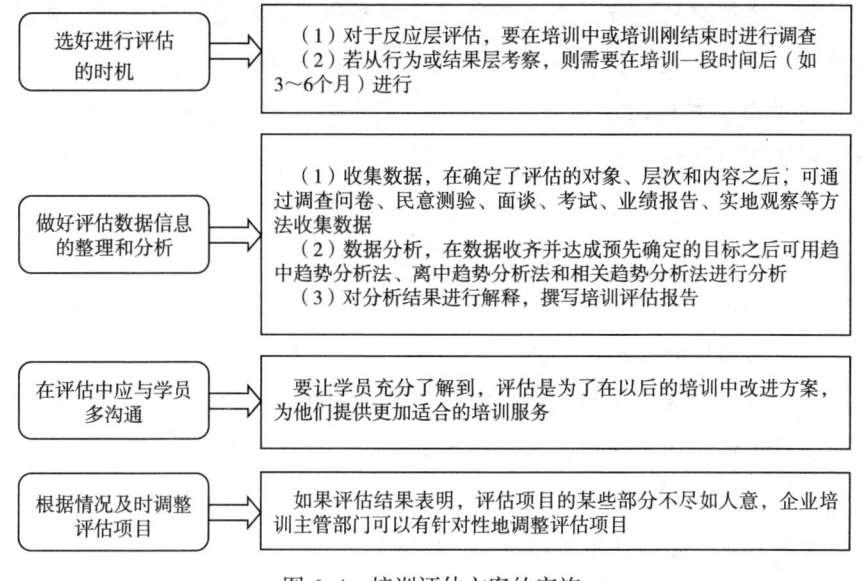

三、培训评估方案的实施

培训评估方案的实施步骤如图6-4所示。

| 选好进行评估的时机 | → | （1）对于反应层评估，要在培训中或培训刚结束时进行调查
（2）若从行为或结果层考察，则需要在培训一段时间后（如3~6个月）进行 |

| 做好评估数据信息的整理和分析 | → | （1）收集数据，在确定了评估的对象、层次和内容之后，可通过调查问卷、民意测验、面谈、考试、业绩报告、实地观察等方法收集数据
（2）数据分析，在数据收齐并达成预先确定的目标之后可用趋中趋势分析法、离中趋势分析法和相关趋势分析法进行分析
（3）对分析结果进行解释，撰写培训评估报告 |

| 在评估中应与学员多沟通 | → | 要让学员充分了解到，评估是为了在以后的培训中改进方案，为他们提供更加适合的培训服务 |

| 根据情况及时调整评估项目 | → | 如果评估结果表明，评估项目的某些部分不尽如人意，企业培训主管部门可以有针对性地调整评估项目 |

图6-4　培训评估方案的实施

四、培训评估结果的反馈

在培训评估过程中，反馈评估结果对培训项目来说具有非常重要的意义。通常有四类人员必须得到培训评估结果，即人力资源培训专员、管理层、学员的直接上司和学员本人。

人力资源部门需要利用评估结果来改进培训项目，提高培训服务水平；管理层需要根据评估结果决定是否继续投入更多的资金用于培训；学员的直接上司需要通过评估结果，掌握学员的学习情况，并以此作为对下属进行绩效考核的参考因素之一；学员更应该知道自己的培训结果，进而取长补短，不断提高自身素质。

温馨提示

影响培训效果的要素

影响培训效果的因素比较多，但归纳起来，主要有培训内容的选择、培训师的选择、员工因素的影响、培训方式的影响及培训环境的影响五大要素。

（1）培训内容的选择。根据公司的需要和目的，结合员工的实际情况，开发和实施有针对性的培训内容是保证培训效果的重要条件。

（2）培训师的选择。企业应该通过试听课程、观看影像资料、考察工作经历和背景以及客户口碑等方法，来了解培训师的具体情况，根据培训的不同需求和不同的培训内容及受训人员状况，选择不同类型的培训师，以达到最佳的培训效果。

（3）员工因素的影响。培训规模和人数是影响培训效果的重要因素之一。关注员工对培训效果的影响因素有助于提升组织培训效果。

（4）培训方式的影响。为了达到预期的培训效果，必须根据培训的内容选择不同的培训方式。

（5）培训环境的影响。好的学习氛围和环境能提升培训效果，同样地，坏的学习环境和氛围会降低学员的学习效果，进而降低培训效果。

案例6-1　如何让员工自愿参加培训？

某贸易公司准备组织部分员工参加外部培训，并给参训员工每人一个培训说明，说明内容包括两部分：一是参加外部培训是公司的一种投资；二是不能让员工觉得这是一种公司福利，并不是每个人都有机会参加。人力资源部门辛辛苦苦为了员工争取培训的机会，但很多员工不领情，不愿意参加培训。

请问，人力资源部门应该如何调动员工的积极性，让员工自愿参加培训？

【解析】作为培训人员，要加强员工的培训参与意识，除了口头的励志口号，让"要我学"变成"我要学"，还要做一些实际的工作。比如，可以将员工的培训实绩和绩效相结合，将是否积极参与培训，并按公司要求完成各项培训任务加入考核中。事实证明，一旦和利益挂钩，相应的工作开展会顺利很多。

也可以换一种思路。人的心理是非常微妙的，越容易得到的东西越不珍惜。既然是外训，那就必定是经过公司及部门挑选的课程，应该是很多员工想要去参加的，这时，可以尝试另一种方法，即实行申请审批制度，发出培训通知，并将培训内容予以公布，让公司员工先进行个人申请，然后经部门审核推荐，最后由人力资源部门及公司领导进行审批。这样一来，员工会认为自己足够优秀,所以公司才派我去参加培训。在这种心态下,员工的参与程度会大不一样,会更加珍惜这次培训的机会。然后公司进行说明、签订培训协议,这样培训工作会顺利很多。

因此,建议企业一方面从形式上让员工觉得此次培训很重要,需要珍惜机会,另一方面注意课程对员工的实用性。

第三节 培训评估标准与指标设计

一、培训评估标准

在培训评估过程中需要解决两个重要问题,一是要判断该培训项目取得何种成果;二是要对这种结果作出正确的评判,即要准确地说明其获得的成果是好还是坏,并坚持 SMART 原则,尽可能采用量化指标作出描述。

在设定培训评价标准时,应当注重评估指标和标准的相关度、信度、区分度和可行性,如表 6-6 所示。

表 6-6 制定培训评估标准的要求

项目	内容
相关度	相关度是指衡量培训成果的标准与培训计划预定训练或学习目标之间的相关性。一般来说,培训计划在设定训练和学习目标时,就已经决定了预期的受训者行为和实施行为所需要的条件,应掌握的知识技能,以及应达到的绩效水平 为了提高评估标准的相关度,应注意达到两个方面的基本要求: ①必须根据该培训计划设定的学习目标来选择培训成果,尽可能使一项培训所需提高的某种技能,要和成功完成一项工作所需的知识技能保持一致 ②在评估中所采集的培训成果信息,必须与受训者在培训项目中实际取得的成果尽可能相似一致
信度	信度是指对培训项目所取得的成效进行测试时,其测量结果的长期稳定程度。信度高的测试结果是指受训者对测试题目的理解和解答,在经过一段时间后并没有发生什么变化。它可以使受训者相信相对于培训前所做的测试分数的提高是由于培训内容的学习,而不是由测试特点或测试环境等因素决定的
区分度	区分度是指受训者取得的成果能真正反映其绩效的差别
可行性	可行性是指在对培训成果进行评估时采集其测量结果的难易程度

二、培训成果评估的重要指标

培训成果评估的重要指标如表 6-7 所示。

表 6-7 培训成果评估的重要指标

指标	内容
认知成果	认知成果可以用来测量受训者对培训项目中所强调的基本原理、程序、步骤、方式、方法或过程等所理解、熟悉和掌握的程度。员工培训的认知成果是学习评估的主要对象和内容，即衡量受训者从培训项目中学到了哪些基本概念、基本原理和基本方法 认知成果一般可以采用笔试或口试的方法来评判
技能成果	技能成果可以用来评价受训者对培训项目中所强调的操作技巧、技术或技能以及行为方式等所达到的水准。员工培训后所获得的技能成果，主要表现在所掌握的技能水平，以及在实践活动中被应用的程度，即技能学习与技能转换两个方面 技能成果可采用现场观察、工作抽样等方法进行评判。现场观察、工作抽样的方法，既可用来评判受训者掌握技能的真实水平，又可以用来评判员工所掌握的技能实际被应用的程度
情感成果	情感成果可以用来测量受训者对培训项目的态度、动机以及行为等方面的特征，如受训者对培训项目的各种反应。反应成果是情感成果的一种具体类型，是受训者对培训项目的感性认识，包括对设施、培训师和培训内容的感觉
绩效成果	绩效成果可以用来评价受训者通过该项目培训对个人或组织绩效所产生的影响程度，同时也可以为企业人力资源开发及培训费用计划等决策提供依据 绩效成果包括由于员工流动率或事故发生率的下降导致的成本降低，以及产品产量、质量的提高或顾客服务水平的改善
投资回报率	投资回报率是指培训项目的货币收益和培训成本的比较。进行培训项目成本收益分析，计算出培训的投资回报率是培训效果评估的一种最常见的定量分析方法

三、科克帕蒂克的评估模型

该评估模型分为四个层级，具体如下：

1. 第一级评估——反应评估

反应评估，即在课程刚结束时，了解学员对培训项目的主观感觉或满意程度。评估目标包括对培训项目的肯定式意见反馈和既定计划的完成情况。反应层面需要评估内容、培训师、方法、材料、设施、场地、报名的程序等。反应评估的优缺点如图 6-5 所示。

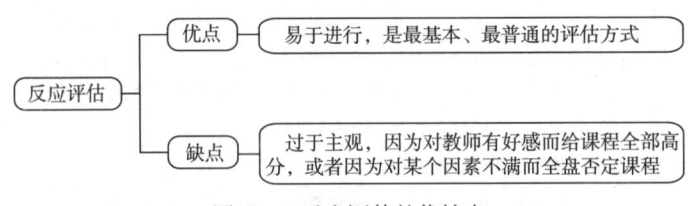

反应评估
- 优点：易于进行，是最基本、最普通的评估方式
- 缺点：过于主观，因为对教师有好感而给课程全部高分，或者因为对某个因素不满而全盘否定课程

图 6-5 反应评估的优缺点

2. 第二级评估——学习评估

学习评估着眼于对学习效果的度量，即评估学员在知识、技能、态度或行为方式方面的收获。评估的方法包括测试、模拟、技能练习和教师评价等。学习评估往往在培训之中或之后进行，由教师或培训辅导员来负责实施。学习评估的优缺点如图 6-6 所示。

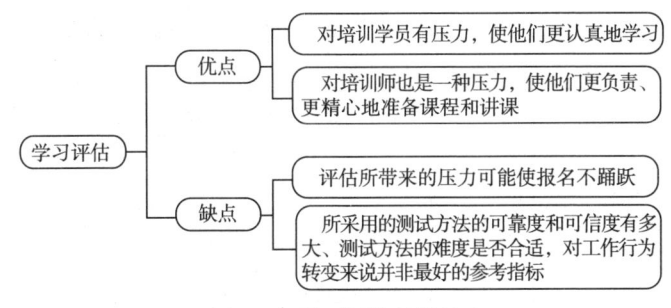

学习评估
- 优点
  - 对培训学员有压力，使他们更认真地学习
  - 对培训师也是一种压力，使他们更负责、更精心地准备课程和讲课
- 缺点
  - 评估所带来的压力可能使报名不踊跃
  - 所采用的测试方法的可靠度和可信度有多大、测试方法的难度是否合适，对工作行为转变来说并非最好的参考指标

图 6-6　学习评估的优缺点

3. 第三级评估——行为评估

行为评估，即评估学员在工作中的行为方式有多大改变。评估方法主要有观察、主管评价、客户评价、同事评价等。行为评估涉及培训和开发人员、区域培训师或地方经理；评估的目标涉及培训的应用领域，包括重要的在岗活动。因此，行为评估非常重要。行为评估的优缺点如图 6-7 所示。

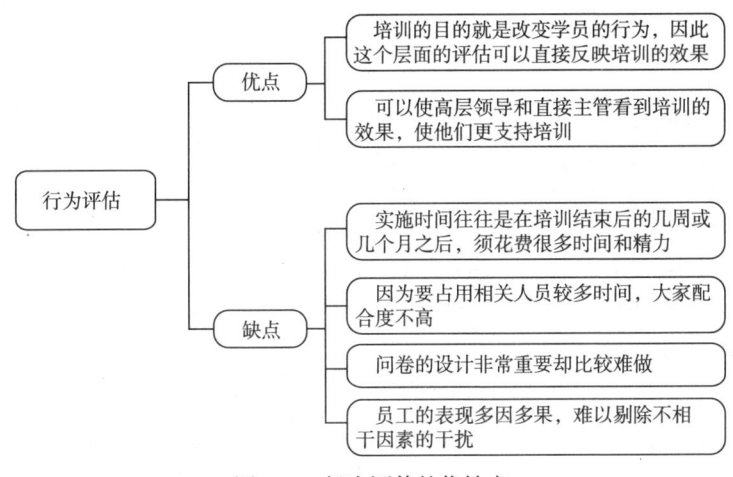

行为评估
- 优点
  - 培训的目的就是改变学员的行为，因此这个层面的评估可以直接反映培训的效果
  - 可以使高层领导和直接主管看到培训的效果，使他们更支持培训
- 缺点
  - 实施时间往往是在培训结束后的几周或几个月之后，须花费很多时间和精力
  - 因为要占用相关人员较多时间，大家配合度不高
  - 问卷的设计非常重要却比较难做
  - 员工的表现多因多果，难以剔除不相干因素的干扰

图 6-7　行为评估的优缺点

4. 第四级评估——结果评估

结果评估，即通过对质量、数量、安全、销售额、成本、利润、投资回报率等企业或学员公司关注的并且可量度的指标进行考查，与培训前进行对照，判断培训成果的转化情况。收集数据所涉及的责任人包括学员本人、主管、区域培训协调员或外部的评估人员。结果评估的优缺点如图 6-8 所示。

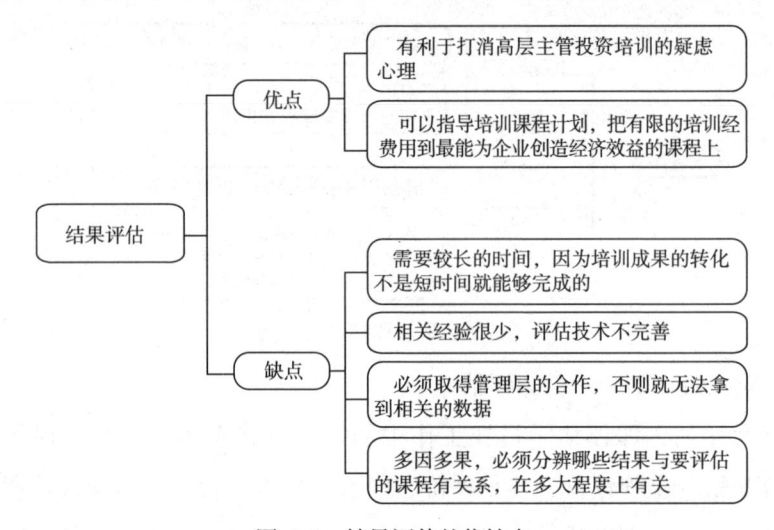

结果评估
- 优点
  - 有利于打消高层主管投资培训的疑虑心理
  - 可以指导培训课程计划，把有限的培训经费用到最能为企业创造经济效益的课程上
- 缺点
  - 需要较长的时间，因为培训成果的转化不是短时间就能够完成的
  - 相关经验很少，评估技术不完善
  - 必须取得管理层的合作，否则就无法拿到相关的数据
  - 多因多果，必须分辨哪些结果与要评估的课程有关系，在多大程度上有关

图 6-8 结果评估的优缺点

四个评估层级的比较如表 6-8 所示。

表 6-8 培训效果四个评估层级的比较

层次	评估内容	评估方法	评估时间	评估单位
反应评估	衡量学员对具体培训课程、培训师与培训组织的满意度	问卷调查、电话调查、访谈法、观察法、综合座谈	课程结束时	培训单位
学习评估	衡量学员对培训内容、技巧、概念的吸收与掌握程度	提问法、角色扮演、笔试法、口试法、演讲、模拟练习与演示、心得报告与文章发表	课程进行时	培训单位
行为评估	衡量学员在培训后的行为改变是否因培训所导致	问卷调查、行为观察、访谈法、绩效评估、管理能力评鉴、任务项目法、360度评估	3个月或半年以后	主管上级
结果评估	衡量培训给公司的业绩带来的影响	个人与组织绩效指标、生产率、缺勤率、离职率、成本效益分析、组织气候等资料分析、客户与市场调查、360度满意度调查	半年或一两年后员工以及公司的绩效评估	学员的单位主管

第四节　培训评估方法与应用

一、培训评估方法的分类

培训评估方法的分类如表 6-9 所示。

表 6-9　培训评估方法的分类

分类		内容
非正式评估与正式评估	非正式评估	非正式评估是指评估者依据自己的主观性判断，而不是用事实和数字来加以证明 优点：增强了信息资料的真实性和评估结论的客观性和有效性；方便易行，几乎不需要耗费额外的时间和资源；不会给受训者造成太大的压力，可以更真实而准确地反映出培训对象的态度变化
	正式评估	正式评估具有详细的评估方案、测度工具和评判标准。在正式评估中，起关键作用的因素是评估方案和测试工具的选择是否恰当 优点：在数据和事实的基础上作出判断，使评估结论更有说服力；容易将评估结论用书面形式表现出来；可将评估结论与最初计划比较核对
建设性评估和总结性评估	建设性评估	建设性评估是指在培训过程中以改进而不是以是否保留培训项目为目的的评估。建设性评估经常是一种非正式的主观评估 优点：有助于培训对象学习的改进，帮助培训对象明白自己的进步，使其产生某种满足感和成就感，发挥激励作用
	总结性评估	总结性评估指在培训结束时，为对受训者的学习效果和培训项目本身的有效性作出评价而进行的评估 优点：经常是正式和客观的
定性评估与定量评估	定性评估	定性评估指评估者在调查研究、了解实际情况的基础上，根据自己的经验和相关标准，对培训效果作出评价的方法。评估的结果只是一种价值判断，适合对不能量化的因素进行评估 优点：简单易行，综合性强，需要的数据资料少，可以考虑到很多因素，评估过程中评估者可以充分利用自己的经验 缺点：评估结果受评估者的主观因素、理论水平和实践经验的影响很大；不同评估者的工作岗位不同、工作经历不同、掌握的信息不同、理论水平和实践经验存在差异，以及对问题的主观看法不同，因此，不同的评估者对同一问题很可能作出不同的判断
	定量评估	定量评估即通过对培训作用的大小、受训人员行为方式改变的程度，以及企业收益多少给出数据解释，在调查研究和统计分析的基础上，揭示并阐述员工劳动行为改变、技能形成、素质提高等方面的规律性。从培训评估的定量分析中得到启发，然后以描述形式来说明结论

二、培训评估的定性定量方法

1. 定性评估法

定性评估法如表 6-10 所示。

表 6-10　定性评估法

方法	内容
目标评估法	要求企业在制订的培训计划中，将受训人员完成培训计划后应学到的知识、技能，应改进的工作态度及行为，应达到的工作绩效标准等目标列入其中。培训课程结束后，企业将受训者的测试成绩和实际工作表现与既定培训目标相比较，得出培训效果
关键人物评估法	关键人物是指与受训者在工作上接触较为密切的人，如上级、同级、下级或者顾客等。研究发现在这些关键人物中，同级最熟悉受训者的工作状况，因此，可采用同级评价法，向受训者的同事了解其培训后的改变
比较评估法	事前事后评估法：是指在参加培训前后，对受训者分别进行内容相同或相近的测试，可以体现出被测者受训前后的差别 纵向对比评估法：即将评估对象放在自身的发展过程中，进行历史的和现实的比较，看其发展的相对位置和效果是否进步和增强 横向比较评估法：即将多个评估对象放在一起进行相互比较鉴别，看其相对水平的高低和效果的差异 达标评估方法：即在被评对象之外，确定一个客观的标准，评价时，将评估对象与客观标准进行比较，衡量评估对象达到客观标准的程度，并依照其程度分出高低等级来决定取舍
动态评估法	动态评估法指把有关的人和事放到培训整个过程中进行检测评估，根据其原有基础，观察目前状况及其发展的潜力和趋势。实施动态评估符合评估的连续性原则
访谈法	具体步骤： （1）明确要采集的信息 （2）设计访谈方案，即评估人员在访谈中要提问问题的清单，与调查问卷的设计类似 （3）测试访谈方案，此举可以对访谈方案进行修改和完善，还可以提高访谈者的访谈技能 （4）全面实施 （5）进行资料分析，编写调查信息报告
座谈法	座谈法即将受训者召集在一起，开讨论会，让每一个员工讲述自己通过培训学会了什么，是如何把所学的知识和技能应用到工作中的，以及他是否需要进一步帮助，需要什么帮助等问题，以从中获取关于培训效果的信息。讨论会应在培训结束一段时间以后进行

2. 定量评估法

定量评估法如表 6-11 所示。

表 6-11　定量评估法

方法	内容
问卷调查评估法	主要用于对培训项目中培训内容、培训课程、培训师、培训场地、培训教材等主要环节的调查评估。步骤如下： （1）明确通过问卷调查了解什么信息 （2）设计问卷。具体包括：问卷的顺序；问卷的表达方式；问卷的实际内容；问题的形式；培训评估问卷的类型
收益评估法	收益评估法指从经济角度综合评价培训项目的好坏，计算出培训为企业带来的经济收益。操作性和技能性强的培训项目可直接计算其经济效益
6西格玛评估法	主要关注的是一段时间内公司培训的满意度。它将调查对象分为三类（一般员工、管理干部、培训工作者）在全公司范围内进行内容不同的调查，再根据调查数据进行分析

第六章 培训效果评估与成果转化

3.综合评估法

综合评估法如图6-9所示。

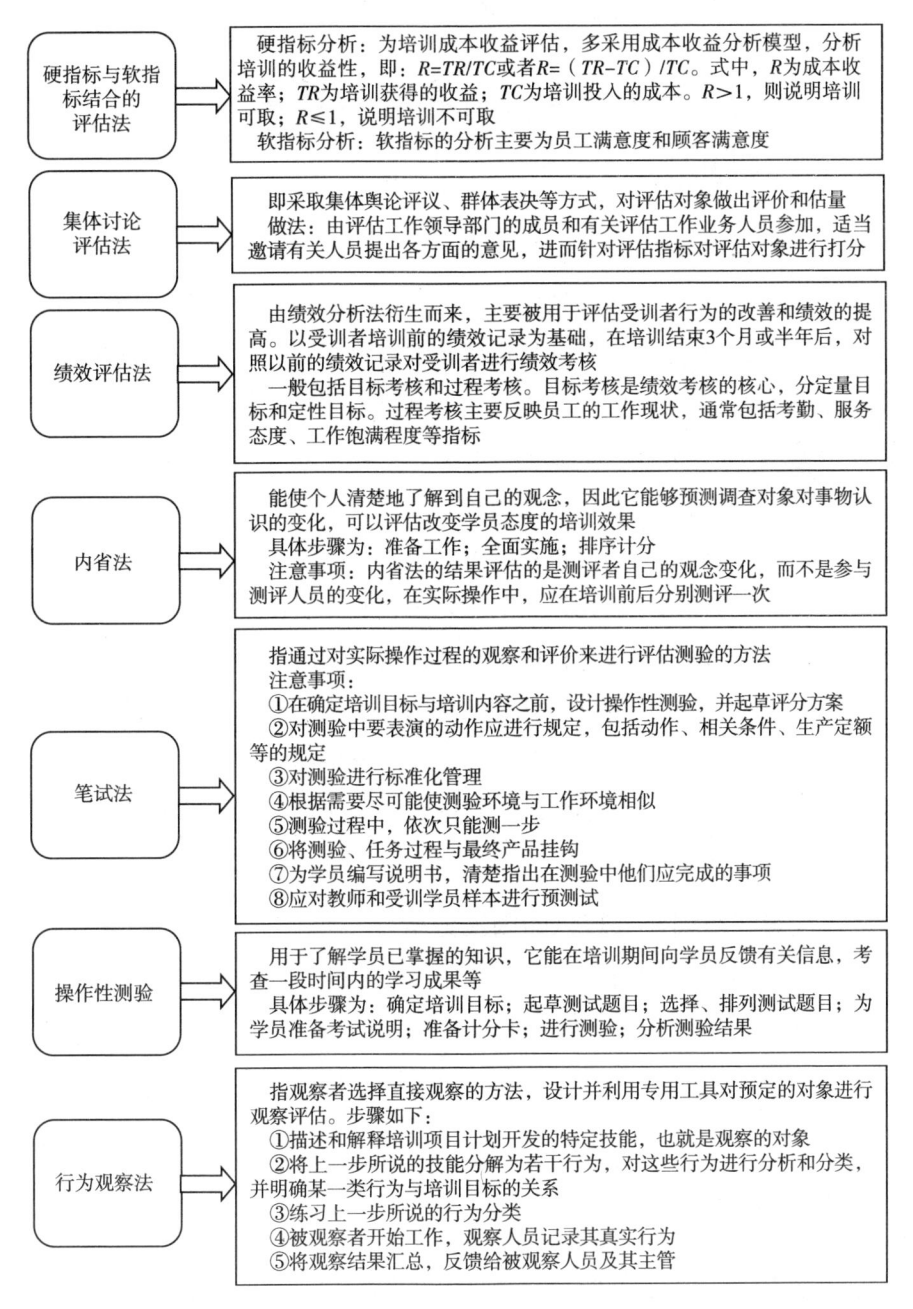

硬指标与软指标结合的评估法
- 硬指标分析：为培训成本收益评估，多采用成本收益分析模型，分析培训的收益性，即：$R=TR/TC$ 或者 $R=(TR-TC)/TC$。式中，R 为成本收益率；TR 为培训获得的收益；TC 为培训投入的成本。$R>1$，则说明培训可取；$R\leq 1$，说明培训不可取
- 软指标分析：软指标的分析主要为员工满意度和顾客满意度

集体讨论评估法
- 即采取集体舆论评议、群体表决等方式，对评估对象做出评价和估量
- 做法：由评估工作领导部门的成员和有关评估工作业务人员参加，适当邀请有关人员提出各方面的意见，进而针对评估指标对评估对象进行打分

绩效评估法
- 由绩效分析法衍生而来，主要被用于评估受训者行为的改善和绩效的提高。以受训者培训前的绩效记录为基础，在培训结束3个月或半年后，对照以前的绩效记录对受训者进行绩效考核
- 一般包括目标考核和过程考核。目标考核是绩效考核的核心，分定量目标和定性目标。过程考核主要反映员工的工作现状，通常包括考勤、服务态度、工作饱满程度等指标

内省法
- 能使个人清楚地了解到自己的观念，因此它能够预测调查对象对事物认识的变化，可以评估改变学员态度的培训效果
- 具体步骤为：准备工作；全面实施；排序计分
- 注意事项：内省法的结果评估的是测评者自己的观念变化，而不是参与测评人员的变化，在实际操作中，应在培训前后分别测评一次

笔试法
- 指通过对实际操作过程的观察和评价来进行评估测验的方法
- 注意事项：
  ①在确定培训目标与培训内容之前，设计操作性测验，并起草评分方案
  ②对测验中要表演的动作应进行规定，包括动作、相关条件、生产定额等的规定
  ③对测验进行标准化管理
  ④根据需要尽可能使测验环境与工作环境相似
  ⑤测验过程中，依次只能测一步
  ⑥将测验、任务过程与最终产品挂钩
  ⑦为学员编写说明书，清楚指出在测验中他们应完成的事项
  ⑧应对教师和受训学员样本进行预测试

操作性测验
- 用于了解学员已掌握的知识，它能在培训期间向学员反馈有关信息，考查一段时间内的学习成果等
- 具体步骤为：确定培训目标；起草测试题目；选择、排列测试题目；为学员准备考试说明；准备计分卡；进行测验；分析测验结果

行为观察法
- 指观察者选择直接观察的方法，设计并利用专用工具对预定的对象进行观察评估。步骤如下：
  ①描述和解释培训项目计划开发的特定技能，也就是观察的对象
  ②将上一步所说的技能分解为若干行为，对这些行为进行分析和分类，并明确某一类行为与培训目标的关系
  ③练习上一步所说的行为分类
  ④被观察者开始工作，观察人员记录其真实行为
  ⑤将观察结果汇总，反馈给被观察人员及其主管

图6-9 综合评估法

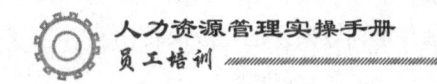

第五节 培训成果转化

一、培训成果转化的含义

培训成果转化是指将培训中所学的知识、技能和行为等内容应用到实际工作中的整个过程。培训的目标就是学以致用，受训者不仅要学会掌握培训项目所要求的各项知识技能，还必须持续有效地将所学知识、技能运用到工作中，将"所学"转化为"所用"。

要成功地完成培训项目，受训者必须持续有效地将所学知识、技能应用于工作中，最好转化为受训者的习惯行为，使之成为其自身素质的一部分。如果培训活动结束后无人过问培训是否起到了作用、受训者是否把所学知识、技能应用到实际工作中，从而改变他们的态度或行为，真正改善工作绩效，那么这个培训项目就是失败的。企业培训的最终目的是让受训者在自身综合素质得到不断提高的同时，能将培训中所接受的内容很好地运用到实际工作中。而要达到这一目的，企业在培训管理过程中就要非常重视培训成果转化的问题。

二、影响培训成果转化的因素分析

1.基于受训者层面的分析

基于受训者层面的分析如表 6-12 所示。

表 6-12 基于受训者层面的分析

项目	内容
培训能力	培训能力主要指受训者的学习意愿。培训能力通过受训者的学习能力、学习培训动机和自我效能三个方面得到体现 （1）学习能力。受训者必须有学习动机和学习能力，缺少任何一方面，学习就不能发生。另外，某一方面水平高并不能抵消其他方面的低水平

第六章 培训效果评估与成果转化

续表

项目		内容
培训能力		（2）培训动机。培训动机主要是指受训者学习培训项目内容的一种预期，它包括受训者的学习热情和当项目材料有难度时受训者的坚持程度。此外，培训动机是受训者的一种知觉，这种知觉认为如果能够在培训项目中努力学习的话，将会使自己的工作绩效提高，从而获得更有价值的回报
		（3）自我效能。自我效能是指个体对自己的行为能力及行为能否产生预期结果所抱有的信念，即受训者在培训中努力学习、不断进取的动机，并且认为自己能够掌握培训学习的内容，有能力完成特定的培训任务。实际上，受训者有可能学会培训中要求掌握的技能，却由于自我效能不高，而在实际应用时遇到一些困难
自然遗忘		艾宾浩斯记忆遗忘曲线表明，人们在学习过程中，遗忘速度在最初很快，然后减慢，到了相当长的时期后，对已经记不起来的信息几乎不会再遗忘，即遗忘遵循先快后慢的原则。人的记忆能力是影响培训成果转化的因素之一，如果培训管理能够根据以往的规律开展培训，将会收到事半功倍的效果
受训者培训转化的四个层面	依样画瓢	受训者的工作内容和环境条件与培训师的情况完全相同时才能将培训学习成果迁移。培训转化的效果取决于实际工作环境与培训时环境特点的相似性大小
	举一反三	受训者理解了培训成果转化的基本方法，掌握培训目标中要求的最重要的一些特征和一般原则，同时明确这些原则的适用范围。这个层面的转化效果可通过培训师在培训时示范关键行为，强调基本原则的多种使用场合来提高
	融会贯通	受训者在实际工作中遇到的问题或状况与培训过程中出现的情况完全不同时，也能回忆起培训中的学习成果，建立其所学知识能力与现实应用之间的联系，并恰当地应用所学知识和技能
	自我管理	（1）自我管理指个人控制自己的某些决策和行为的尝试 （2）自我管理很重要，因为受训者可能会在工作环境中遇到许多阻止其进行培训成果转化的障碍 （3）自我管理模式的策略包括讨论偏差过失、明确要转化的目标技能、明确导致过失的个人或环境因素及讨论应对策略等

2.基于工作环境层面的分析

（1）工作环境对培训成果转化的影响。转化氛围是指受训者对各种各样能够促进或阻碍培训技能或行为应用的工作环境特征的感觉。影响培训成果转化的工作环境因素如下：

①有利于培训成果转化的氛围特征，如图6-10所示。

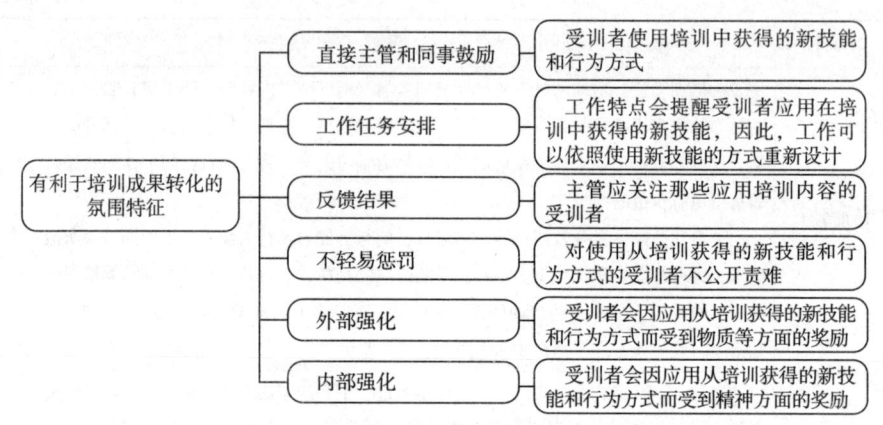

```
有利于培训成果      ┌─ 直接主管和同事鼓励 ── 受训者使用培训中获得的新技能和行为方式
转化的氛围特征 ─────┤
                   ├─ 工作任务安排 ──── 工作特点会提醒受训者应用在培训中获得的新技能,因此,工作可以依照使用新技能的方式重新设计
                   ├─ 反馈结果 ────── 主管应关注那些应用培训内容的受训者
                   ├─ 不轻易惩罚 ──── 对使用从培训获得的新技能和行为方式的受训者不公开责难
                   ├─ 外部强化 ───── 受训者会因应用从培训获得的新技能和行为方式而受到物质等方面的奖励
                   └─ 内部强化 ───── 受训者会因应用从培训获得的新技能和行为方式而受到精神方面的奖励
```

图 6–10　有利于培训成果转化的氛围特征

②工作环境中阻碍培训成果转化的主要因素,如图 6–11 所示。

```
工作环境中阻碍培训   ┌─ 与工作有关的因素(缺乏时间、资金,设备不合适,很少有机会使用新技能)
成果转化的主要因素 ─┼─ 缺乏同事支持
                   └─ 缺乏管理者支持
```

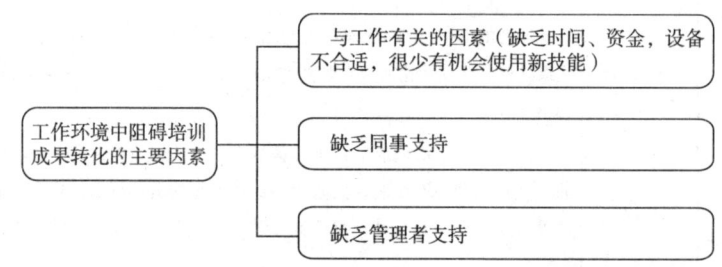

图 6–11　工作环境中阻碍培训成果转化的主要因素

（2）组织转化氛围感知的测量。培训转化氛围与管理者在培训之后的管理行为和人际关系行为的积极变化密切相关。必要的实践机会、管理者的支持等是转化的前提,在此基础上才能辅之以表扬、物质奖励等结果性措施。

（3）实践机会测量。管理者可以为受训者提供将培训成果应用于工作实践的机会,也可以由受训者自己主动寻找。有实践机会的受训者比没有实践机会的受训者更有可能保持所获得的能力。对实践机会的测量主要针对应用于工作中所培训内容的数量、频率、难度和重要性。实践机会能说明工作环境对应用新技能的影响。

3. 基于组织层面的分析

（1）学习型组织。学习型组织是指有很强的学习能力、适应能力和变革能力的公司。为了让受训者获得执行机会及管理者和同事的支持,为了激发受训者的学习动机,并使工作环境有利于培训,许多组织正努力转变为学习型组织。培训过程要经过详细的审查并且和公司目标保持一致。

(2)知识管理。

①知识管理是指通过设计和运用工具、流程、系统、结构和文化来改进知识的创造、共享和使用,从而提高公司绩效的过程。

②知识管理能帮助公司将产品更快地投入市场,建立更好的客户服务体系、新产品和服务,并且通过提供学习和发展的机会来吸引新的员工,保留现有员工。

③为了使知识管理有效,培训部门必须与信息技术部门合作。培训能够帮助公司开发它们的文化以及培训的内容和学习策略。信息技术能够开发、获取、共享和存储知识并提供培训系统。

三、构建培训成果的转化机制

培训的终极目标是增长企业自身的价值,使培训成果转化为员工的执业行为和企业绩效。因此,培训活动仅是一个开始,培训成果转化机制的建立才是问题的关键。从使用可操作角度来讲,培训成果转化机制可由以下三个子机制组成。

1. 转化环境和条件创造子机制

为了加速培训成果的转化,操作层在进行培训项目设计时应充分考虑工作环境特征、学习环境及受训者特点等对成果转化的影响。根据有利于成果转化的理论,设计培训方案和让受训者转化培训成果的环境,尽量使受训者将所学技能顺利应用到工作中。

2. 培训激励子机制

培训转化并非从培训结束后或受训者回到工作岗位后才开始,培训的转化应该始于培训前激发受训者的转化愿望。受训前对培训的认知必然直接影响受训者对培训的投入程度和学习的成效,更直接影响他们的转化动机和转化的积极性,从而影响转化的效果。

(1)要在课程的设计上使培训内容与受训者的工作需要、工作实际密切相关。转化的动机是受训者对培训与将来工作的绩效以及相应的回报之间的关系的理解。

（2）要激发受训者的学习热情并增强受训者培训转化的信心。要让受训者相信通过培训他们能够掌握相应的知识、技能、行为和态度以及将他们应用到工作中的方法和技巧。

（3）要做好每次培训转化效果的反馈工作。转化的比例、转化的效果以及组织、上司和同事对转化结果的态度等都会直接影响受训者再次接受培训的热情。如果转化的努力得到肯定并得到相应的回报，就会激发他新的受训和转化的欲望，否则就会严重挫伤他的受训和转化热情。

（4）企业可以建立技能工资体系，把薪资直接与员工所拥有的知识或技能挂钩，从而有效地提高员工参加培训的积极性，提高员工将培训成果转化为工作技能的主动性。

3. 反馈与考核子机制

员工参与培训之后，培训负责部门要与其他有关部门继续对受训员工在工作岗位上转化培训成果的情况进行跟进，并将他们转化的情况及评价向他们通报反馈。不是培训结束了一切就结束了，而是把培训结束看作第一步完成，更重要的环节在后面的对所学内容的运用上。快速有效的反馈机制可以使组织高层及培训部门既能照顾到组织整体问题，又能及时了解一些重要的细节，增强培训效果。

（1）制订明确的行动计划。在培训课程结束时可要求受训者制订行动计划，明确行动目标，确保回到工作岗位上能够不断地应用新学习的技能。学员在培训结束后，应积极主动地将所学内容应用到实际工作中。

（2）使用绩效辅助物。很多员工在参加培训以后，在工作中会较自觉地将培训成果转化到具体的工作中。但时间一长，有的员工便会产生模糊感，这种模糊感有两种表现：一是指员工在没有具体绩效衡量标准和对照之下，不知自己到底将多少培训成果转化到工作中，其转化后的绩效水平如何；二是指员工在较长时间内进行这种转化并自行监督的情况下，会产生模糊不清的感觉，即不知自己这样的行为是否算作转化。要改变这种状况，企业需要使用绩效辅助物以强化员工将培训成果进行不断转化的意识，并使员工随时清楚自己转化的程度和水平。比如可以采取标杆管理法，即员工可以将自己培训后的工作绩效与同类岗位、同类人员进行比较，也可以将平衡计分卡、360度评价、关键指标等方法具体运用到对员工培训成果转化的衡量和考核中来。

（3）建立培训后员工交流联系网络。企业可通过在员工之间建立联系网络来增强培训成果在工作中的应用。联系网络可以由两个或两个以上的员工组成，通过面对面的沟通交流或电子邮件进行沟通，使员工可以讨论所学技能在工作中的应用情况，并共享成功经验。

四、促进培训成果转化的策略

培训成果的转化，就是使受训者持续而有效地将其在培训中所获得的知识、技能、行为和态度运用于工作中，从而使培训项目发挥最大价值的过程。一旦确定了受训者存在的绩效问题是与培训相关的，就有必要确定培训过程中学习的新知识是否成功转化。现实生活中，企业可以采取以下措施来促进培训成果转化：

1. 明确关键人员在培训成果转化中的作用

培训的整个过程都应该分析关键人员，即管理者、培训者、受训者和受训者的同事在培训中应该做的工作，建立促进培训成果转化的工作环境，克服阻碍培训成果转化的因素。

2. 通过激励强化受训者的学习动机

通过激励强化受训者的学习动机如表6-13所示。

表6-13 通过激励强化受训者的学习动机

项目		内容
运用激励强化理论，促进培训成果转化	运用目标设置理论	明确的、需要经过努力才能达成的目标比模糊的目标更能调动人的积极性。培训过程中，如果目标具体、有挑战性，培训内容和学员的能力、经历相关，并能根据学员任务完成情况提供反馈，培训效果就能得到保证
	运用期望理论	个体的行为动力和人的预期密切相关。在营造培训环境的过程中，培训师可以向受训者重点说明培训后能够得到的益处，帮助受训者建立起努力—成绩、成绩—奖励之间的依存关系
	运用需求理论	如果一个人的主要需求得到满足，其动机和积极性就会被激发。在企业组织的培训过程中，如果能够帮助员工感知到激发自己的成就需求和日后职业成功存在密不可分的关系，那么员工的行为就会符合组织的要求

续表

项目	内容
采取有效措施促进受训者的配合	为了使受训者更好地配合培训，可以采取以下措施： （1）分析确定培训对象时应有所选择，要求受训者具备学习培训项目内容所需的基本技能。选择时，可以对候选人进行书面测试，结果不记入个人档案，以免员工产生排斥心理 （2）要求受训者做好受训准备，端正学习态度和学习动机 （3）根据需要，通过自我学习提高基本技能 （4）明确告知培训后将考查学习结果和应用情况，设置奖惩项目，并与薪酬、晋升等活动挂钩 （5）如果员工不具备基本技能但又必须参加培训，可以将基本技能指导融入培训计划中 （6）培训实施前可将培训设计的资料印发给受训员工，让其事先阅读理解，可提高培训有效性

3. 积极营造有利于培训成果转化的工作环境

（1）发挥人力资源管理部门的督导与推动作用。人力资源管理部门的主要职责体现在四个方面，如图6-12所示。

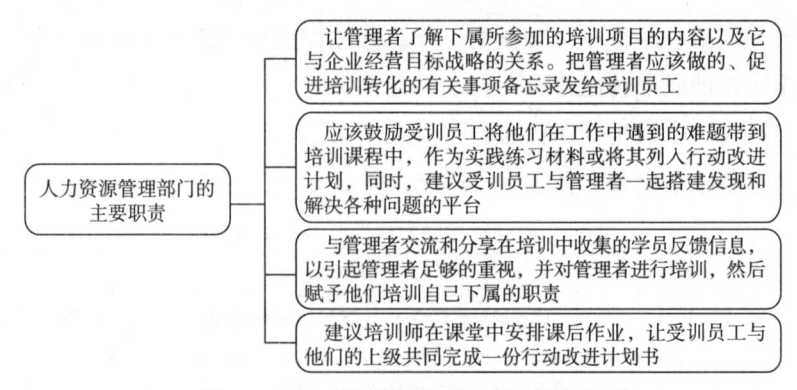

人力资源管理部门的主要职责：
- 让管理者了解下属所参加的培训项目的内容以及它与企业经营目标战略的关系。把管理者应该做的、促进培训转化的有关事项备忘录发给受训员工
- 应该鼓励受训员工将他们在工作中遇到的难题带到培训课程中，作为实践练习材料或将其列入行动改进计划，同时，建议受训员工与管理者一起搭建发现和解决各种问题的平台
- 与管理者交流和分享在培训中收集的学员反馈信息，以引起管理者足够的重视，并对管理者进行培训，然后赋予他们培训自己下属的职责
- 建议培训师在课堂中安排课后作业，让受训员工与他们的上级共同完成一份行动改进计划书

图6-12　人力资源管理部门的主要职责

（2）提高管理者的支持程度。管理者应从以下三方面开发工作：

①管理者应该积极倡导和鼓励受训员工将培训中所获得的知识、技能应用到工作中，尽可能帮助员工解决培训成果应用所需要的各种设备和资源，当员工应用培训内容出现失误时，不轻易惩罚和公开批评。

②管理者应关注那些刚刚受过培训的员工，与他们共同讨论如何将培训成果应用到工作中，制订具体的行动计划，并让员工汇报阶段性进展

情况。

③管理者采取激励和强化手段，对那些刚刚接受过培训并将培训内容应用到工作中的员工给予表扬和物质奖励。

（3）增加应用所学技能的机会。应用所学技能的机会是指向受训者提供的或由他们主动寻求的应用培训中新学到的知识、技能和行为方式的情况。执行机会受工作环境、受训者学习动机和学习主动性的影响。

应用所学技能的机会包括适用范围、活动程度和任务类型。适用范围是指可用于工作中的所培训内容的数量。活动程度是指在工作中运用被培训内容的次数或频率。任务类型是指在工作中执行的被培训内容的难度和重要性。

（4）建立受训员工联系网络。企业可以通过在受训员工之间建立联系网络，来增强培训项目成果在工作中的应用并共享成功经验。受训员工还可以讨论如何应用培训内容所需的资源以及如何克服阻碍培训成果应用的不利因素。

企业还可利用内部简讯的形式指导受训员工进行培训成果转化，并向受训员工推荐一名以前参加过同类型培训项目、有经验的员工作为咨询人员来提供与培训成果转化问题有关的建议和支持。此外，建立学习小组有助于学员之间的相互帮助、相互激励、相互监督。

（5）建立一对一的辅导关系。管理者对员工的辅导是一种确定培训内容成功转化为技能并在实际工作中应用的最重要方法。管理者一对一进行的员工辅导能够为接受培训的员工提供练习机会。通过管理者的辅导，受训者在培训结束后返回工作岗位就能实现培训成果的转化。

管理者通过一对一的员工辅导，有机会掌握受训员工在培训中学习的内容并得到积极反馈。管理者可以针对受训者个人问题、培训项目计划、改进计划执行等方面进行辅导。

4. 对培训效果及时跟踪调查

（1）受训者完成培训课程后，管理者使用培训转化跟踪表对受训者进行调查，弄清受训者在 3～6 个月里是否将培训内容应用于实际工作中，是否取得了一定的成绩。

（2）企业培训主管部门应当建立一个监督反馈系统，及时提醒并督促

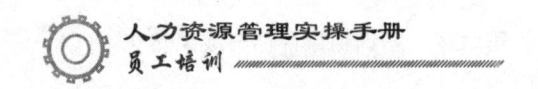

各级管理者按照培训评估的指标和标准，持续跟踪受训者进行调查评估，以促进培训成果的有效转化。

5. 开展培训全过程的沟通

有效沟通是增强培训效果的重要手段。一次成功的培训离不开良好的沟通，包括培训前的沟通、培训期间的沟通和培训后的沟通。

（1）培训前的沟通。培训前的沟通，目的是让受训员工知道做什么和该做什么，培训前的沟通对象是主管和同事。主要内容如图 6-13 所示。

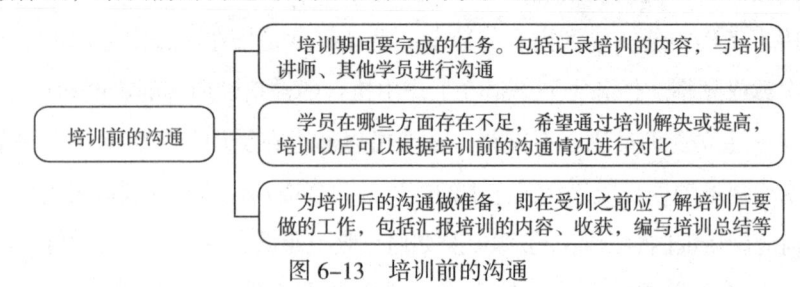

培训前的沟通：
- 培训期间要完成的任务。包括记录培训的内容，与培训讲师、其他学员进行沟通
- 学员在哪些方面存在不足，希望通过培训解决或提高，培训以后可以根据培训前的沟通情况进行对比
- 为培训后的沟通做准备，即在受训之前应了解培训后要做的工作，包括汇报培训的内容、收获，编写培训总结等

图 6-13　培训前的沟通

（2）培训期间的沟通。培训期间的沟通包括培训师、其他学员和培训机构。沟通的主要内容是培训中没有听懂的问题和本企业实际存在的问题。受训员工必须对本企业的情况相当了解，并对这些问题能很好地综合和表达。

（3）培训后的沟通。培训后的沟通最好在培训结束一段时间后进行，主要包括如图 6-14 所示几部分。

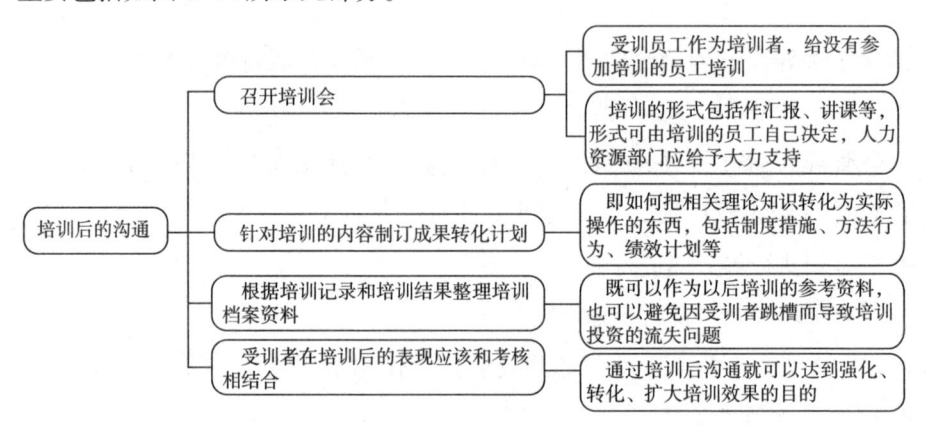

培训后的沟通：
- 召开培训会
  - 受训员工作为培训者，给没有参加培训的员工培训
  - 培训的形式包括作汇报、讲课等，形式可由培训的员工自己决定，人力资源部门应给予大力支持
- 针对培训的内容制订成果转化计划
  - 即如何把相关理论知识转化为实际操作的东西，包括制度措施、方法行为、绩效计划等
- 根据培训记录和培训结果整理培训档案资料
  - 既可以作为以后培训的参考资料，也可以避免因受训者跳槽而导致培训投资的流失问题
- 受训者在培训后的表现应该和考核相结合
  - 通过培训后沟通就可以达到强化、转化、扩大培训效果的目的

图 6-14　培训后的沟通

案例 6-2　如果制订培训效果转化方案?

深圳某三星级酒店，外派厨师孙某去一家国际五星级酒店进行培训，学习十余种特色菜品的做法。培训结束后，培训管理者与这位厨师需制订一份详细的培训效果转化方案。这个方案要保证培训成果能够成功转化。

请问：如何制订这份培训效果转化方案？

【解析】这份培训效果转化方案的大致内容如下。

（1）培训成果的转化环节。培训管理者制定培训内容转化为工作技能的步骤。

（2）培训成果的应用环节。厨师孙某首先把学习的十余种菜品自行练习多遍。在这个过程中，厨师长负责监督、支持和帮助孙某不断练习。

（3）培训成果的传播环节。企业将在2周后组织一场培训，由孙某把他学到的十余种菜品的做法，教给其他厨师。然后，要求其他厨师也实施转化和应用，也就是其他厨师也必须持续练习和在实践中应用。

（4）培训结束后，孙某再应用技能2周。在应用过程中，孙某可以和其他厨师不断地研讨流程和补充不足。通过这样的过程，厨师们还可能会对其中的某几道菜做出改进升级，使那几道菜的口味更好或者制作流程更简单。1个月后，经过厨师们的研讨和改进后，形成这些菜的标准制作流程。该酒店在自己的菜单上正式加入这些特色菜。

第七章
不同类别人员的培训管理

第一节　新员工入职培训

一、新员工入职培训需求分析

培训需求分析是设计新员工入职培训方案的首要环节。有效的培训计划是建立在对培训需求进行科学分析的基础上的。它由培训管理人员采用各种方法和技术，对新员工的目标、知识、技能等方面进行鉴别和分析，从而确定其是否需要培训以及培训哪些方面。

培训需求可以从企业、工作岗位、个人三个方面进行分析，如表7-1所示。

表7-1　新员工入职培训需求分析

项目	内容
企业分析	企业分析主要从企业环境分析和企业自身分析两个角度展开。企业环境分析主要针对企业的系统结构、文化、资讯传播情况、企业产品在市场中的地位等方面进行分析；企业自身分析主要针对企业文化、企业概况、企业组织结构、企业相关的规章及制度等对新员工的影响进行分析
工作岗位分析	工作岗位分析是指新员工要想达到理想的工作绩效所必须掌握的技能和能力，包括任职资格分析、工作关系分析、岗位职责分析以及所任职岗位的工作技巧分析
个人分析	个人分析是将新员工现有的水平与未来工作岗位对员工技能、态度的要求进行比照，研究两者之间存在的差距，研究需要进行哪方面的培训以提高能力，从而最终达到新员工职务与技能的一致。个人分析主要包括工作态度分析和工作能力分析

二、新员工入职培训需求分析报告

新员工入职培训需求分析报告，是以新员工入职培训需求分析结果为基础，参考新员工相关管理制度、人力资源部绩效考核标准、历史培训等方面的记录，以确定培训需求和培训目标，并将这些内容汇总形成。

三、新员工入职培训

1. 确定培训内容

通过培训需求的分析，培训人员必须明确哪些内容可以满足这些培训需求，并将这些内容分别开发成培训课程。培训人员可以根据企业概况、环境、企业文化、政策、规章制度、组织机构、战略目标、使命、工作岗位等来收集、整理确定新员工入职培训的具体内容，如表7-2所示。

表7-2 新员工入职培训内容的确定

项目	内容
工作环境	（1）企业宏观环境。包括企业的历史、现状、行业地位、发展趋势、目标、优劣势、组织机构、部门职能、产品和服务、市场战略、质量方针、企业文化与传统、经营理念等 （2）工作环境与设施。包括办公设备、生产设备、各办公场所、食堂等，人力资源部经理可根据本企业的具体情况选择要参观介绍的具体工作环境
工作制度	这部分涉及的内容较多，并且都关系到员工的切身利益。包括企业各项人力资源管理制度、财务管理制度、行政办公管理制度等
工作岗位	（1）岗位职责培训。根据员工岗位说明书，向新员工介绍其所在岗位的主要职责、新员工的主要任务和责任、工作绩效考核的具体规定等。同时，根据工作流程图，向新员工介绍企业各相关部门的职责和岗位职能，以及本部门和其他部门的关系 （2）技术培训。对于技术性特别强的岗位，企业可安排新员工到新的工作岗位上进行实地训练，并指定一名资深员工向新员工说明操作规范、协助新员工独立完成工作、指出应改进的地方 （3）行为规范培训。主要是针对员工仪容仪表要求、着装要求、工作场所行为规范、工作休息制度、公司礼仪规范等方面进行的培训

2. 确定培训讲师

如果涉及与企业、部门及工作密切相关的入职培训课程，企业最好指定内部人员担任讲师，这是因为企业内部人员才是最熟悉企业的人。企业高层领导、人力资源部经理、部门主管、专业技术人员可以分别就不同的内容模块给新员工做入职培训。

如果涉及提高新员工个人职业素养的入职培训课程，如时间管理、商务礼仪等方面的培训，可以请专职的培训讲师来讲授。

另外，为了取得良好的培训效果，新员工的入职培训应安排一位高层领导参加，以表示企业对新员工的重视。

3. 选择培训方法

培训方法的选择，一般采用课堂讲座、多媒体教学、工作指导的方式展开培训，或者采用角色扮演法来提升他们的一些基本技能。

4. 培训实施管理

培训实施管理包括培训资料的准备和培训后勤保障两大工作，如图7-1所示。

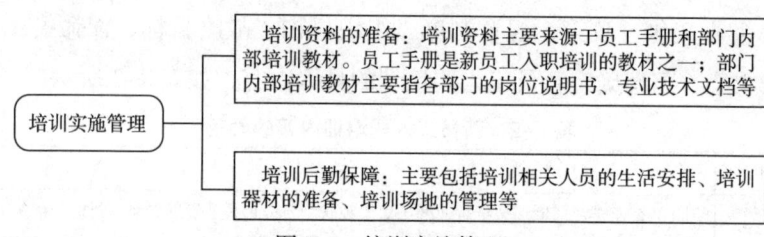

```
                    ┌─ 培训资料的准备：培训资料主要来源于员工手册和部门内
                    │  部培训教材。员工手册是新员工入职培训的教材之一；部门
                    │  内部培训教材主要指各部门的岗位说明书、专业技术文档等
        培训实施管理 ┤
                    │
                    └─ 培训后勤保障：主要包括培训相关人员的生活安排、培训
                       器材的准备、培训场地的管理等
```

图 7-1 培训实施管理

需要注意的是，新员工培训不只是企业人力资源部的事情。对于新员工的培训工作，一定要明确人力资源部、高层管理者、岗位所在部门负责人、相关部门负责人的职责，并在各自部门和岗位的考核中予以体现，以保证各岗位和部门担负起各自应尽的职责。为了保证培训的实际效果，新员工培训实施之后应及时进行记录归档和效果评估。

四、新员工入职培训管理工作

新员工入职培训管理工作的目的是明确新员工入职培训的程序和内容，确保岗前培训及试用期培训的规范性和有效性，使新员工经过入职培训后，能够掌握入职培训中的基础概念和知识，能帮助新员工尽快融入公司和部门业务运作环节，同时培养新员工对公司的归属感。

新员工入职培训管理工作中，各部门的职责如表 7-3 所示。

表 7-3 新员工入职培训管理工作的部门职责

部门	职责
人力行政部	（1）拟定入职培训流程、培训课程的安排及与各部门的协调 （2）公司级统一培训课程的场地及设备的准备 （3）培训记录及反馈评估的收集整理 （4）入职培训考核过程的协调 （5）人力行政相关部分课程的制作、授课和考核
新员工所属部门	（1）新员工试用期内在岗技能培训课程的制作、授课和考核 （2）新员工试用期内的工作辅导
其他职能部门	（1）配合完成跨部门培训课程的制作、授课和考核 （2）配合完成新员工的轮岗学习

温馨提示

入职培训为新员工留下良好印象

（1）素质拓展。通过素质拓展，可以让新员工之间迅速认识并相互熟悉、加强沟通联系、摆脱孤独感，面对老员工时也不再觉得困惑或不知所措，而是可以理智地、独立地思考，并做出自己认为正确的最佳选择。

（2）团体竞赛。团体性的体育竞赛或文艺竞赛，都可以促进新员工之间组建不同的但是健康的小团队，也可以让他们明白，公司提倡的是光明正大的竞争，并不排斥员工与员工之间有更多的默契和交流。同时，这些竞争也可以使新员工增强自信心，在新环境里找到自我定位，更快适应新环境。

（3）新老员工联谊。可以是晚会、茶话会、座谈会、小游戏、小比赛等，让新老员工可以在公司的层面获得直接的交流和沟通，避免因为神秘感而进行私下里的猜测。

（4）宣誓仪式。宣誓，可以是进入公司的宣誓，可以是生产或服务行业常用的拜师仪式，也可以是一次企业最高理念的室内培训会。这样的活动，必须营造足够的氛围，邀请足够分量的领导，让员工在内心深处产生足够的使命感和重视度。宣誓仪式，可以让新员工对企业文化产生向往之情，可以让新员工跨越小班组或部门的概念俯视整个企业发展，可以让新员工把自己当成一个事业的关键一员。

【答疑解惑】

问1：如何指导新员工快速融入团队？

【解答】要想把工作做好，保持一个良好的团队氛围是非常重要的。因此，企业需要指导新员工快速融入团队，如表7-4所示。

表7-4 新员工快速融入团队的做法

做法	内容
做好基本工作	新到团队，你需要抓紧时间熟悉公司环境、产品知识，补足与专业知识和营销知识等相关联的课程，提高职业素养
展现才能	集体活动时，一定要充分把自己的才能展现出来。这种展现是既要充分，又不能显得夸张；既要让人知道你有才能，甚至这些才能可能比现有团队中的某人还要好，又不能让人觉得你在抢某些人的风头
助人为乐	当团队中有人向你求助时，在不违背原则的情况下，利用自己的才能，尽心去替别人做事。这些事可能会花费你的精力和时间，但在团队中都是有价值的，有助于你在团队中建立良好的人际关系，同时获得他人的帮助
真心待人	在职场上，要想获得大家的认可，就需要用真心去待人，用真心去做事。这样大家都会清楚地认识到你是一个可以交往的人、值得交往的人

续表

做法	内容
经济上保持清楚	不要与团队中的人产生经济上的纠葛,因为不管怎样,经济都会影响一个人在团队中的地位
适当保持低调	刚进入团队,适当保持低调是很重要的,用眼睛和心去观察这个团队,感受这个团队,那么你融入团队是很快的事

问2:新员工培训后缺少反馈,应如何解决?

【解答】

(1)按照科学的方法进行培训效果评估。

(2)养成每次培训结束后形成总结报告的习惯,报告中体现培训的跟踪、反馈和效果。

(3)培训结束后一段时间,到工作岗位上了解员工的真实想法。

(4)定期关注和跟踪新员工的成长和职业发展情况。

第二节 生产人员培训

一、生产人员培训需求分析内容

生产人员培训需求分析的三个层面如表7-5所示。

表7-5 生产人员培训需求分析的三个层面

分析层面	内容
组织分析	(1)组织目标分析。明确、清晰的组织目标既对组织的发展起决定性作用,又对培训规划的设计与执行起决定性作用,所以组织目标决定培训目标 (2)组织资源分析。若没有确定可以利用的人力、物力和财力资源,就难以实现培训目标 (3)组织特质与环境分析。主要是指对组织的系统结构、文化、信息传播情况进行全面的了解。组织特质与环境对培训的成功与否产生重要的影响
职务分析	职务分析是指按照企业职务工作标准、担当职务所需要的能力标准(职能标准),对生产人员各职务工作(岗位)状况,尤其是对员工的工作能力、工作态度和工作成绩等进行比较分析,进而确定企业教育培训的需求结构
生产人员个人分析	生产人员个人分析,主要分析个体现有状况与应有状况之间的差距。例如,培训需求分析人员可对生产人员的绩效考核表进行分析,找出生产人员在绩效考核中不合格的项目,并分析不合格项目是否需要培训,通过培训能否达到要求,以此作为生产人员培训需求的依据之一

二、生产人员培训需求分析报告

生产人员培训需求分析报告，即人力资源部需要以生产人员的培训调查信息和分析结果为基础，参考生产人员相关管理制度、生产人员历史培训等方面的记录，分析生产人员培训的必要性，确定培训目标和培训课程，并将这些内容形成包括绩效差距、企业对生产质量的新要求、建议培训课程等在内的书面报告。生产部各岗位培训需求分析表如表7-6所示。

表7-6 生产部各岗位培训需求分析表

生产部岗位	专业知识与技能类培训	管理技能类培训	通用技能类培训
生产总监	全面生产管理 精益生产管理 生产成本控制方法	卓越领导力 有效会议管理 有效激励员工	目标管理 团队管理 企业文化
生产部经理	生产计划控制 制定生产规划 生产品质管理	如何辅导和训练下属 有效授权	项目管理 创新思维训练 安全生产管理
生产调度主管	生产计划执行管理 生产进度控制	有效沟通 生产组织与协商 执行力的提升训练	
车间主任	目视管理 看板管理 "5S"管理 生产现场管理 生产标准化管理 质量管理工具与方法	现场管理者能力提升 领导力 有效执行 冲突管理 团队管理 有效授权	企业文化 目标管理 态度决定一切 压力与情绪管理 人际关系 安全管理
班组长	设备操作 工装使用 工艺流程的疑难点	人员绩效管理 有效激励员工 冲突管理	
一线操作工人	产品质量控制点 物料与产品制程控制	有效沟通 团队管理	

三、生产人员培训计划的制订与实施

生产员工是企业执行力的最终体现，只有不断地培养和造就高素质的生产员工队伍，不断改进基层管理方法，增强生产员工的凝聚力，才能使企业提高劳动效率，使企业在激烈的市场竞争中立于不败之地。

因此，生产人员的培训计划只有结合生产人员的特点与培训存在的问题制订，才能达到培训的真正目的。

1. 制订培训实施计划表

企业在实施培训计划时需要制订"培训实施计划表"，以确保培训计划有条不紊地实施。培训实施计划表主要包括：培训课程的时间、进度安排，培训地点及培训讲师的选择等。

2. 发布培训通知

企业在制订完生产人员培训实施计划表后，应在培训开始前1～2天发布培训通知单，以便参加培训的生产人员进行培训前的准备。

3. 培训组织管理

在整个培训实施过程中，培训组织部门需做好两个方面的服务工作，以确保培训效果，如图7-2所示。

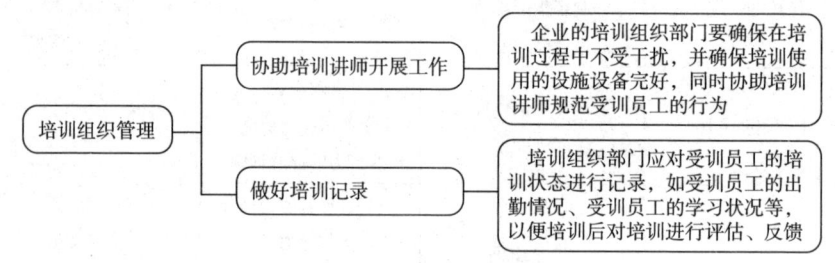

培训组织管理	协助培训讲师开展工作	企业的培训组织部门要确保在培训过程中不受干扰，并确保培训使用的设施设备完好，同时协助培训讲师规范受训员工的行为
	做好培训记录	培训组织部门应对受训员工的培训状态进行记录，如受训员工的出勤情况、受训员工的学习状况等，以便培训后对培训进行评估、反馈

图7-2 培训组织管理

4. 培训信息反馈

培训结束后，组织部门应及时与培训讲师、受训员工进行沟通，以对培训效果进行初步的评估与反馈。生产人员的培训效果需要经过一段时间才可以得到验证，因此，培训组织部门可在一定时期后（一般至少一个月）与受训员工的主管领导联系，获取生产人员培训后的反馈信息、验证培训效果，以此作为下次培训的改进依据。

案例7-1 新入职一线员工如何进行培训评估？

某公司是生产型企业，对于一线生产普工，结束入职培训后会进行评估及考核。考核方式是做考试题（一边培训一边做），但未采取闭卷。公司现没有培训管理办法，只是走流程。

第七章 不同类别人员的培训管理

对于这些新入职的一线员工，怎样进行培训后的评估比较好呢？

【解析】要想对新入职员工的培训进行评估考核，需要先明确培训的目的，然后确定如何评估、考核。

培训的目的包括：了解从事岗位、了解公司、帮助员工融入公司、向员工灌输企业理念和价值观。通过培训目的，我们可以发现，有一些知识是需要员工了解的，有一些是需要员工掌握的。通过要求新入职员工掌握知识的不同程度，可以把评估分为以下两大类。

（1）对培训课程的评估。包括对培训内容、培训讲师的水平、培训的安排等进行评估，可以采取问卷调查的方式进行，以期改进培训的各项安排，达到预期的目的。

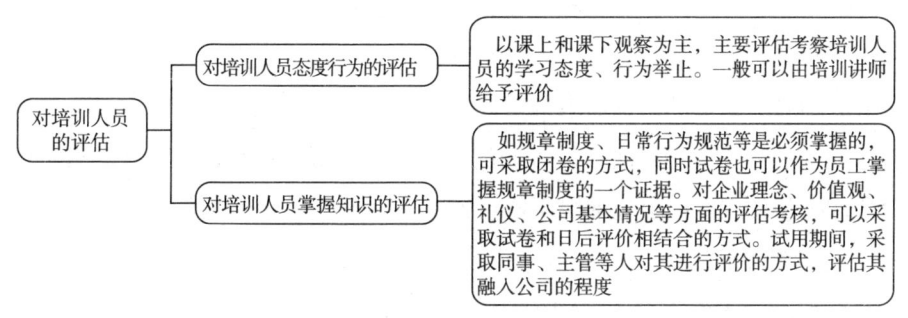

（2）对培训人员的评估。对培训人员的评估如图7-3所示。

```
                          ┌─────────────────────────────────────┐
         ┌─对培训人员态度行为的评估─│以课上和课下观察为主，主要评估考察培训人│
对培训人员─┤                       │员的学习态度、行为举止。一般可以由培训讲师│
  的评估  │                       │给予评价                              │
         │                       └─────────────────────────────────────┘
         │                       ┌─────────────────────────────────────┐
         │                       │如规章制度、日常行为规范等是必须掌握的，│
         │                       │可采取闭卷的方式，同时试卷也可以作为员工掌│
         └─对培训人员掌握知识的评估─│握规章制度的一个证据。对企业理念、价值观、│
                                 │礼仪、公司基本情况等方面的评估考核，可以采│
                                 │取试卷和日后评价相结合的方式。试用期间，采│
                                 │取同事、主管等人对其进行评价的方式，评估其│
                                 │融入公司的程度                        │
                                 └─────────────────────────────────────┘
```

图7-3 对培训人员的评估

入职培训后，只进行一次考核评估是达不到应有的效果的，需要人力资源部门联合其他部门帮助员工尽快融入公司，同时引导员工尽快融入企业文化，使其认同企业文化，并用企业价值观看待、处理问题。

该公司应完善培训管理办法，同时把各项工作表格及流程完善起来，切实做好入职培训，发挥应有的作用，而不是搞形式主义，浪费时间、人力和物力。

【答疑解惑】

问：适合对生产人员进行培训的时机有哪些？

【解答】企业在对生产人员进行培训时应慎重选择培训时间，否则会降低培训效果并造成资金浪费。比较适合对生产人员进行培训的时机有以下几种：

(1) 生产淡季。

(2) 大批新生产员工上岗时。

(3) 竞争加剧，产品质量下降时。

(4) 企业生产的产品及技术标准发生变更时。

(5) 引进新的生产流水线或新的技术时。

(6) 其他特殊情况。

第三节　技术人员培训

一、技术人员培训需求分析

在对技术人员的培训需求进行分析时，技术人员、技术主管、技术经理、技术总监、人力资源经理以及外聘的咨询顾问等都应参与进来。技术人员培训需求分析的主要内容包括组织要求分析、任务要求分析及技术员工分析。

1. 组织要求分析

组织要求分析是指在组织经营战略条件下，判断组织中哪些部门需要培训，以保证培训计划符合组织的整体目标与战略要求。组织要求分析的内容如表7-7所示。

表7-7　组织要求分析的内容

项目	内容
发展战略分析	根据企业的长远发展战略和年度发展重点来确定技术人员应突破的要素，如技术总体水平、技术突破、产品生命周期、技术变更速度、技术发展趋势等 若企业在一定时期内的发展目标是提高产品的市场占有率，那么企业就必须首先提高产品的生产量，引进先进的设备与技术，提高生产效率。这时，企业就需要对技术人员进行新技术的培训，否则，技术人员无法掌握新的生产技术，就会影响企业未来的生产，进而导致企业无法顺利完成战略目标
企业资源分析	企业资源分析是指公司为找出具有未来竞争优势的资源，对所拥有的资源进行识别和评价的过程。这一过程包括确定公司拥有的资源，应用资源价值原理确定哪些资源真正具有价值 企业资源分析主要是分析现有资源及资源的利用情况，还要分析资源的平衡性，确定战略的适应性，才能充分利用企业的资源条件，以达到最好的培训效果

2. 任务要求分析

任务要求分析是指通过分析完成该项任务所需要的知识、技能和态度，确定与任务相关的各项培训内容，并定义各项培训内容的重要性和困难程度。

任务要求分析主要包括以下内容：

（1）根据组织的经营目标和部门职责选择有代表性的工作岗位。

（2）根据该工作岗位的说明书列出初步的任务及完成这些任务所需要的知识、技能和能力清单。

（3）工作任务和所需技能的确认。包括反复观察员工的工作过程；与有经验的员工、离休人员、部门主管以及做工作说明的部门负责人进行访谈，以对工作任务和所需技能进行进一步确认；向专家或组织顾问委员会再次求证，以确定任务的执行频率，完成每一项任务所需的时间、质量标准以及完成任务所需的技能和规范的操作程序等。

（4）制订针对培训需要分析的任务分析表，包括已经量化的指标，然后通过对技术人员的岗位技能调查分配培训任务。技术人员岗位技能调查表如表7-8所示。

表7-8 技术人员岗位技能调查表

姓名			调查时间	年 月 日	
技能方向		具体技能要求	1分（差）	3分（一般）	5分（娴熟）
业务要求	基本业务	率领小组成员完成业务的责任心、信心和恒心			
		先行发现难点并及时解决问题			
		协助确定企业技术发展方向			
	制订计划、编制文档	制订项目开发计划，并对整个系统进行评估			
		检查、校正他人的技术文档			
	技术交涉与演示	与客户进行技术交涉并演示工作内容，向用户讲解			
	领导力	胜任一个项目的管理，领导小组成员达成目标			
		明确小组成员培训目标、指导培训			

续表

技能方向		具体技能要求	1分（差）	3分（一般）	5分（娴熟）
专业知识要求	整体技术	项目组中的技术专家，掌握国内外本行业的技术动向			
	计算机基础技术	计算机基础知识：模糊理论、神经网络理论等			
		基本软件：编程语言、分布式系统等			
		通信技术：了解计算机网络的基础知识			
	计算机系统技术	系统开发软件：掌握项目管理、系统开发基础知识以及系统构造方法			
		软件开发技术：掌握软件工程理论、最新研究成果、抽象描述方法			
		质量把关：提出质量改善建议并实施			
	其他相关技术	掌握窗口、编程技术，多媒体基础及应用技术，GUI设计方法			
		掌握并会使用一些工具软件，如 Auto CAD、软硬件集成化方法			
	英语水平要求	听、说、读、写流利			

3. 技术员工分析

技术员工分析是指从员工的实际状况出发，分析现有情况与理想任务要求之间的差距，从而形成确定培训目标的相关依据。技术人员本身对知识的掌握程度、个人的能力水平、知识层面等均对培训需求产生一定的影响。

（1）个人能力分析。根据岗位说明书的要求，技术人员应具备较为扎实的专业技术知识、一定的创新能力、较强的分析思维能力等。技术人员能力评估等级表调查汇总的结果是培训需求信息的重要来源，具体内容如表7-9所示。

表 7-9　技术人员能力评估等级表

能力	能力级别及定义	员工自我评估等级	直接上级评估等级
专业技术能力	勉强能完成任务，技术能力一般		
	正确掌握专业技术		
	熟练掌握专业技术		
	有良好的专业技术素质		
	专业技术高超		
实际应用能力	只有在他人的指导和协助下，才能解决一般性问题		
	有效解决企业中出现的一般性技术问题		
	有效解决企业中出现的较为复杂的技术问题		
	能解决企业中出现的新问题及很棘手的技术问题		
分析思维能力	对出现的新问题、新状况，几乎没有自己的想法和思路		
	分清问题的基本关系，将问题进行简单的分解		
	对于较为复杂的问题，能迅速发现线索并找出问题产生的原因		
	能够运用多种技术和方法，对面临的较为复杂的问题进行分析并找出解决的对策		
创新开拓能力	一般，偶尔提出较有新意的想法		
	较好，经常能提出比较有创意的想法		
	较强，在他人成果的基础上进行改造，取得成功		
	很强，具有一定的自主研发能力且研发成果获得了国家专利		
信息敏感能力	对本专业的前沿知识了解不多		
	通过各种媒介，对本专业的发展趋势有基本的把握		
	通过各种媒体和其他调研方式对本专业及其相关知识的发展趋势做出正确、及时的判断，并能写出翔实的分析报告		
	快速获取最新信息并能较快地运用到实际工作中		
团队合作能力	服从上级工作安排，但表现出不满意		
	服从上级安排并积极协调其他成员工作		
	团队合作意识强，主动与其他成员进行工作上的协调		
	能引导他人协调一致地开展工作		

（2）知识水平。技术人员的知识水平主要体现在知识的广度和专业知

识的深度两个方面。具体级别分析如表7-10所示。

表7-10 技术人员知识水平级别表

级别	知识水平标准	所属级别
一	广博的知识面，深厚的专业理论基础	
	全面了解所属行业工艺、设备技术	
	全面掌握最新技术发展	
二	广博的知识面，良好的专业理论基础	
	全面了解所属行业工艺、设备技术	
	掌握技术领域的最新发展	
三	良好的专业理论基础	
	广泛了解所属行业工艺、设备技术	
	了解技术领域有关方面的最新发展；能将市场信息转化为技术决策	
四	良好的专业理论基础	
	掌握所属行业工艺、设备技术原理	
	掌握开发的全过程	
	能把握项目整体，解决项目开发中的关键技术问题	
	能根据实际情况做出针对性技术调整方案	

（3）个人发展需求分析。调查技术人员个人发展需求，可以查阅人力资源部相关资料的记载，也可以通过座谈法来获取部分信息。

需要注意的是，在开始座谈会之前，需要准备好座谈表，以便控制座谈进度和记录座谈内容，同时要注意座谈会氛围的掌控。

二、技术人员培训需求分析报告

人力资源部需要以培训需求分析过程与结果为基础，参考企业相关的技术人员管理制度与企业培训记录等资料，分析技术人员培训的必要性，确定培训目标与培训课程，形成培训需求分析报告。培训需求分析报告包括：培训需求调查结果及分析、技术人员现状、企业对技术的新要求、建议培训课程等方面的内容。

三、技术人员培训计划的制订与实施

1. 培训计划的制订

为提高专业技术人员的专业技能和能力，并实现"一专多能"的目标，更好地发挥专业技术对产品研发、生产及技术保障的指导作用，让公司在未来的行业市场中拥有较强的竞争力，稳定、快速地向前发展，根据公司要求，结合技术部现有的实际情况，特制订专业技术人员培训学习计划。

2. 培训计划的实施

在培训计划实施的过程中，相关组织部门应做好以下工作。

（1）明确培训纪律。

①参加培训时应注意听讲和记录，手机需调为振动状态。

②培训对象可提问交流，研讨时要积极参加讨论。

③培训前需安排好手头工作，紧急事务可随时请假处理。

（2）做好培训记录。相关组织部门应对员工培训的进度及效果等情况进行记录，以便对培训对象的培训情况有所了解。

案例7-2　技术部门管理问题多，如何确定培训需求，设置培训课程？

2018年年底，某高新技术企业举办了年度工作总结会议。在本次总结会议上，总经理表示对技术部的工作很不满意，技术部没有完成年初设定的考核目标，部分重点工作任务也没有及时完成。新上任的技术部经理是公司的技术骨干，但在管理上有很多不足。目前，技术部的问题主要表现在：

（1）不重视部门建设，部分关键岗位人员一直未能到位。

（2）部门没有明确工作目标，考核工作不落地。

（3）项目管理无序化，项目无立项即上马，项目进度滞后，人员管理松散。

（4）项目组长能力不足，项目成员不服从管理。

经过管理人员沟通，考虑到今年的销售压力更加严峻。为充分支持产品销售，人力资源部必须在两周内确定技术部的培训需求，制订培训计划。

那么，人力资源部应该如何确定培训需求，设置培训课程？

【解析】培训需求的调查应该结合需求提出方和培训方，从公司发展、岗位职责、个人需求三个方面进行收集。通过工作访谈、问卷调查的方式，对共性的需求进行提炼，形成课题需求。

在本案例中，该企业存在的主要问题有：

（1）技术部的日常管理不到位，主要表现在技术人员到管理角色转换问题和部门经理的目标管理意识问题；

（2）项目管理体系没有建立和有效管理，主要表现是项目管理无序，项目组长能力不足等。

从上述问题来看，培训课程主要包括：《研发体系建设》《项目管理知识体系》（项目工作梳理）、《项目工作目标管理》（定目标与考核）、《从技术到管理》（角色转化）、《非人力资源经理的人力资源管理》（招聘、团队建设、工作考核）等系列课程。

总之，培训需求调查是公司组织培训、实施培训计划、保证培训有效性最为重要的一环。通过培训需求调查，可以确定培训目标、设计培训计划、有效地实施培训。

【答疑解惑】

问：技术人员培训的基本目标有哪些？

【解答】技术人员培训的基本目标主要有以下六方面。

（1）促使技术人员了解传统产品、新产品方面的知识及技术改进方面的基础知识。

（2）提高技术人员的技术水平和工作效率。

（3）提高技术人员的职业素质，使之保持积极心态。

（4）培养技术人员的创新意识和能力，不断开发出适合市场需求的产品。

（5）培养技术人员对企业的归属感，为企业战略目标的达成凝聚力量。

（6）培养技术骨干指导一般性技术员的能力，提高团队合作效率。

第四节 销售人员培训

一、销售人员培训需求分析

企业对销售人员进行培训需求分析是为了解决以下问题：

（1）如何开展培训工作才能帮助销售人员提升业绩。

（2）应该从哪些方面着手才能提高销售人员的业务能力。

企业对销售人员的培训需求进行分析，可以从个人能力、工作岗位、战略组织以及工作态度四个方面展开，如表 7-11 所示。

表 7-11 销售人员培训需求分析的内容

项目		内容
个人能力	知识层面	了解每款商品的特性知识，掌握所销售商品的介绍方法；在与客户沟通的过程中要具备能够为其提供正确服务的相关理论知识；了解市场上竞争对手的同类商品，分析本公司商品的优势和劣势；掌握商品分类及陈列知识；了解本行业市场供求情况，掌握行业专业术语
	技能层面	具备良好的沟通能力，提高新员工所需要的相关销售技术及销售服务技巧；能够明确产品所面对的消费人群，了解顾客特性与购买心理；积极主动地向他人推荐自己的产品，使潜在顾客变为实际顾客；能够分析产品在同类产品中的优势和劣势以及产品在市场上的供求情况；具备一定的外语水平，能够进行简单的交流
工作岗位		销售人员的主要岗位职责是开发市场、完成企业销售目标及回款、维护良好的客户关系、收集市场信息等。这些职责决定了销售人员的培训应该从以下几方面进行： （1）岗位任职资格分析 （2）工作关系分析 （3）工作任务和职责分析 （4）销售方法和技巧
战略组织		可以从以下四个方面对销售人员进行战略组织方面的分析： （1）组织环境分析 （2）客户分析 （3）企业自身分析 （4）竞争对手分析

续表

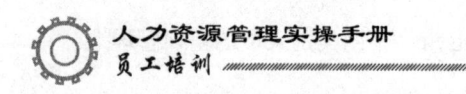

项目	内容
工作态度	（1）注意保持良好的个人形象，态度友善，面带微笑 （2）要有耐心，妥善处理顾客的无理要求 （3）避免出现顾客讨厌的行为，如紧跟在身旁、不理不睬、强迫推销等 （4）严格执行公司服务规范，诚实服务，严格遵守各项服务纪律 （5）加强责任感，具备良好的团队合作意识 （6）掌握专业的产品知识、谈话技巧、商务礼仪，具备积极、自信、大胆的心理素质 （7）成熟稳重，责任心强，心态稳定，敢于担当重任

销售人员培训需求调查表如表 7-12 所示。

表 7-12　销售人员培训需求调查表

部门：	姓名：	入职时间：	填写时间：
填写要求：（1）除标注多选的问题外，其他一律单选；（2）请如实填写			
（1）您参加工作的时间 □1～3个月　□3～6个月　□6～9个月　□9～12个月　□1～3年　□3年以上			
（2）您从事销售工作的时间 □1～3个月　□3～6个月　□6～9个月　□9～12个月　□1～3年　□3年以上			
（3）您以前参加的关于销售的培训有哪些？哪家机构？培训师是谁？培训效果如何			
（4）您在工作中遇到哪些困惑？希望通过培训解决哪些问题			
（5）您喜欢哪些培训方式（最多可选择3项） □课堂讲授　　□读书、自学　　□现场演练　　□实战演练 □看录像电影　□进学校深造　　□案例分析　　□参与竞赛 □外出学习　　□外聘专家来公司培训 □通过游戏体会实际工作情景　　□其他（详列）			
（6）你认为目前影响培训开展的因素是什么 □工作太忙没时间培训　　□大家认为培训没用 □这些课程对我的工作没用　□其他（详列）			
（7）您希望培训时间段的安排是 □周一至周五上午　□周一至周五下午　□周一至周五晚上　□周一至周五全天 □周六上午　　　　□周六下午　　　　□周日　　　　　　□其他（详列）			
（8）您希望每次培训的时间为 □60分钟　□120分钟　□半天　□一天　□两天			

续表

（9）您想参加下列哪些课程（基础知识）（多选） □公司企业文化及发展前景　　□公司政策及行为规范 □公司制度及财务流程　　　　□法律常识及交易风险防范 □交易流程及注意事项　　　　□公司做什么、卖什么 □职业形象（基本服务、电话、社交礼仪）　　□业务基础 □人事行政政策　　　　　　　□行业知识　　□其他（详列）
（10）您想参加下列哪些课程（业务技能）（多选） □销售目标与技巧　　　　　　□如何做到心中有产品 □如何掌握销售所需信息知识　□如何让客户记住你 □如何开拓客户、建立客户关系　□如何让客户转介绍 □如何谈判、设景、签约　　　□如何成功签约 □如何报价、还价、压价　　　□其他（详列）
（11）您想参加下列哪些课程（实战技能）（多选） □如何与客户沟通并保持关系　　□如何判断客户底线及心态 □如何做好销售服务　　　　　　□电话销售技巧 □优秀业务的日常工作　　　　　□如何建立客户档案 □基本心理素质，面对困难、挫折等逆境的心态　□行业心态，利用团队力量合作共赢 □专业技能、自我学习、不断成长　□情绪、压力管理 □如何合理分配工作时间　　　　□如何学习专业知识 □如何提高人际圈内的影响力　　□如何自我学习成为优秀业务人员 □其他（详列）
（12）请描述您最大的个人优势和最需要提升的个人弱势是什么
（13）您目前工作中最大的障碍与困难是什么？您希望如何解决
（14）结合您的岗位，您最渴望接受的培训是什么（请以优先顺序写出三个）
（15）希望通过上述培训获得什么样的培训结果，达到什么状态
（16）您的培训意见和建议

二、销售人员培训需求分析报告

人力资源部以销售人员培训需求调查的信息和分析的结果为基础，参考企业销售人员培训管理制度、人力资源部绩效考核标准、曾经参加过的培训等方面的记录，明确培训需求和培训目标，并形成销售人员培训需求分析报告。

销售人员培训需求分析报告一般包括：销售人员的总体学历状况、销售经验情况、目前岗位和职位、各培训需求点人数比例、课程设置建议等。

三、培训计划的制订与实施

销售人员培训实施计划表是培训实施的行动指南。某企业对新入职销售人员的培训实施计划表如表 7-13 所示。

表 7-13　某企业新入职销售人员培训实施计划表

日期	培训时间	培训内容	培训讲师	培训方法
3月4日	8:00～9:00	企业规章制度	人力资源经理	课堂讲授
	9:30～11:00	企业产品说明书	产品部经理	课堂讲授、自学
	13:30～15:00	销售人员培训资料汇编	—	自学
	15:30～17:00	企业销售人员工作手册	销售经理	课堂讲授
3月5日	8:00～11:00	企业战略目标与现状、市场形势、产品目标市场与竞争状况、产品的销售渠道	营销总监	课堂讲授
	13:30～17:00	营销与销售的区别、营销观念的演变、了解客户的方法和途径、如何与客户建立关系及维护关系、销售技巧	外聘讲师	课堂讲授、案例讨论
	19:00～20:30	学习心得总结	—	—
3月6日	8:00～11:00	参观生产车间，了解产品生产情况及其性能，熟悉生产工艺	生产车间主任	现场参观学习
	13:30～17:00	参观质检部门，了解产品质检及检测方法，以及客户投诉的主要问题及解决方法	质检部门经理	现场参观学习
	19:00～20:30	参观心得总结	—	—
3月7日	8:00～11:00	学习有关产品的专业知识	产品部经理	讲解、示范
	13:30～17:00	由销售骨干结合自身经历讲解销售技巧和注意事项	销售骨干	辅导、角色扮演
	19:00～20:30	学习心得总结	—	—
3月8日	8:00～11:00	ISO 质量管理体系介绍	产品部经理	讲解
		销售人员礼仪规范与注意事项	外聘讲师	讲解、情境模拟
	13:30～17:00	出差及财务报销规定、主要业务流程	办公室主任	讲解
	19:00～20:30	学习心得总结		

续表

日期	培训时间	培训内容	培训讲师	培训方法
3月9日	8:00～11:00	产品知识测试	办公室	—
	13:30～17:00	销售技巧测试	办公室	—
3月10日	8:00～11:00	人力资源部公布考试结果，举行培训结业仪式，颁发结业证书		

在对销售人员进行培训时，人力资源部除了要做好计划工作，还需要准备好其他一些事项，包括培训辅助设备的准备、培训经费的预算、发布培训通知等。

人力资源部在对销售人员的培训实施过程中，除了按照计划表中的时间、地点等开展具体的培训工作，还需要注意对整个培训过程的监控，并做好相应的培训记录，以便培训完成后对培训工作进行评估。

【答疑解惑】

问：销售人员培训讲师应如何选择？

【解答】选择销售人员培训讲师时，资历和培训经验是需要考虑的重要因素。一般由公司内部销售经理、销售骨干及其他相关人员，或公司外部具有丰富销售经验的专家、学者担任。公司内部培训讲师应具备的条件如图7-4所示。

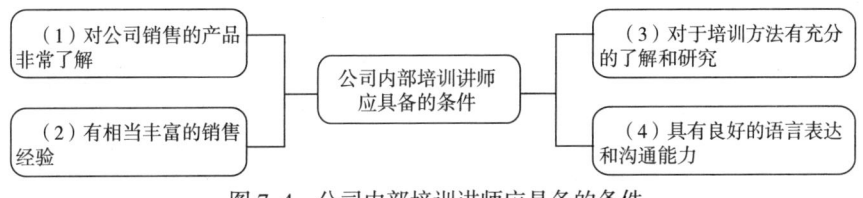

```
┌─────────────────┐                    ┌─────────────────┐
│（1）对公司销售的产品│                    │（3）对于培训方法有充分│
│非常了解          │──┐              ┌──│的了解和研究      │
└─────────────────┘  │  ┌─────────┐  │  └─────────────────┘
                     ├──│公司内部培训讲师│──┤
┌─────────────────┐  │  │应具备的条件  │  │  ┌─────────────────┐
│（2）有相当丰富的销售│──┘  └─────────┘  └──│（4）具有良好的语言表达│
│经验              │                    │和沟通能力        │
└─────────────────┘                    └─────────────────┘
```

图7-4 公司内部培训讲师应具备的条件

第五节 管理人员培训

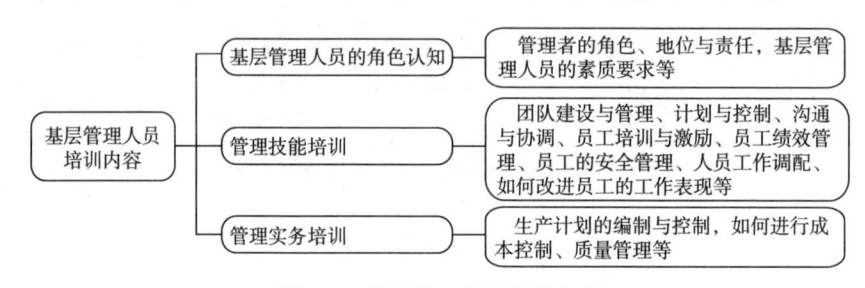

一、基层管理人员培训

1. 基层管理人员培训需求分析

基层管理人员的培训需求分析重点是个人能力分析,从基层管理人员必备能力的角度评估其现有能力的水平,从而分析其培训重点。

基层管理人员培训需求分析可以通过问卷调查的方式展开,针对基层管理人员现有表现进行调查,由基层管理人员本人、上级、同级来打分,调查结果可作为开展培训的参考资料。

2. 基层管理人员培训内容

基层管理人员培训内容是在综合分析组织、职务以及个人特点三个层面内容的基础上得出的,基层管理人员培训的主要目的是提高其管理与领导力及实际的工作技能。基层管理人员培训的具体内容如图 7-5 所示。

```
                ┌─ 基层管理人员的角色认知 ── 管理者的角色、地位与责任,基层管
                │                            理人员的素质要求等
基层管理人员     │
                ├─ 管理技能培训 ──────────── 团队建设与管理、计划与控制、沟通
培训内容         │                            与协调、员工培训与激励、员工绩效管
                │                            理、员工的安全管理、人员工作调配、
                │                            如何改进员工的工作表现等
                │
                └─ 管理实务培训 ──────────── 生产计划的编制与控制,如何进行成
                                              本控制、质量管理等
```

图 7-5　基层管理人员培训内容

二、中层管理人员培训

1. 中层管理人员培训需求分析

中层管理人员培训需求分析主要包括中层管理人员组织分析、中层管理人员工作分析及中层管理人员个人分析三部分,如表 7-14 所示。

表 7-14　中层管理人员培训需求分析

项目		内容
组织分析		中层管理人员组织分析主要从宏观角度出发，考虑企业的经营战略目标，保证中层管理人员的培训开发符合企业的整体目标与发展战略
工作分析		工作分析是有关职务的详细内容及岗位任职资格条件，其结果也是设计和编制培训课程的重要资料来源之一
		对工作任务和工作职责的分析是工作分析的一项重要内容，具体操作时可借助调查问卷或访谈的形式来收集培训需求信息
		由中层管理人员根据自己的工作情况和要求撰写的工作总结或述职报告，也是确定培训需求的信息来源之一
个人分析	个体特征	个体特征分析可以从中层管理人员性别结构、年龄结构、知识结构、专业结构、性格特征、管理风格等方面进行分析
	个人能力	中层管理人员应具备计划组织能力、协调控制能力、决策能力等
		对其他能力方面的培训需求进行分析，一方面可以通过其工作表现来分析（较直观的信息来源是员工的绩效考核记录），另一方面可以以问卷调查表的方式来获取部分信息
	职业生涯规划	职业生涯规划分析主要通过分析中层管理人员对自身工作岗位的认识和对未来的个人发展要求来确定培训需求
		其信息来源有多种渠道，例如，参阅人力资源部存档的员工个人资料、访谈等

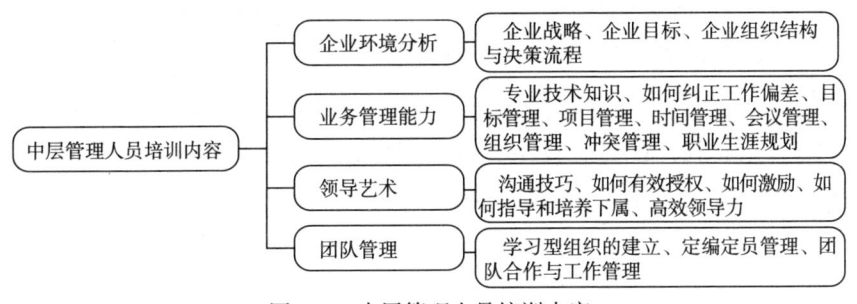

2. 中层管理人员培训内容

中层管理人员培训的主要目的是提高其管理能力与业务能力，具体内容还须根据其晋升需求进行设置，如图 7-6 所示。

中层管理人员培训内容：
- 企业环境分析：企业战略、企业目标、企业组织结构与决策流程
- 业务管理能力：专业技术知识、如何纠正工作偏差、目标管理、项目管理、时间管理、会议管理、组织管理、冲突管理、职业生涯规划
- 领导艺术：沟通技巧、如何有效授权、如何激励、如何指导和培养下属、高效领导力
- 团队管理：学习型组织的建立、定编定员管理、团队合作与工作管理

图 7-6　中层管理人员培训内容

三、高层管理人员培训

高层管理人员培训的主要目的是提高高层管理人员的全局观、知识结构、理念与管理能力及领导技能等。高层管理人员培训内容如图 7-7 所示。

```
                    ┌─ 企业环境 ─────────── 国内及全球经济和政治，企业所处的经营
                    │                       环境分析，企业所属行业发展研究，相关法
                    │                       律、法规及各项政策学习
                    │
                    ├─ 企业战略发展研究 ──── 企业面临的机遇与挑战，企业核心竞争力
                    │                       研究，如何制定企业的发展战略
高层管理人员         │
培训内容         ───┼─ 企业现代管理技术 ──── 人力资源管理，生产管理，财务管理，质量
                    │                       管理，信息管理
                    │
                    ├─ 领导艺术 ─────────── 团队管理，目标管理，员工激励，如何有
                    │                       效沟通，冲突管理，员工潜能的开发
                    │
                    ├─ 创新意识培养 ──────── 创新思维训练，思维技巧
                    │
                    └─ 个人修养与魅力的提升 ─ 成功的管理者，自信力，商务礼仪
```

图 7-7　高层管理人员培训内容

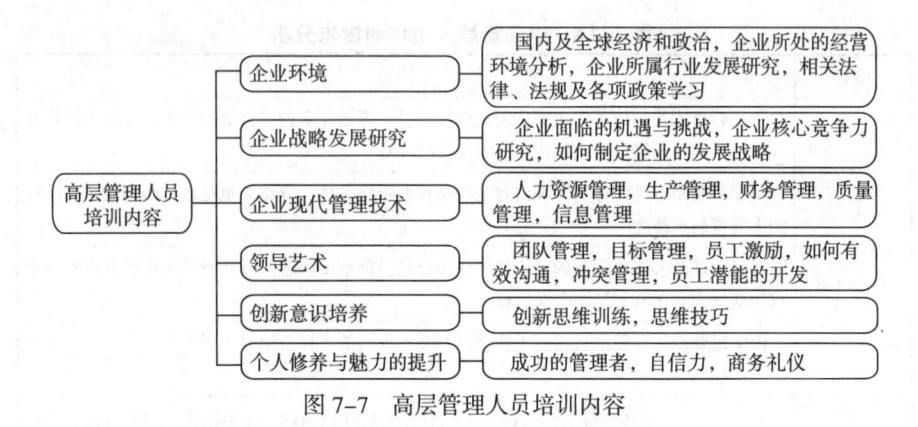

【答疑解惑】

问 1：管理岗位培训需求分析的对象有哪些？

【解答】

（1）新入职管理者培训需求分析。

（2）在职管理者培训需求分析。

（3）新晋升管理者培训需求分析。

问 2：管理者应具备哪些岗位胜任能力？

【解答】管理者的岗位胜任能力主要包括以下三部分：

（1）通用胜任能力。通用胜任能力指的是管理者应该具备的基本素质和基本知识技能，如沟通能力、表达能力、组织能力、执行力等。

（2）业务胜任能力。业务胜任能力指的是管理者分管业务的胜任能力，如产品技术知识运用、业务知识运用、客户关系管理、生产技能等能力。

（3）专业胜任能力。对于管理者来说，专业胜任能力就是管理能力，即管理技巧和个人特质，如领导能力、目标管理能力、时间管理能力等。

第六节　脱岗外派人员培训

一、脱岗人员培训

脱岗培训是相对于在岗培训而言的，它是指受训者不在工作现场接受培训的一种方式。

1. 脱岗培训的目的

（1）为满足当前工作的需要。员工当前的能力已经不能胜任该岗位，如不改进或提升会严重影响工作进程，而在岗培训不能满足当前的培训需要，因此需要进行脱岗培训。

（2）为满足今后工作的需要。虽然员工当前的能力能够满足岗位要求，但是为了更好地适应今后发展的需要和提升员工自身的能力而进行脱岗培训。

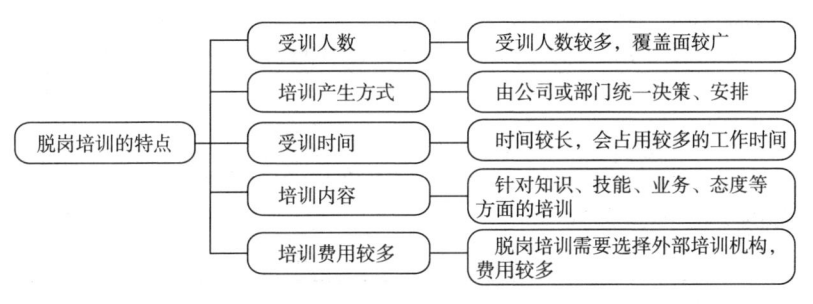

2. 脱岗培训的特点

脱岗培训的特点如图7-8所示。

脱岗培训的特点	说明
受训人数	受训人数较多，覆盖面较广
培训产生方式	由公司或部门统一决策、安排
受训时间	时间较长，会占用较多的工作时间
培训内容	针对知识、技能、业务、态度等方面的培训
培训费用较多	脱岗培训需要选择外部培训机构，费用较多

图7-8　脱岗培训的特点

3. 脱岗人员培训申请

脱岗人员培训需要通过填写脱岗人员申请表进行培训申请，并由部门经理、人力资源部经理、财务部经理等人批准。脱岗培训申请表如表7-15所示。

表7-15 脱岗培训申请表

编号：＿＿＿＿＿＿＿＿＿＿　　　　　　　　填表日期：＿＿＿＿年＿＿＿＿月＿＿＿＿日

申请人姓名		性别		出生日期	
所在部门		职位		进公司时间	
参训机构		参训课程			
培训目标		所需费用			
离岗培训日期					
申请培训原因					
培训课程内容	课程名称		具体内容		课时
受训期间工作计划与安排					
审核	审核人签名		审核日期		备注
部门经理意见	签字：　　　　　　　　　　　　　　日期：＿＿＿年＿＿＿月＿＿＿日				
人力资源经理意见	签字：　　　　　　　　　　　　　　日期：＿＿＿年＿＿＿月＿＿＿日				
财务经理意见	签字：　　　　　　　　　　　　　　日期：＿＿＿年＿＿＿月＿＿＿日				
总经理审批意见	签字：　　　　　　　　　　　　　　日期：＿＿＿年＿＿＿月＿＿＿日				

二、外派人员培训

外派人员是指由母公司任命的在东道国工作的母国公民和第三国国民，还包括在母公司工作的外国公民。外派人员培训的目的是提高外派人员及其家属在海外任职成功的可能性。确定外派成功的标志包括个人适应程度、职业效率程度、人际协调效率。

1. 外派人员培训内容

培训的内容主要包括语言培训、文化培训和实际培训，如表 7-16 所示。

表 7-16 外派人员培训内容

项目	内容
语言培训	有助于外派人员的交流和学习，从而有助于适应东道国环境
文化培训	包括整个家庭，讲解任命地区的文化、历史、政治、经济、社会和商业行为等方面的知识。讲解该国的价值观，该国文化是如何影响个体观念举止的。讲解本国与外国的文化差异
实际培训	主要包括帮助外派人员及家庭适应东道国的生活以及建立与其他外派家庭的联系。包括对东道国地理、气候、住房、学校、交通、饮食、购物等日常生活信息介绍

2. 外派人员培训方法

外派人员培训既可以采用传统的授课、视频、幻灯片、情境模拟等方法，又可以采用外派经理研讨会、短期东道国实战体验等新方法。

随着信息化、网络化和国际化的潮流，越来越多的跨国公司开始采取网络的培训方法对外派人员进行培训。

案例 7-3　对公司外派人员的后备人选，如何收集、分析他们的培训需求信息？

广州某工程公司，因海外市场不断扩大，每年都会引进一批既有一定技术或经营管理水平，又能熟练使用英语与客户进行交流的专业人员，但由于当地人才市场的局限性，公司经常出现人才供不应求的情况。为了不影响海外市场业务的开展，公司领导决定从企业内部选拔一批既有工科背景又具备一定外语水平的新毕业大学生作为公司外派人员的后备人选，并要求人力资源部制订一个切实可行的培训计划，培训时间一般不超过 3 个月，力求在一年内培养出 50 名左右的专门人才。人力资源部经过认真讨论，制订了一个具体实施方案。在实施方案中，提出的第一项任务就是要求培训项目主管进行一次全面培训需求调查，并通过各种渠道和方法广泛地收集培训需求信息。

请问：人力资源部可采用哪些方法收集这批受训者的培训需求信息？

【解析】可采用以下方法收集受训者的培训需求信息：

（1）面谈法。即培训组织者为了解培训对象在哪些方面需要培训，就培训对象对于工作或对于自己的未来抱有什么样的态度，或者说是否有什么具体的计划，并且由此而产生相关的工作技能、知识、态度或观念等方面的需求而进行面谈的方法。

（2）观察法。即培训者亲自到员工身边了解员工的具体情况，通过与员工在一起工作，观察员工的工作技能、工作态度，了解其在工作中遇到的困难，搜集培训需求信息的方法。

（3）问卷调查。即利用问卷调查员工的培训需求，是培训组织者较常采用的一种方法。

（4）重点团队分析法。即培训组织者在培训对象中选出一批熟悉问题的员工作为代表参加讨论，以调查培训需求信息。

（5）工作任务分析法。该方法以工作说明书、工作规范或工作任务分析记录表作为确定员工达到要求所必须掌握的知识、技能和态度的依据，将其和员工平时工作中的表现进行对比，以判定员工要完成工作任务的差距所在。

第八章
职业开发与职业生涯管理

第一节 什么是职业开发

一、职业开发的相关概念

1. 职业开发

职业开发又称职业生涯发展,是指为了确保员工个人职业规划与组织职业管理的目标一致性,实现个人与组织需要的最佳结合。它包括职业规划与职业管理两个基本活动。在无边界和易变性职业生涯理念下,职业开发不仅是组织的事情,还是必须以员工个人为主导、组织协助,共同进行的活动。

2. 职业规划

职业规划是员工基于个人的性格、兴趣、能力和价值观掌控自身的职业生涯而采取的一项行动。它包括对自我性格、兴趣、技能、价值观等方面的澄清,明确自身的优势和不足,对工作世界进行评估分析,以确定职业生涯发展目标,并制定一系列详细、具体、可操作的规划。

3. 职业管理

职业管理是指为实现组织目标和个人发展的有机结合,从组织角度对员工所从事的职业进行计划、引导和控制的过程,是组织人力资源管理的一个非常重要的组成部分。

二、职业开发的意义

职业开发无论是对组织发展还是对员工成长均有非常重要的意义,主要体现在以下两个方面。

1. 引领员工职业发展

职业开发对员工来说最为重要的就是可以借助组织力量,从专业、可操作、有效性的角度,了解自身的优劣势,培养必要的职业技能,树立起长期的职业规划意识并能够按照规划付诸实践，为员工最终取得职业生涯成功奠定坚实的基础。

2.确保组织人力资源供给

员工是组织发展最宝贵的资源，做好员工职业开发，有助于为组织培养具有较高忠诚度、较强专业技术能力的员工队伍，为组织发展提供必要的人才储备。这也是目前很多上市公司高度重视员工职业生涯发展的主要原因。

三、职业开发的影响因素

职业开发的影响因素主要有两大类：个人因素和环境因素。其中个人因素包括职业倾向、个人能力、职业锚和人生阶段。环境因素包括外部社会环境因素和企业内部管理状况因素。

1.个人因素

（1）职业倾向。职业倾向的具体内容如表8-1所示。

表8-1 职业倾向的具体内容

项目	内容
技能倾向	具有技能倾向的人适合从事那些包含体力活动并且需要一定技术、力量和协调性才能承担的职业，如机械师、烹饪师等
研究倾向	具有研究倾向的人适合从事那些包含较多认知活动（如思考、组织、理解等）的职业，如医师、教授、科学家等，而不是那些以感知活动为主要内容的职业
社交倾向	具有社交倾向的人适于从事那些包含大量人际交往内容的职业，希望身边有别人存在，对别人的事情感兴趣，乐于助人，如社会工作者、外交人员等
事务倾向	具有事务倾向的人通常从事那些包含大量结构性的且规则较为固定的活动的职业，在这些职业中雇员需要服务于组织的需要
经营倾向	具有经营倾向的人喜欢从事那些通过语言活动影响他人的职业，如管理人员、律师、推销员、公关人员等
艺术倾向	具有艺术倾向的人善于从事那些包含大量自我表现、艺术创造、情感表达以及个性化活动的职业，如艺术家、广告制作者及音乐家等

（2）个人能力。个人能力的体现如表8-2所示。

表8-2 个人能力的体现

项目	内容
体能	即生理素质，是指人的健康程度、强壮程度，对劳动负荷的承受能力和疲劳消除能力
心理素质	是指人的心理成熟程度，表现为对压力、挫折、困难等的承受能力

续表

项目		内容
智能	智力	包括观察力、理解力、思维判断力、记忆力、想象力和创造力等
	知识	是指员工通过学习、实践等活动所获得的理论与经验等
	技能	是指员工在智力、知识的支配和指导下操作、推动物质与信息资源的能力

（3）职业锚。职业锚又称职业系留点，锚是使船只停泊定位的铁制器具。职业锚也就是人们选择和发展自己的职业时所围绕的中心，是指当一个人不得不做出选择的时候，他无论如何都不会放弃的职业中那种至关重要的东西或价值观。

职业锚类型如图8-1所示。

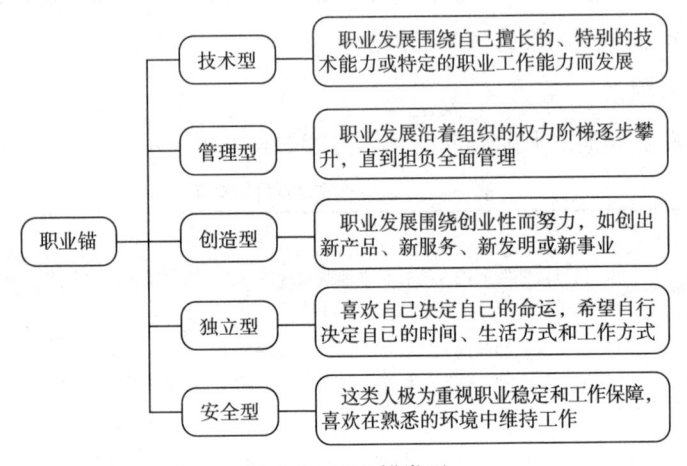

职业锚
- 技术型：职业发展围绕自己擅长的、特别的技术能力或特定的职业工作能力而发展
- 管理型：职业发展沿着组织的权力阶梯逐步攀升，直到担负全面管理
- 创造型：职业发展围绕创业性而努力，如创出新产品、新服务、新发明或新事业
- 独立型：喜欢自己决定自己的命运，希望自行决定自己的时间、生活方式和工作方式
- 安全型：这类人极为重视职业稳定和工作保障，喜欢在熟悉的环境中维持工作

图8-1 职业锚类型

（4）人生阶段。人生的五个阶段如图8-2所示，不同的阶段职业发展的重点和内容不同。

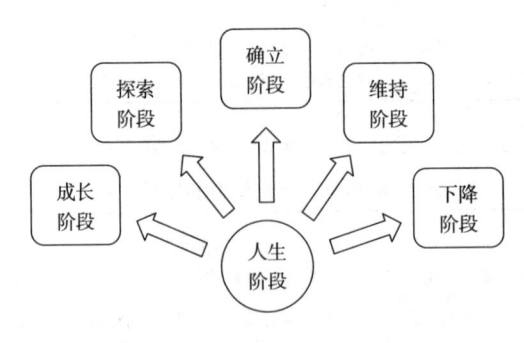

人生阶段
- 探索阶段
- 确立阶段
- 维持阶段
- 成长阶段
- 下降阶段

图8-2 人生阶段

2. 环境因素

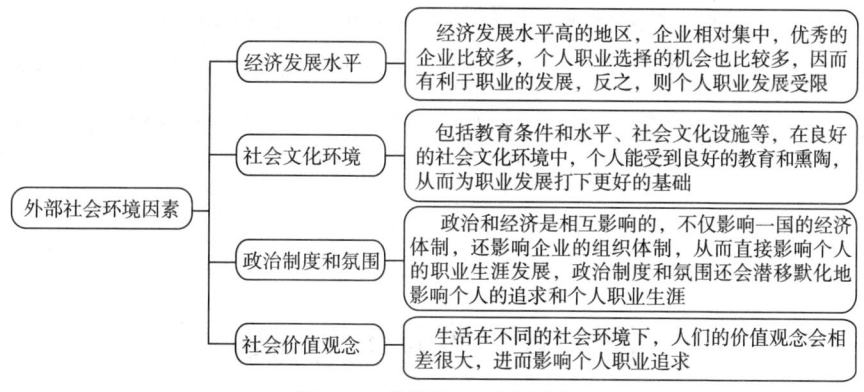

（1）外部社会环境因素。外部社会环境因素如图8-3所示。

```
外部社会环境因素
├─ 经济发展水平 ── 经济发展水平高的地区，企业相对集中，优秀的企业比较多，个人职业选择的机会也比较多，因而有利于职业的发展，反之，则个人职业发展受限
├─ 社会文化环境 ── 包括教育条件和水平、社会文化设施等，在良好的社会文化环境中，个人能受到良好的教育和熏陶，从而为职业发展打下更好的基础
├─ 政治制度和氛围 ── 政治和经济是相互影响的，不仅影响一国的经济体制，还影响企业的组织体制，从而直接影响个人的职业生涯发展，政治制度和氛围还会潜移默化地影响个人的追求和个人职业生涯
└─ 社会价值观念 ── 生活在不同的社会环境下，人们的价值观念会相差很大，进而影响个人职业追求
```

图8-3　外部社会环境因素

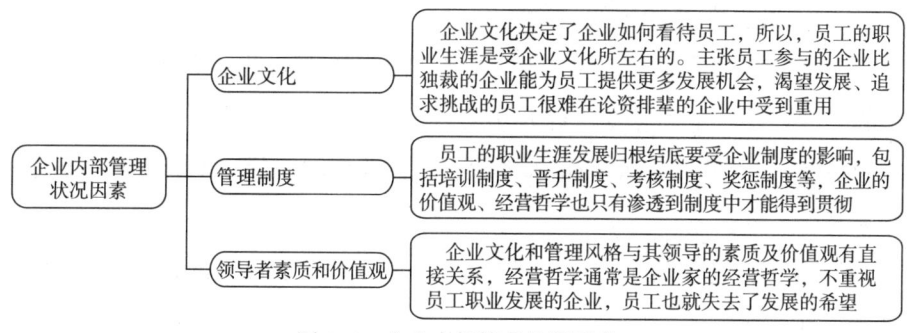

（2）企业内部管理状况因素。企业内部管理状况因素如图8-4所示。

```
企业内部管理状况因素
├─ 企业文化 ── 企业文化决定了企业如何看待员工，所以，员工的职业生涯是受企业文化所左右的。主张员工参与的企业比独裁的企业能为员工提供更多发展机会，渴望发展、追求挑战的员工很难在论资排辈的企业中受到重用
├─ 管理制度 ── 员工的职业生涯发展归根结底要受企业制度的影响，包括培训制度、晋升制度、考核制度、奖惩制度等，企业的价值观、经营哲学也只有渗透到制度中才能得到贯彻
└─ 领导者素质和价值观 ── 企业文化和管理风格与其领导的素质及价值观有直接关系，经营哲学通常是企业家的经营哲学，不重视员工职业发展的企业，员工也就失去了发展的希望
```

图8-4　企业内部管理状况因素

温馨提示

组织对员工职业生涯开发的关键步骤

组织对员工职业生涯开发的关键步骤如下：

（1）准备多重职业生涯发展选择的可能性，并明确各个岗位可能的流动方向、晋升路线，使员工能依此确定个人的发展机会和途径。

（2）加强员工与企业的沟通，鼓励员工妥善制订个人发展计划，使其个人生涯目标与组织发展目标保持一致，并持续关注其个人发展行动计划的完成情况。通过个人发展计划，可以明确员工的职业目标，查找其能力

缺陷，使组织能够帮助其更好地成长与发展。

（3）建立并完善本组织的人力资源管理档案，根据员工的不同年龄、职位、技能水平、价值观等，设计出不同的教育方式和培养方案。

（4）由于组织中帮助员工制定符合企业发展和个人需要的生涯计划的关键角色是员工的直属上级，所以人力资源部必须对他们进行培训、教育、辅导，以便能够及时地给出建议、提供信息。

第二节　职业生涯规划

一、职业生涯的定义

职业生涯，是指员工一生中所从事职业的全部过程。职业生涯是以员工的心理开发、生理开发、智力开发、技能开发和伦理开发等人类潜能开发为基础，以工作内容的确定和变化，工作业绩的评价，工资待遇、职称、职务变动为标志。

职业生涯包含两个方面，即内职业生涯和外职业生涯，具体内容如表8-3所示。

表8-3　职业生涯的两个方面

项目	具体内容
内职业生涯	内职业生涯是指员工从事一种职业时所具备的知识、观念、经验、能力、心理素质、内心感受等因素的组合及其变化过程。它是通过员工在从事职业时的工作表现、工作结果、言谈举止等体现出来的
外职业生涯	外职业生涯是指员工从事一种职业的时间、地点、单位、工作内容、职务与职称、工资待遇等因素的组合及其变化过程。外职业生涯是员工在职业生涯过程中，经历的职业角色（职位）及获取的物质财富的总和，是依赖于内职业生涯的发展而发展的

二、职业生涯规划的定义

职业生涯规划是指个人发展与组织发展相结合，对决定一个人职业生涯的主客观因素进行分析、总结和测定，确定一个人的事业奋斗目标，并选择实现这一事业目标的职业，编制相应的工作、教育和培训的行动计划，对每一步骤的时间、顺序和方向做出合理的安排。

职业生涯规划的含义可以从四个方面理解，如图8-5所示。

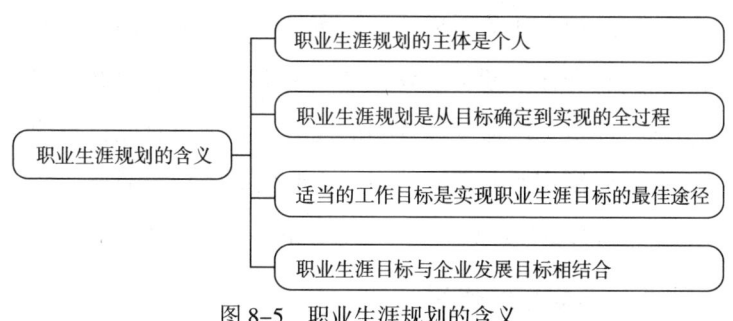

```
职业生涯规划的含义 ─┬─ 职业生涯规划的主体是个人
                   ├─ 职业生涯规划是从目标确定到实现的全过程
                   ├─ 适当的工作目标是实现职业生涯目标的最佳途径
                   └─ 职业生涯目标与企业发展目标相结合
```

图8-5 职业生涯规划的含义

1. 职业生涯规划的主体是个人

制定和执行职业生涯规划的主体不是某个企业组织本身，而是企业中的员工个体。企业的发展对员工个人的职业生涯规划产生重要影响，但这是通过员工对自身、环境、目标的认知间接产生的。许多员工的职业生涯目标不是在单一的企业内部实现的，所以企业要将自己的发展和员工个人的发展相结合。

2. 职业生涯规划是从目标确定到实现的全过程

职业生涯规划是员工个体在职业生涯中有意识地确立职业生涯目标并追求目标实现的过程。目标的确定要建立在对主客观因素的认识和分析之上，然后通过职业活动去实现。随着这些因素的不断变化和职业活动成果的出现，职业目标可能会更加明晰，或是需要在反馈后加以修正。而这些过程的实现，都需要企业的参与和指导。

3. 适当的工作目标是实现职业生涯目标的最佳途径

工作目标是个人在当前工作岗位上要完成的任务目标，可以是自设的，也可以是企业给定的。工作目标一般比较具体，同本职工作紧密联系，是随时间变化而变化的短期目标。职业生涯目标是相对抽象的长期目标，而且不一定同当前工作相关，但二者是密切联系的。选择适当的工作目标，并且能够很好地实现这些目标是最终达成职业生涯目标的最佳途径。

4. 职业生涯目标与企业发展目标相结合

企业是员工实现个人职业生涯目标的重要场所。员工在对自身和环境进行分析和确定职业目标的过程中，许多员工需要来自外界的指导和帮助。企业通过聘用、培训、评估、晋升等有效手段对员工的职业生涯规划产生巨大影响。企业有责任帮助员工发展和实现个人的职业生涯规划，同时有必要加以引导，使员工职业生涯规划的发展和实现与企业自身的发展目标相协调。企业需要制定职业需求战略、职业变动规划与职业通道，同时采取必要的措施加以实施，以实现企业和个人的发展目标相统一。

三、职业生涯规划的作用

1. 职业生涯规划对个人的作用

自我变革的重要手段就是职业生涯规划，它是现代管理的重要思想，是每个员工充分开发自己潜能并自觉地进行自我管理的有效工具。只有善于对自己所从事的职业进行自我规划的人，才能有正确的前进方向和有效的行动措施，才能充分发挥自我管理的主动性，充分开发自身潜能，从而在事业上取得更大的业绩。具体地说，职业生涯规划对个人的作用如图8-6所示。

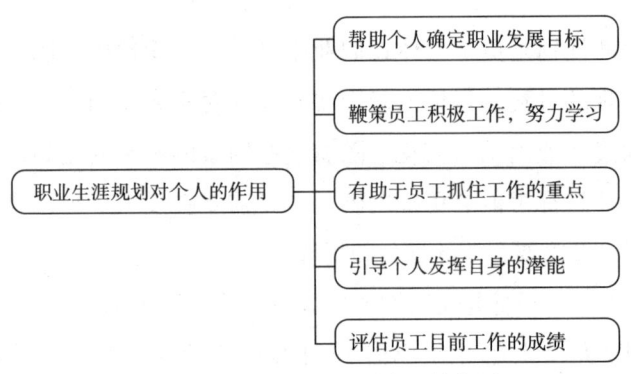

职业生涯规划对个人的作用
- 帮助个人确定职业发展目标
- 鞭策员工积极工作，努力学习
- 有助于员工抓住工作的重点
- 引导个人发挥自身的潜能
- 评估员工目前工作的成绩

图8-6 职业生涯规划对个人的作用

2. 职业生涯规划对企业的作用

从企业角度考虑，职业生涯规划主要是企业对员工职业生涯的管理。通过对员工职业生涯的管理，不但能保证企业未来人才的需要，而且能使企业人力资源得到有效的开发。具体来说，职业生涯规划对企业的作用如图 8-7 所示。

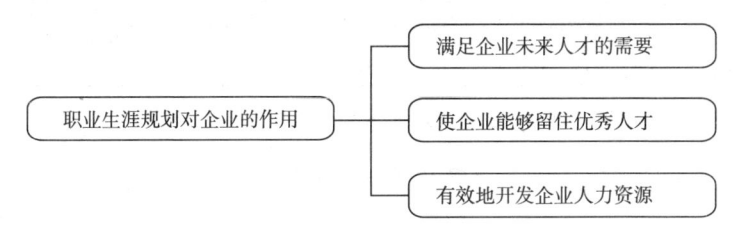

图 8-7　职业生涯规划对企业的作用

温馨提示

人力资源部在职工职业发展方面的主要职责

（1）拟定职业发展管理体系的管理办法、流程等制度性文件。

（2）为各事业部推行职业发展管理体系进行培训、指导、监督、政策解释等支持。

（3）及时向员工传达岗位空缺信息。

（4）汇总、整理有关问题，对职业发展管理体系进行分析、研究，制定改进措施，不断优化职业发展管理体系。

（5）建立职业发展管理体系档案。

四、如何进行职业生涯规划

1. 分析员工职业生涯规划的影响因素

要有效地对员工进行职业生涯规划，必须在制定规划之前对各有关因素加以分析，帮助员工确定适宜的职业生涯发展目标，并根据各种因素的变化对员工的职业生涯发展做出适当调整。具体说来，应从以下几个方面进行分析：

（1）个人分析。个人分析如表 8-4 所示。

表 8-4　个人分析

项目	内容
心理特质	每个人都有其独特的气质和个性，如智能、情绪能、性格、潜能、价值观、兴趣、动机等

续表

项目	内容
生理特点	包括性别、身体状况、身高、体重以及外貌等
学历经历	包括所受的教育程度、训练经历、学业成绩、社团活动、工作经验、职业生涯目标等
家庭背景	父母的职业、社会地位、家人的期望等

（2）组织分析。组织分析如表8-5所示。

表8-5　组织分析

项目	内容
组织特色	包括组织文化、组织气氛、组织阶层、组织结构等
人力评估	包括人力需求的预测、人力规划、人力供需、升迁政策、招募方式等
工作分析	诸如职位分析、工作能力分析、工作绩效评估、工作研究等
人力资源管理	包括人事管理方案、工资报酬、福利措施、员工关系、发展政策等
人际关系	包括与主管、同事或部属之间的关系等

（3）环境分析。环境分析如表8-6所示。

表8-6　环境分析

项目	内容
社会环境	如就业市场的供需、国家有关人力资源方面的政策、法律、法规等
政治环境	如政治的变动、国际政治风云的变化等
经济环境	如经济增长率、市场的竞争、经济景气状况等
科技发展	产业结构的调整、高新技术的影响、现代化技术与管理的发展等

2. 收集员工职业生涯规划的信息

（1）信息收集的内容。

①收集组织发展的信息。在组织方面，应先了解组织过去的情况、未来发展趋势以及外在环境的变迁对员工职业生涯规划的影响，以便进行整体性、前瞻性规划。因此，组织发展信息可以从以下两方面来收集：

人力资源管理的活动。人力资源管理活动与职业生涯规划工作密切相关。如确定员工的职业生涯路线发展方向，使员工能集中精力于学习新知识和新技能；对员工的工作进行轮岗调适，增加员工的工作技能，丰富员工的工作经历；职位升迁机会与条件限制、工作绩效评估的结果、各级管理候选人的培养等。

公司奖励升迁制度。奖励与升迁是满足员工物质需求的重要手段，也是激励员工的主要方式,并且升迁是员工职业生涯规划的主要目标。

②收集员工发展信息。

员工基本情况。包括性别、年龄、学历、工作经历、训练记录、任职记录、健康状况等。

员工职业胜任情况。具体内容如图 8-8 所示。

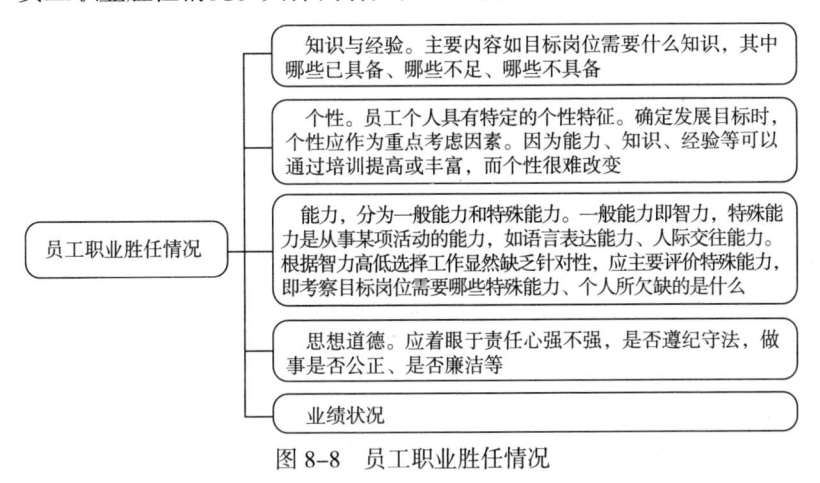

```
              ┌─ 知识与经验。主要内容如目标岗位需要什么知识,其中
              │  哪些已具备、哪些不足、哪些不具备
              │
              ├─ 个性。员工个人具有特定的个性特征。确定发展目标时,
              │  个性作为重点考虑因素。因为能力、知识、经验等可以
              │  通过培训提高或丰富,而个性很难改变
              │
员工职业胜任情况 ┼─ 能力,分为一般能力和特殊能力。一般能力即智力,特殊能
              │  力是从事某项活动的能力,如语言表达能力、人际交往能力。
              │  根据智力高低选择工作显然缺乏针对性,应主要评价特殊能力,
              │  即考察目标岗位需要哪些特殊能力、个人所欠缺的是什么
              │
              ├─ 思想道德。应着眼于责任心强不强,是否遵纪守法,做
              │  事是否公正、是否廉洁等
              │
              └─ 业绩状况
```

图 8-8 员工职业胜任情况

员工个人发展愿望和未来规划。

所在职业领域构成要素。具有职业特征的职业类属,如工作的对象和内容、承担这些工作所需要的资格和能力、通过这些工作取得的各种报酬、在工作中建立的与其他社会部门或社会成员的联系、职业岗位余缺信息、职业职务晋升渠道和职位流动的速度。

人事面谈资料。

员工综合评价结果。

(2)信息收集的途径和方法。采集员工职业发展信息的途径包括:通过员工人事档案查阅静态信息;通过考核方法获取业绩信息;通过各级评价方法获取综合信息。其中,各级评价方法主要有以下三种。第一,自我评价。在强调员工自主发展的员工个人发展规划模式中,自我评价是基础。自我评价的手段包括人事考核量表、心理测验量表等。第二,直接主管评价。在强调组织作用的员工个人发展规划模式中,直接主管评价是基础,其作用是发现有培养前途的员工。第三,同事评价。一般而言,同事评价

可以作为自我评价和直接领导评价的辅助手段。

通过员工自我评价收集信息的方法如图8-9所示。

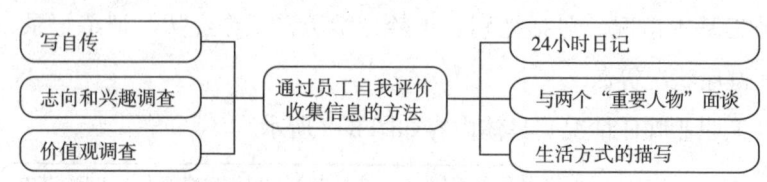

```
写自传 ┐                              ┌ 24小时日记
志向和兴趣调查 ┤─ 通过员工自我评价 ├─ 与两个"重要人物"面谈
价值观调查 ┘    收集信息的方法     └ 生活方式的描写
```

图8-9 通过员工自我评价收集信息的方法

通过企业组织评价获取信息的方法包括：人事考核、人格测试、情境模拟、职业能力倾向测验等。

3.明确员工职业生涯发展的方向

明确员工职业生涯发展的方向如表8-7所示。

表8-7 明确员工职业生涯发展的方向

发展方向	内容
专业技术型发展	沿着技术开发、维修、财会、人事等专业方向发展，比如从助理工程师到工程师，再发展到高级工程师
企业管理型发展	通常是在基层表现出才能和政绩后获得提升；先担任基层主管，然后担任中层领导，乃至高层领导
专业技术与管理型发展	先从事基层技术设计或施工工作，然后担任技术项目的主管，再发展到技术部门负责人，最后是公司分管技术工作的副总经理，乃至公司高层领导
技能操作型发展	通常是先从学徒开始，到初级技工、中级技工和高级技工，再发展到技师和高级技师

案例8-1　如何正确地转换职业发展方向？

田某在某企业担任会计岗位已经4年，平时工作认真、努力，获得了领导和同事的一致好评。但是，从事这个岗位时间久了，渐渐觉得枯燥、乏味，她不想再做会计工作，希望自己未来有更长远的职业发展。可是，对于未来都有哪些方向可以走她并不清楚，对自己的未来一片迷茫。因此，她很苦恼，于是找到了公司人力资源部负责人王某，王某利用职业生涯多角度的工具，帮她梳理了职业发展可选的方向，并让她对照不同的方向，根据自身的情况做出选择。

那么，在哪些方向可供田某选择呢？

【解析】

（1）晋升管理岗位，可以选择的路径为财务经理、财务总监、副总经理、总经理等在职位上逐渐提高的管理岗位。

（2）选择技能型岗位，可以选择的方向有高级审计师、高级会计师、投资理财顾问、财务顾问等专业性较强的技能型岗位。

（3）内部转岗，可以选择变换岗位，专业相关的比如出纳、理财专员、财务培训专员、财务产品销售等岗位；如果不想再从事与财务相关的岗位，可以考虑其他岗位从零开始。

（4）转移注意力，可以选择的方式有更重视家庭时间的投入、通过业余时间旅游散心、培养一些业余爱好、利用业余时间理财等。

【答疑解惑】

问1：员工明确自身职业要求的方法有哪些?

【解答】员工要明确自身的职业要求，可以选择的方法如表8-8所示。

表8-8 员工明确自身职业要求的方法

方法	内容
勤于沟通	通过与上级和同事的沟通，明确岗位的具体要求
深度观察	通过企业要求矩阵图，关注以前没有关注的隐形要求
看清趋势	时刻关注企业和职业的变化趋势，提前做准备
跟随导师	尽量寻找优秀者做职业导师，以便少走弯路

问2：员工提升自身职业能力的方法有哪些?

【解答】员工要提升自身的职业能力，可以选择的方法如表8-9所示。

表8-9 员工要提升职业能力的方法

方法	内容
确定目标	设定一个本阶段自己可达成的恰当目标
寻找差距	通过清晰的岗位要求，列出自己和岗位要求的能力差距
制订计划	制订清晰的、阶段性的能力提升计划
调整结构	主动学习，持续练习，提升缺项能力，调整自己的能力结构

第三节 员工职业生涯管理

一、职业发展通道

职业发展通道是指员工的职业发展计划，是一系列结构化的职位，是组织为员工设计的自我认知、成长和晋升的管理方案。职业发展通道明确了组织内员工可能的发展方向及发展机会，组织内每一个员工可能沿着本组织的发展通道变换工作岗位。

对于企业来说，职业发展通道可以使企业更加了解员工的潜能；对于员工来说，可以使员工更加专注于自身未来的发展方向并为之努力。这一职业发展通道要求员工、主管以及人力资源部门共同参与制定，员工提出自身的兴趣与倾向，主管对员工的工作表现进行评估，人力资源部门则负责评估其未来的发展可能。

1. 职业发展通道的类型

职业发展通道的类型包括专业技术型和行政管理型两大类，如图8-10所示。

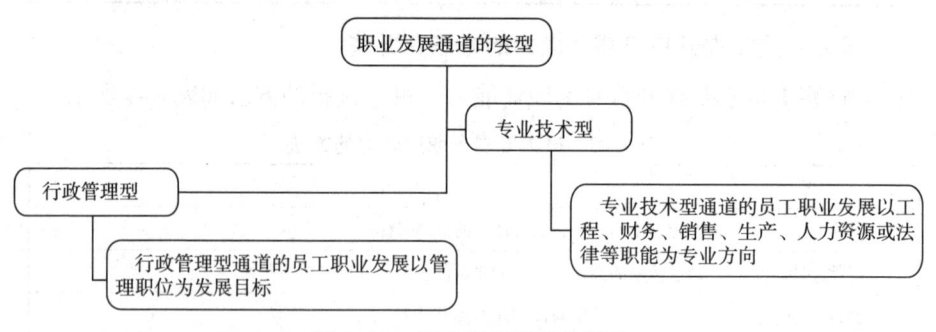

```
                    职业发展通道的类型
                          │
          ┌───────────────┴───────────────┐
     行政管理型                         专业技术型
          │                                │
行政管理型通道的员工职业发展以管       专业技术型通道的员工职业发展以工
理职位为发展目标                     程、财务、销售、生产、人力资源或法
                                     律等职能为专业方向
```

图8-10 职业发展通道的类型

2. 职业发展通道的模式

组织导向的职业发展通道模式主要有五种，具体内容如图8-11所示。

第八章 职业开发与职业生涯管理

组织导向的职业发展通道模式：

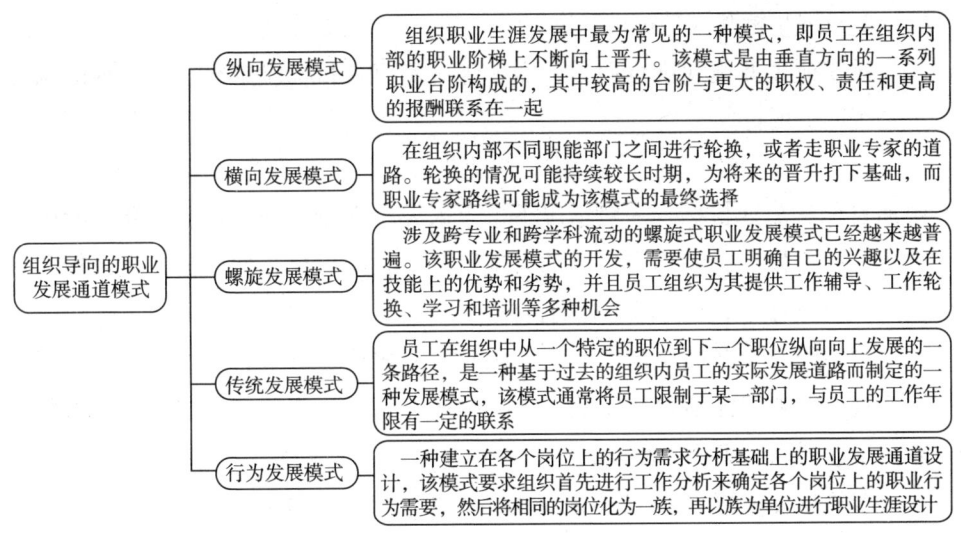

- **纵向发展模式**：组织职业生涯发展中最为常见的一种模式，即员工在组织内部的职业阶梯上不断向上晋升。该模式是由垂直方向的一系列职业台阶构成的，其中较高的台阶与更大的职权、责任和更高的报酬联系在一起

- **横向发展模式**：在组织内部不同职能部门之间进行轮换，或者走职业专家的道路。轮换的情况可能持续较长时期，为将来的晋升打下基础，而职业专家路线可能成为该模式的最终选择

- **螺旋发展模式**：涉及跨专业和跨学科流动的螺旋式职业发展模式已经越来越普及。该职业发展模式的开发，需要使员工明确自己的兴趣以及在技能上的优势和劣势，并且员工组织为其提供工作辅导、工作轮换、学习和培训等多种机会

- **传统发展模式**：员工在组织中从一个特定的职位到下一个职位纵向向上发展的一条路径，是一种基于过去的组织内员工的实际发展道路而制定的一种发展模式，该模式通常将员工限制于某一部门，与员工的工作年限有一定的联系

- **行为发展模式**：一种建立在各个岗位上的行为需求分析基础上的职业发展通道设计，该模式要求组织首先进行工作分析来确定各个岗位上的职业行为需要，然后将相同的岗位化为一族，再以族为单位进行职业生涯设计

图 8-11　组织导向的职业发展通道模式

二、职业生涯规划的调适与实施

员工职业生涯规划需要一系列精心设计的流程才能迈上可控之路。职业生涯规划制定后需要根据不同阶段的具体情况进行相应的调适，以使职业规划符合个人实际，有效促进职业规划的达成。员工职业生涯规划的调适与实施，主要包含以下四方面内容。

1. 职业生涯诊断

职业生涯诊断的主要内容包括个人状况诊断和环境状况诊断两大部分如表 8-10 所示。

表 8-10　职业生涯诊断的主要内容

项目	内容
个人状况诊断	主要包括个人、事业、家庭、职业兴趣、性格、职业能力、职业性向、健康情况、自我充实、个人休闲情况、个人财富情况、所属的社会阶层、自我实现情况、个人生活品质等各方面
环境状况诊断分析	主要从行业条件、企业条件、地区条件和社会条件等进行分析。职业生涯诊断分析的关键在于发现影响职业成功的关键问题，包括问题发生的领域、问题的难度、自己与组织相配合的情况

通过对两大部分的分析与诊断，及时发现影响个人职业生涯发展的问题所在，个人才能采取针对性方法进行相应的调适。

2. 发展目标和成功标准确定

对职业生涯规划进行调适,需要进一步审视目标设定和成功标准的制定是否准确可行。

(1)职业生涯发展目标确定。职业生涯目标包括人生目标、长期目标、中期目标和短期目标。一般情况下,个人要根据自己的专业、兴趣和价值观以及社会发展趋势确定自己的人生目标与长期目标,然后把人生目标和长期目标分解为中期目标与短期目标。

(2)职业生涯成功标准确定。职业生涯成功是员工职业生涯追求目标的实现。职业锚能清楚地反映出个人的职业追求与抱负,从职业锚可以判断员工达到职业成功的标准。

布鲁克林·德尔(C.Brooklyn Derr)总结出企业员工有五种不同的职业生涯成功的方向,如表8-11所示。

表8-11 布鲁克林·德尔总结的职业生涯成功方向

类型	内容
进取型	达到组织系统的最高地位
安全型	追求认可、工作安全、尊敬和成为"圈内人"
自由型	在工作过程中得到最大的控制而不是被控制
攀登型	得到刺激、挑战、冒险的机会
平衡型	在工作、家庭关系和自我发展之间取得有意义的平衡,以使工作不至于变得太耗精力或太乏味

3. 职业生涯发展策略确定

职业生涯发展策略包括确定职业生涯发展通道、职业生涯所需的能力转换。

(1)确定职业生涯发展通道。确定职业生涯发展通道是指在一个人选定职业后,从什么方向上实现自己的职业目标,如图8-12所示。

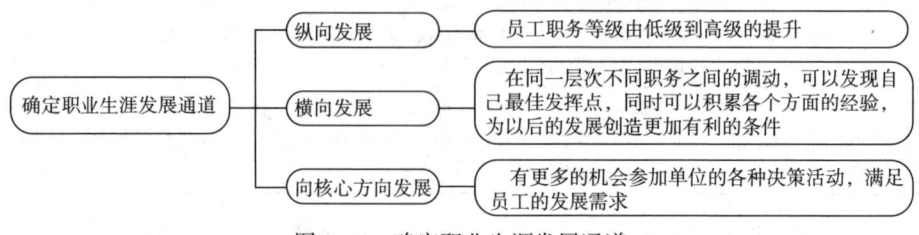

确定职业生涯发展通道	纵向发展	员工职务等级由低级到高级的提升
	横向发展	在同一层次不同职务之间的调动,可以发现自己最佳发挥点,同时可以积累各个方面的经验,为以后的发展创造更加有利的条件
	向核心方向发展	有更多的机会参加单位的各种决策活动,满足员工的发展需求

图8-12 确定职业生涯发展通道

个人通过对职业发展通道的诊断与分析,发现问题并及时调整自己的职业发展通道。

（2）职业生涯所需的能力转换，如图8-13所示。

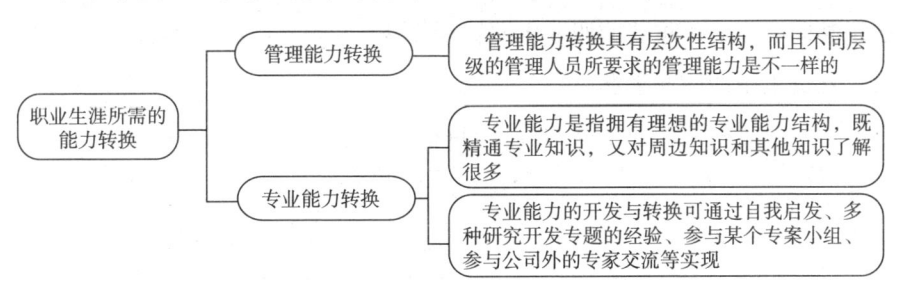

```
职业生涯所需的    ┌─ 管理能力转换 ── 管理能力转换具有层次性结构，而且不同层
能力转换         │                级的管理人员所要求的管理能力是不一样的
                │
                └─ 专业能力转换 ┬─ 专业能力是指拥有理想的专业能力结构，既
                               │  精通专业知识，又对周边知识和其他知识了解
                               │  很多
                               │
                               └─ 专业能力的开发与转换可通过自我启发、多
                                  种研究开发专题的经验、参与某个专案小组、
                                  参与公司外的专家交流等实现
```

图 8-13　职业生涯所需的能力转换

4. 职业生涯实施管理

确定了职业生涯发展策略之后，行动即成为关键。职业生涯发展方案通过准备一套周密的行动计划，并辅以考核措施以确保预期实现。影响职业生涯规划的因素有很多，对职业生涯设计的评估和修订也很重要，通过不断的修订调整，使职业生涯规划更适合个人发展。

三、员工职业生涯周期管理

员工职业生涯周期可划分为三个阶段，早期阶段、中期阶段和后期阶段，针对不同阶段的职业生涯特点采取相应的合理管理方法。

1. 员工早期职业生涯

（1）员工早期职业生涯的特点如图8-14所示。

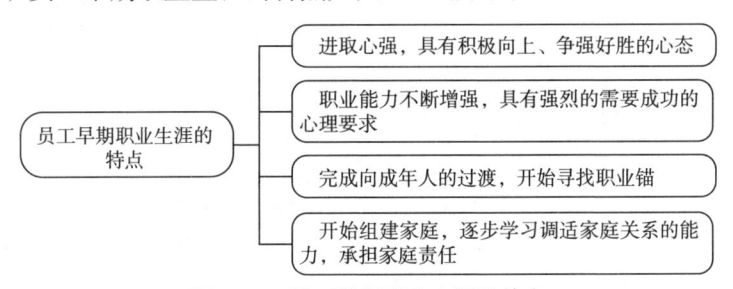

```
员工早期职业生涯的 ┬─ 进取心强，具有积极向上、争强好胜的心态
特点              │
                 ├─ 职业能力不断增强，具有强烈的需要成功的
                 │  心理要求
                 │
                 ├─ 完成向成年人的过渡，开始寻找职业锚
                 │
                 └─ 开始组建家庭，逐步学习调适家庭关系的能
                    力，承担家庭责任
```

图 8-14　员工早期职业生涯的特点

（2）个人的组织化。个人接受组织聘用新进入组织后，形成一定的劳资关系，逐步由自由人向组织人转化。个人组织化的途径是组织创造条件和氛围，使新员工学会在该组织中如何工作、如何处理人际关系、如何扮

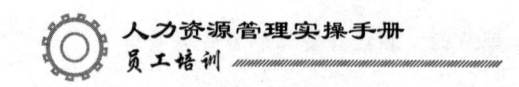

演好组织中的角色等。

针对该阶段的特点，个人的组织化和个人与组织的相互接纳是个人及组织共同面临的、重要的职业生涯管理任务。

2. 员工中期职业生涯

（1）员工中期职业生涯的特点如图 8-15 所示。

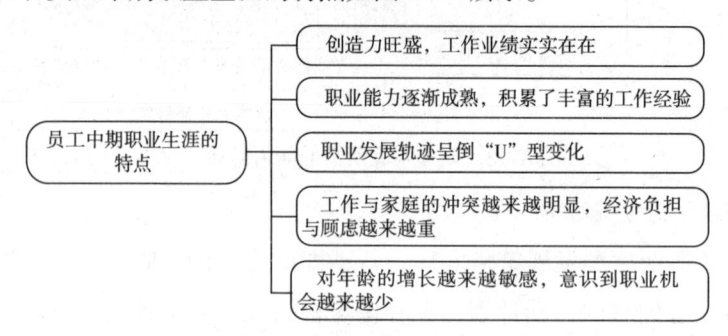

员工中期职业生涯的特点：
- 创造力旺盛，工作业绩实实在在
- 职业能力逐渐成熟，积累了丰富的工作经验
- 职业发展轨迹呈倒"U"型变化
- 工作与家庭的冲突越来越明显，经济负担与顾虑越来越重
- 对年龄的增长越来越敏感，意识到职业机会越来越少

图 8-15　员工中期职业生涯的特点

（2）员工职业生涯中期阶段的管理任务。员工中期职业生涯将会遇到"瓶颈"，员工步入中年，职业发展机会减少，而个人的发展愿望没有得到满足，企业组织结构将制约员工发展。

职业生涯中期阶段是人生的关键阶段。如果职业生涯不成功，就会导致员工心理受挫，个人对自己的职业发展产生困惑，形成了所谓的中期职业生涯危机，主要体现在三个方面，如图 8-16 所示。

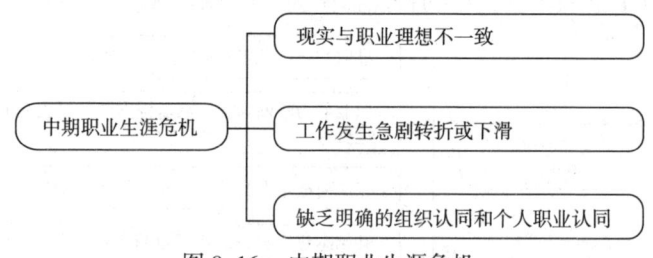

中期职业生涯危机：
- 现实与职业理想不一致
- 工作发生急剧转折或下滑
- 缺乏明确的组织认同和个人职业认同

图 8-16　中期职业生涯危机

针对此阶段的主要特点，组织应该采取的管理措施有以下四种。

①持积极进取的精神和乐观的态度。

②零星的职业与职业角色选择决策。

③成为一名良师，担当起言传身教的责任。

④维护职业工作、家庭生活和自我发展三者之间的均衡。

3.员工后期职业生涯

（1）员工后期职业生涯的特点如图8-17所示。

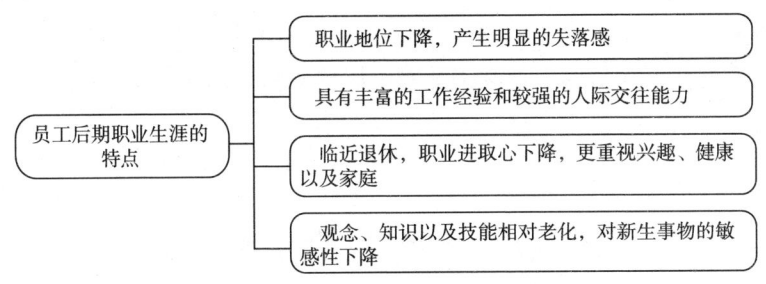

员工后期职业生涯的特点：
- 职业地位下降，产生明显的失落感
- 具有丰富的工作经验和较强的人际交往能力
- 临近退休，职业进取心下降，更重视兴趣、健康以及家庭
- 观念、知识以及技能相对老化，对新生事物的敏感性下降

图8-17 员工后期职业生涯的特点

（2）员工后期职业生涯管理任务。针对员工职业生涯后期的特点，可采取的主要做法有以下三种。

①承认自己的竞争力和进取心的下降，学会接受和发展新角色。

②学会和接受权力、责任与中心地位的下降。

③回顾自己整个职业生涯，着手准备退休。

【答疑解惑】

问：如何制定中小企业员工的晋升制度？

【解答】如果想快速形成有激励效果的员工晋升制度，在制度的导向上应当有所侧重。

1.注重职级而不是职位

与大型企业中的众多职位不同，中小型企业一般人数较少，能够设置的职位数量有限。所以，中小企业在员工晋升的设置上可以职级上的提升为主，而不是职位上的晋升。

2.注重精神而不是物质

中小型企业财务状况可能不像大企业那么好，所以在员工晋升的奖励方面，不一定要完全体现在员工薪酬的提升上，可以增加更多精神层面的激励。激励理论认为，精神激励往往比物质激励更具有激励性。

3.注重远期而不是近期

由于中小企业的特点，员工晋升后的奖励不一定是即时的、近期的，

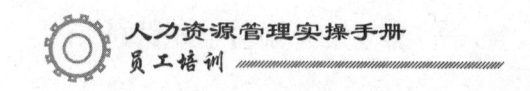

企业可以适当地引入长期激励。这样做既能减少企业的财务压力，也能提高企业员工队伍的稳定性。

4. 注重功劳而不是苦劳

大多数中小企的首要任务是活下去，企业要以成长和发展为目的、以获取市场的认可为目标。企业接受着市场的考验，员工更应当如此。

第四节　组织职业生涯管理

一、组织职业生涯管理的意义

组织职业生涯管理旨在将组织发展目标与组织内部员工个人的发展目标有机地结合起来，因此，组织实施职业生涯管理本身就应该是一个双赢的过程。

1. 对组织的意义

组织职业生涯管理对组织的意义主要体现在五个方面，如图8-18所示。

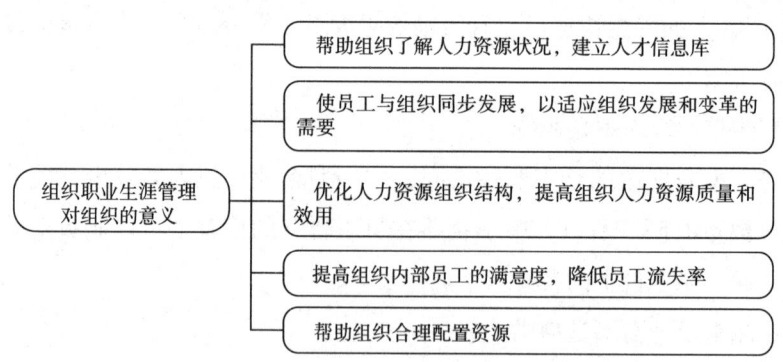

```
                    ┌─ 帮助组织了解人力资源状况，建立人才信息库
                    │
                    ├─ 使员工与组织同步发展，以适应组织发展和变革的需要
                    │
组织职业生涯管理 ───┼─ 优化人力资源组织结构，提高组织人力资源质量和效用
   对组织的意义     │
                    ├─ 提高组织内部员工的满意度，降低员工流失率
                    │
                    └─ 帮助组织合理配置资源
```

图 8-18　组织职业生涯管理对组织的意义

2. 对员工的意义

对员工个人而言，组织职业生涯管理的意义主要体现在四个方面，如图8-19所示。

第八章 职业开发与职业生涯管理

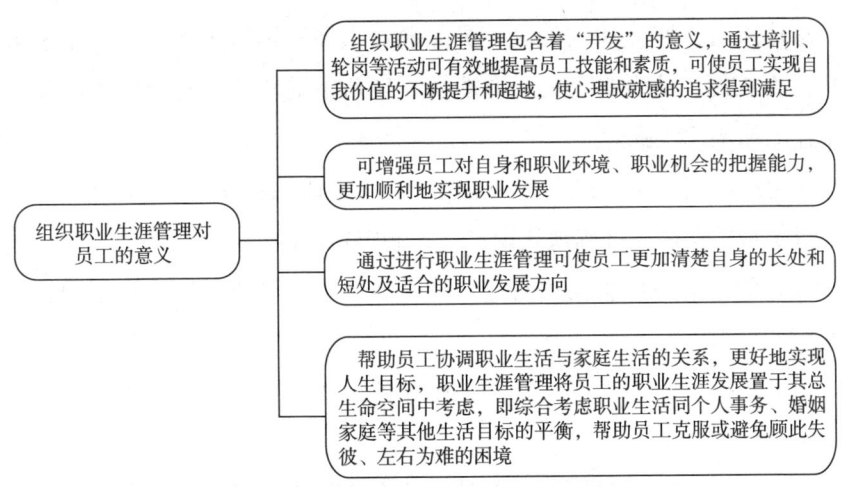

```
                    ┌─ 组织职业生涯管理包含着"开发"的意义，通过培训、
                    │  轮岗等活动可有效地提高员工技能和素质，可使员工实现自
                    │  我价值的不断提升和超越，使心理成就感的追求得到满足
                    │
                    ├─ 可增强员工对自身和职业环境、职业机会的把握能力，
组织职业生涯管理对──┤  更加顺利地实现职业发展
员工的意义          │
                    ├─ 通过进行职业生涯管理可使员工更加清楚自身的长处和
                    │  短处及适合的职业发展方向
                    │
                    └─ 帮助员工协调职业生活与家庭生活的关系，更好地实现
                       人生目标，职业生涯管理将员工的职业生涯发展置于其总
                       生命空间中考虑，即综合考虑职业生活个人事务、婚姻
                       家庭等其他生活目标的平衡，帮助员工克服或避免顾此失
                       彼、左右为难的困境
```

图 8-19　组织职业生涯管理对员工的意义

二、组织职业生涯分阶段管理

根据国内外专业人士的研究定论，职业生涯发展的过程包括四个阶段，即职业探索阶段、职业建立阶段、职业中期阶段和职业后期阶段，不同的阶段应采取不同的职业生涯管理措施。

1. 职业探索阶段

在职业探索阶段应该初步明确职业规划与顾问计划。这个阶段从参加工作起，一般到 25 岁左右，具体时间长短根据员工的知识储备、学历不同而有所不同。通常员工进入新的组织会经过三个阶段来实现社会化，如表 8-12 所示。

表 8-12　职业探索阶段

阶段	内容
前期社会化阶段	新员工从各种与工作、组织有关的消息来源收集信息，对于新员工而言，这个阶段最有可能的压力就是对一切都不熟悉、不清楚，因此取得准确的信息就显得比较重要。心理契约也形成于该阶段，双方达成一致目标的心理是非常必要的
碰撞阶段	对于新员工而言，工作所要求的角色、任务、人际关系和身体状况都是显而易见的。在前期的社会化中形成的期望可能会与所看到的组织现实相矛盾，从而产生现实冲突。这时新员工最有可能的反应是不明白自己到底在干什么，这种冲突程度的大小取决于前期社会化阶段产生的期望值大小。如果这些期望是不切实际的或者不能被满足的，那么突破现实将变得十分困难
改变与习得阶段	该阶段新员工开始逐步掌握一些工作方法，来满足工作相关的要求

总体来看，职业探索阶段，员工通过不停地调换工作与工作单位来选定自己喜欢的、适合自己的，并能够长期从事的职业，这个阶段的员工调换工作的愿望比较强烈。

从组织角度来说，在职业探索阶段，可采取的管理策略有以下三种。

（1）帮助新员工准确地认识自己，制定初步的职业生涯发展规划。

（2）建立导师机制或顾问计划，为新员工提供职业咨询和帮助，使其快速融入组织。

（3）安排挑战性工作，丰富工作任务，帮助其寻找早期职业困境产生的原因及解决办法。

根据分析，员工在职业生涯早期遇到的职业困境有三种，如图8-20所示。

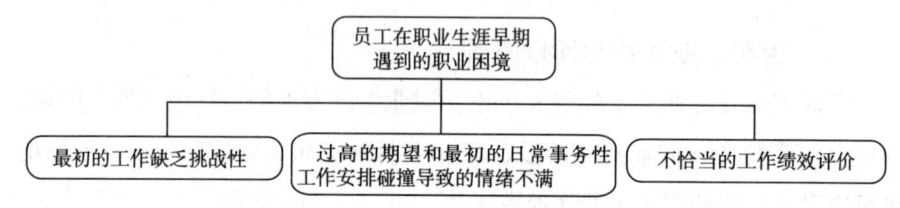

图8-20　员工在职业生涯早期遇到的职业困境

针对以上三种情况，企业常采用以下方法帮助员工走出困境。

（1）运用实际工作预览法，如招聘时为员工提供职位和组织的完整、准确的信息，增加雇佣关系的稳定性。

（2）尽可能安排一份挑战性的工作，管理人员敢于承担一定的风险，为新员工提供一些稍微超出其技能水平的工作。

（3）丰富最初工作任务以激励那些对成长和成就感有较高要求的员工，如赋予其更多的权利和责任，允许其接触更多的人群，允许其实践自己的想法。

（4）安排要求严格的上司指导员工工作，这对员工今后的发展将有很大好处。

2. 职业建立阶段

职业建立阶段一般是25～35岁，这个阶段首先要选对自己的职业发展方向，然后为实现职业发展目标做出具体的努力。

这个阶段是员工有理想、有抱负的阶段，是一生中的高产时期，组织应把握这个阶段员工的特点和他们对培训、成长和晋升等方面的需求，帮助其发现职业生涯路径，解决工作与生活之间的冲突，关注其发展方向，为其提供必要而及时的援助。

在职业建立阶段，需要建立职业档案和个人申报制度，如表8-13所示。

表8-13　建立职业档案和个人申报制度

项目	内容
建立职业档案	采用西方国家的"个人职业表现发展档案"法，可帮助员工管理自己的职业。档案的内容包括个人情况、现在的工作情况、未来的发展情况等，档案一式两份，填好后一份自己保管，一份交给直接上司。上司会找员工谈话，一起研究分析其中的每一项，并提出十分具体的建议。这种方式对员工有极大的帮助
建立个人申报制度	个人申报制度是指运用一定的方式，把自己对工作的希望向企业人力资源部申报。这种制度的建立和实施可以有效地帮助员工表达他们内心对工作和职业的愿望与要求 个人申报的内容包括担任现在职务的心情，对担任职务的希望和对企业的其他要求。人力资源部通过了解员工实际情况后，有针对性地满足员工的需求或愿望。同时员工的直接主管要对员工进行相关的工作适应性调查，包括了解员工的兴趣、爱好、专业技能、计划能力、工作积极性、现任工作表现等，再将适应性调查结果与员工个人申报材料相比较，作为人力资源部门决策的依据

3. 职业中期阶段

职业中期阶段，要正确处理职业高原现象与平衡工作和家庭的关系。职业生涯中期是一个时间长、变化多，既有可能事业成功，又有可能引发事业危机的敏感时期。

该阶段人群年龄通常在35～50岁，这一阶段的人群通常面临着工作和生活两方面压力，不再幻想虚幻的生活，一切从实际出发，重新审定自己，明确发展目标，逐步达到职业发展的顶峰，同时由于意识到年龄的增长给工作带来的限制，产生职业危机感。总之，这是一个充满矛盾的复杂阶段，尤其需要组织职业生涯的管理。

这一时期，员工的职业目标已经清晰地确定下来，他们更重视个人的成长与职业发展，但这个时期面临的主要问题是职业高原现象和工作与家庭关系的平衡。

（1）职业高原现象。职业高原现象是指员工在职业生涯中期面临的职业通道越来越窄，发展机会越来越少的现象。面对这种现象，通常的反应有积极面对并顺利通过和消极接受停滞不前两种。职业高原现象随着人力资源供给的持续充足而日益年轻化。

（2）工作与家庭关系的平衡。随着经济发展的需要和女性地位的提高，双职工家庭模式在中国已较为普遍，这种模式的出现也带来了一定的压力。比如对孩子的照顾不周，时间、日程安排的冲突，完成家庭任务与工作责任缺少时间等，这些都是压力的来源。

针对以上问题，常用的解决办法主要包括以下三种。

①灵活、弹性的工作时间。

②灵活的工作场所。

③帮助职工子女入托。

4. 职业后期阶段

职业后期阶段也是退休前期规划阶段。这是职业生涯的最后阶段，从50岁左右到退休。大多数人对成就和发展的期望减弱，希望维持或保留自己目前的地位和成就。对于这类人群，组织应帮助他们做好退休前的各项心理准备和工作方面的准备，让他们愉快地结束自己的职业生涯，帮助他们顺利地实现向退休生活的过渡。

事实证明，退休不仅会对员工产生影响，也会对组织产生影响。退休使员工的工作和生活发生了较大转变，组织可以采取适当的措施来帮助其缓解退休带来的痛苦和实现个人价值的延续。常用的方法如制订退休计划，丰富退休生活；实施退休返聘，延长职业生涯，继续为组织发挥余热。

为退休人员制订退休计划越来越受企业的重视，在制订退休计划时应注意因人而异，形式多样。另外，对于退休人员还要做好退休前员工座谈会，增进员工间的友谊，交流经验，了解他们对企业管理的意见或建议等。另外，还要做好退休前工作交接，选好接班人，不要因为员工退休而影响企业的发展。

三、组织职业生涯管理流程

组织职业生涯管理是一种专门化的管理，即从组织角度对员工从事的职业和职业发展过程进行的一系列计划、组织、领导及控制活动，以实现组织目标和个人发展的有机结合。员工制订个人职业生涯发展计划的过程需要组织的参与和帮助,员工的职业发展不能脱离组织而存在。

目前,组织职业生涯管理已受到越来越多的企业的重视,企业在实施职业生涯管理时应遵循一定的步骤或流程,以确保职业生涯管理相关工作得以不断完善。组织职业生涯管理可遵循以下工作流程。

1. 职务分析

职务分析是职业生涯管理的第一步,也是最为关键的一步,通过职务分析获得与工作相关的信息,进而为员工制定有效的职业发展策略。

2. 员工基本素质测评

组织进行员工素质测评的目的在于掌握组织员工的能力、个性倾向和职业倾向,并为员工职业生涯的目标设立提供参考。

员工素质测评的方法和技术如图8-21所示。

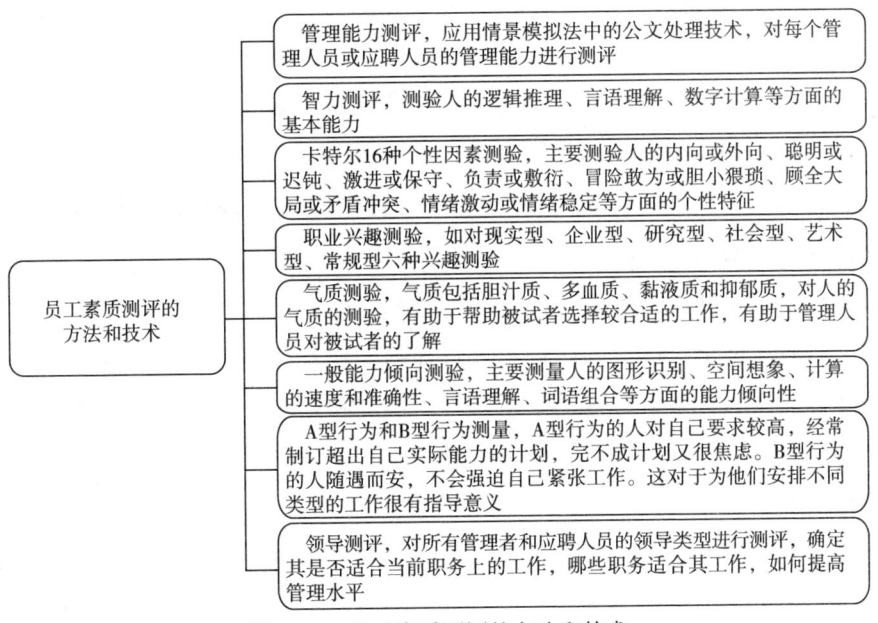

员工素质测评的方法和技术：
- 管理能力测评,应用情景模拟法中的公文处理技术,对每个管理人员或应聘人员的管理能力进行测评
- 智力测评,测验人的逻辑推理、言语理解、数字计算等方面的基本能力
- 卡特尔16种个性因素测验,主要测验人的内向或外向、聪明或迟钝、激进或保守、负责或敷衍、冒险敢为或胆小猥琐、顾全大局或矛盾冲突、情绪激动或情绪稳定等方面的个性特征
- 职业兴趣测验,如对现实型、企业型、研究型、社会型、艺术型、常规型六种兴趣测验
- 气质测验,气质包括胆汁质、多血质、黏液质和抑郁质,对人的气质的测验,有助于帮助被试者选择较合适的工作,有助于管理人员对被试者的了解
- 一般能力倾向测验,主要测量人的图形识别、空间想象、计算的速度和准确性、言语理解、词语组合等方面的能力倾向性
- A型行为和B型行为测量,A型行为的人对自己要求较高,经常制订超出自己实际能力的计划,完不成计划又很焦虑。B型行为的人随遇而安,不会强迫自己紧张工作。这对于为他们安排不同类型的工作很有指导意义
- 领导测评,对所有管理者和应聘人员的领导类型进行测评,确定其是否适合当前职务上的工作,哪些职务适合其工作,如何提高管理水平

图 8-21　员工素质测评的方法和技术

3. 建立与职业生涯管理相配套的员工培训与开发体系

培训是职业生涯管理的重要工具,培训可用来改变员工的价值观、工作态度和工作行为,以使员工能够在自己现在和未来的工作岗位上的表现达到组织的要求。

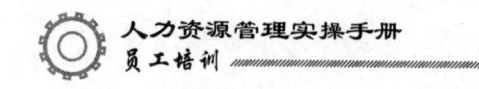

4. 制定较完备的人力资源规划

人力资源规划是组织根据其发展战略目标而定的，人力资源规划通过预测组织在未来环境变化中人力资源的供给和需求状况，制定基本的人力资源获取、使用、维持和开发策略。在制定人力资源规划时应注意以下内容。

（1）晋升规划。根据企业的人力资源分布状况和层级结构，拟定员工的提升政策和晋升路线。包括晋升比例、平均年薪、晋升时间、晋升人数等指标。在实施中，根据人事测评、员工培训、绩效考核结果，并结合企业的实际需要，对各个结果赋予相应的权重系数，得出各个职位的晋升人员次序。

（2）补充规划。使企业能合理地、有目标地把所需人员补充在可能产生的职位空缺上。

（3）配备规划。在制定配备规划时，应注意解决两个问题：当上层职位较少而待提升的员工较多时，通过配备规划增强流动。这样既可以减少员工对工作枯燥、单调乏味的不满，还可以等待上层岗位空缺的出现。在超员的情况下，通过配备规划改变工作的分配方式，从而减少负担过重的职位数量，解决工作负荷不均的问题。

5. 制定完整有序的职业生涯管理制度与方法

有效、健全、可行的职业生涯管理制度和方法的制定，是确保组织职业生涯管理目标顺利达成的必备条件。制度和方法的存在，可以引导员工行为的改变，确保优秀人才能够脱颖而出，并为组织发展目标的实现做出积极贡献。

完善的制度与方法可以使员工充分了解企业的文化、经营理念、管理制度，为员工提供内部劳务市场信息，帮助员工分阶段制定自己的职业生涯目标。

参考文献

[1] 赵耀. 员工培训与开发[M]. 2版. 北京：首都经济贸易大学出版社，2018.

[2] 边文霞. 员工培训与职业生涯：实务、案例、游戏[M]. 北京：首都经济贸易大学出版社，2021.

[3] 葛玉辉，顾增旺. 员工培训与开发实务[M]. 2版. 北京：清华大学出版社，2020.

[4] 李艳. 人力资源管理实操全书：从入门到提升到精通[M]. 北京：人民邮电出版社，2019.

[5] 彭剑锋. 人力资源管理概论[M]. 3版. 上海：复旦大学出版社，2018.

[6] 刘畅. 人力资源管理实用工具大全[M]. 北京：中国铁道出版社，2020.